ANTOLOGÍA HONDUREÑA

CINCUENTA AÑOS DE CUENTOS

1884 — 1934

TEGUCIGALPA M.D.C. ENERO DE 2024

CONTENIDO

NOTA DEL ANTOLOGISTA 1

CARLOS F. GUTIÉRREZ: ***Angelina*** 5

LUCILA GAMERO DE MEDINA: ***Antes de morir y Cruz Roja*** 55

JOSÉ MARÍA TOBÍAS ROSA: ***Ilusiones marchitas*** 77

RÓMULO E. DURÓN: ***La campana del reloj*** 83

JUAN RAMÓN MOLINA: ***Mr. Black; La renuncia del escribiente y El Chele*** 91

FROYLÁN TURCIOS: ***La mejor limosna; La novia de Ludovico; El asesino; Un drama campestre; Juan Ramón Molina; Emilio Zola y José Antonio Domínguez*** 107

RAFAEL HELIODORO VALLE: ***El rosal del Ermitaño; El pie Votivo; El viático; Campanas de mi catedral; Los gorriones del monasterio; La anciana de las hostias; Un cuervo fantasmal y Mayúsculas devotas; el Cristo de los ojos humanos*** 137

LUIS ANDRÉS ZÚÑIGA: ***El Banquete y Rubén Darío*** 147

ARTURO MEJÍA NIETO: ***Tiempos viejos; La muerta; Inés y El solterón*** 167

FEDERICO PECK FERNÁNDEZ: ***Vaqueando y La historia de un dolor*** 205

ARGENTINA DÍAZ LOZANO: ***Leonora*** 219

VICENTE MEJÍA COLINDRES: ***La limosna y El avaro*** 223

ÁLVARO J. CERRATO: ***El asesino de profesión, Celos y Mío o de nadie*** 229

NOTA DEL ANTOLOGISTA

La primera pregunta que alguien se puede hacer al abrir este libro —y con justa razón—, es ¿qué hace Angelina de Carlos F. Gutiérrez en una antología de cuentos?

¡Angelina es una novela! —podría agregar esa persona, molesta por "mi error".

Sin embargo, al día de hoy, los expertos en el tema todavía no llegan a un acuerdo sobre si Angelina es una novela o un relato.

El escritor Nery Alexis Gaitán, en su *Índice bibliográfico del cuento en Honduras* señala que "A nuestro parecer, Angelina puede ser un relato largo. Esto ha creado una polémica ya que algunos críticos sostienen que fue la primera novela escrita en Honduras, y no Adriana y Margarita de Lucila Gamero de Medina en 1893 y publicada en 1897". [1]

José Francisco Martínez, en su obra *Literatura hondureña y su proceso generacional,* argumenta que "Angelina es la primera novela publicada en Honduras, escrita por un hondureño; obra de la cual ya no existen ejemplares en nuestras bibliotecas públicas".

El mismo Martínez, señala, por otra parte, que Angelina y Piedras falsas (poemario escrito por Gutiérrez), "gozaron siempre de la alta consideración de la elite pensante del país por el excelente estilo literario y contenido de los mismos".

El poeta e historiador José González (Premio Latinoamericano Plural en 1984 en la rama de poesía y Premio Nacional de Literatura de Honduras "Ramón Rosa" en 2008, entre muchos otros), cuenta otra versión.

"Su novela Angelina fue motivo de una abierta y despiadada crítica al someterla el autor a la valoración literaria del poeta José Antonio Domínguez y del periodista Manuel Sabino López.

Otra polémica alrededor de esta novela, escrita en 1884 —dice González—. Es que para algunos es la primera novela escrita en Honduras y no Adriana y Margarita de Lucila Gamero de Medina.

Yo coincido con Nery Alexis Gaitán, en el sentido de que es un

---

[1] Revista de la Academia Hondureña de la Lengua, No. 6, enero—junio de 2002.

relato largo y por esa razón incluyo a Angelina en esta antología de cuentos que abarca cincuenta años.

Igual, hay polémica para rato…

El proceso de esta Antología me ha emocionado pues pude leer por primera vez (o volver a leer), varios cuentos, entre ellos, de Rafael Heliodoro Valle, Arturo Mejía Nieto, La campana del reloj de Rómulo Ernesto Durón, Ilusiones marchitas de José María Tobías Rosa y El Banquete de Luis Andrés Zúñiga..

De igual forma, descubrí a un escritor al que jamás había leído: Álvaro Cerrato.

Algunos cuentos son superiores en calidad a otros, pero eso no es lo más importante. El valor de esta Antología es que nos permite conocer (o reencontrarnos), con las obras que trece escritores hondureños crearon entre 1884 y 1934.

Es hermoso descubrir —incluso con sus debilidades— los inicios de la literatura hondureña, la valentía de dedicarse a escribir en medio de un ambiente hostil y mediocre que llegó a devorar los espíritus de algunos de los hombres más brillantes, como fue el caso de Juan Ramón Molina.

Por cierto, uno de los relatos más conmovedores de esta Antología es el que hace Froylán Turcios en su libro Páginas del ayer sobre la muerte de Molina.

En la búsqueda de los cuentos, con las dificultades que esta actividad acarrea, tuve la sorpresa de conocer a una descendiente de Federico Peck Fernández: su nieta Martha Peck.

Gracias a ella podemos disfrutar de dos cuentos poco conocidos (salvo por expertos en la materia), escritos por uno de los renovadores de la literatura hondureña: Vaqueando y La historia de un dolor.

Catalogado como “rebelde” y “revolucionario”, Peck Fernández tenía solamente veinticuatro años cuando murió asesinado; noventa y cinco años después de ese trágico suceso, su nombre es apenas conocido por un pueblo al que él amó entrañablemente.

Helen Umaña califica a Vaqueando y a Historia de un dolor como “textos de clara filiación regionalista”.

Y agrega, refiriéndose a Vaqueando: “Como en los mejores textos del regionalismo-criollismo, la violencia es descarnada y brutal”.

Sobre historia de un dolor, Umaña dice: "Pertenece a la llamada literatura de denuncia, política, social y económica".

Umaña, además, valora en Historia de un dolor los "textos elaborados como didáctica lección contra el imperialismo".

Para Umaña, "Vaqueando, más vital y no contaminado por la intencionalidad didáctica, posee mayores méritos que Historia de un dolor. Pero ambos trabajos demuestran que la literatura hondureña, antes de 1929, en algunos de sus cultores, había dejado atrás el romanticismo".

Gracias a esta antología descubrí la obra de José María Tobías Rosa, el incansable poeta, dramaturgo, narrador y periodista de Ilama, Santa Bárbara.

En mis inicios como periodista entrevisté a un descendiente de Tobías Rosa en Ilama, pueblo que alcanzó la fama gracias a la novela Los brujos de Ilamatepeque de Ramón Amaya Amador.

Pero fue en realidad Tobías Rosa el que dio a conocer la historia del fusilamiento de Cipriano y Doroteo Cano, luego de encontrar los documentos del caso en el archivo municipal de Ilama.

Tobías Rosa publicó el artículo El fusilamiento de los Cano en abril de 1928 en el Tomo 6 número II de la Revista del Archivo Nacional. ¡Para mí fue como encontrar un tesoro!

Tobías Rosa, sin embargo, realizó otras aportaciones a la literatura hondureña con libros de poesía, fábulas, adivinanzas, relatos, leyendas y teatro.

Este libro no hubiera sido posible sin el apoyo de: Martha Peck; el profesionalismo del personal de la Sala de Colección Hondureña de la Biblioteca de la Universidad Nacional Autónoma de Honduras; Sala Hemerográfica (en especial Karen Medrano) y Biblioteca Especializada del Instituto Hondureño de Antropología e Historia del Archivo Nacional; los historiadores y bibliotecarios de la Sala de Literatura Hondureña de la Biblioteca Nacional Juan Ramón Molina y su directora, Zoé Perla; y el Fondo Antigua y su directora, Carolina Torres. ¡¡¡¡Gracias!!!!

Extiendo mi agradecimiento a los poetas Livio Ramírez y José González por su asesoría en el proceso de dar forma a esta Antología, y al equipo de Colección Erandique (Ingeniero José Azcona, Tesla Rodas, Andrea Rodríguez, Jéssica Cordero y Juan

Paguaga) y a Zona Creativa, por su apoyo.

También al poeta Rolando Kattán, por facilitarme el libro El Banquete de Luis Andrés Zúñiga, y a los familiares del recordado escritor, especialmente a su bisnieta Nicole, por autorizarme a publicar dos de los relatos de su célebre abuelo.

Mi agradecimiento a los hijos del Maestro Dante Lazzaroni (Ulises, Dante y Gabriel), por la autorización de utilizar para la portada su obra EL GRAN AMANTE de 1985, y propiedad del banco Central de Honduras (BCH).

Ninguna antología es completa. Esta no es la excepción. Pero sucede que llevan el sello de quien las hace y es imposible satisfacer todos los gustos u opiniones.

Pero he quedado más que orgulloso del producto final de una Antología en la que, por primera vez, coinciden varios escritores.

Colección Erandique reafirma su compromiso de continuar con su labor de rescatar libros que ayuden a reconstruir la memoria histórica y permitan dar a conocer la obra y vida de nuestros grandes hombres y mujeres, como los trece que forman parte de esta antología.

Óscar Flores López
5 de enero de 2024

CARLOS F. GUTIÉRREZ: *Angelina*

Nació en Tegucigalpa en 1863 y falleció en la misma ciudad en 1899 a la edad de treinta y ocho años.[2] Autor de Angelina y Piedras falsas (libro de poesía publicado en 1898), al momento de su muerte tenía el grado de teniente coronel. "Agotado por las inclemencias de un vivir agitado y en constante zozobra,este brillante intelectual falleció en su ciudad natal el 1°. de julio de 1899", señala José Francisco Martínez en su libro Literatura hondureña y su proceso generacional.

---

[2] El poeta, historiador e investigador José González señala en su libro Diccionario de literatos hondureños que "Aunque algunos dan 1961 como fecha de nacimiento para este escritor, he consultado su acta de defunción, donde aparece que al momento de su muerte tenía 36 años, lo que concuerda que nació en 1963".

ANGELINA[3]

CAPÍTULO I

LA POSADA

Con la usual frase "nos dan posada" llegamos una tarde del mes de noviembre, mi criado y yo, al corredor tendido de una casa de campo situada en el confín de una meseta verde y sonriente, extendida a los pies de una hermosa y elevada montaña.

Salió a nuestras voces extraña mujer, alta y seca, quien después de haber examinado concienzudamente nuestra catadura, y satisfecha del examen, contestó a nuestra súplica con el "mándese a apear" ordinario.

Cansados y ya con la noche encima no esperamos la segunda invitación. Presurosos abandonamos nuestras monturas; sentándome yo en un banco pernibrado, que allí contra la pared había, mientras mi diligente criado ataba las bestias a cualquier tronco de árbol.

La casa en donde pasaríamos aquella noche estaba más caída que parada. Las paredes completamente desencoladas enseñaban su trabazón de raja carcomida, y el correaje que por tantos años mantuvo sólidamente unido aquel endeble maderamen, roto ya en muchas partes, salía por los negros agujeros tostado y podrido.

La teja roja y bien unida antes estaba negra y amarillenta; pedazos de techo descubiertos, permitían ver jirones de nubes voladoras, orladas por los últimos rayos del sol poniente. Las puertas fuera de quicio, tenían sus hojas inclinadas en opuestas direcciones; el empedrado del corredor estaba casi destruido y los carcomidos pilares sustentaban, a medias, el peso de aquella armazón desencajada que no esperaba más que un ligero impulso para desparramarse en ruinas sobre la verde sabana.

Pobre había de ser la comodidad que tendríamos aquella noche; y hasta la garantía individual era dudosa; pero la población más cercana estaba aún muy lejos de nosotros, y tuvimos que aceptar

[3] Fue escrita en 1884 por Carlos F. Gutiérrez con el seudónimo de Mariano Membreño, pero publicada hasta 1999.

aquel miserable albergue con resignación y hasta con buena voluntad.

Si el aspecto de la casa era triste y desconsolador, en cambio la perspectiva del campo era magnífica. La montaña estaba a nuestro frente, altiva, hermosa y exuberante de feracidad. Cintas de vapor blanco cortaban el verde azulado de su cima; e iluminada por esa luz blanca y clara que hay durante la penumbra, se percibía la arboleda con claridad admirable. Los troncos de los pinos se destacaban negros, firmes y sombríos, cortando a intervalos, la diáfana blancura del espacio, que como limpia placa argentada, del otro lado del monte se extendía.

Valles extensos alcanzaba la vista desde el rededor de la meseta; cañadas profundas y obscuras de donde el calor de los últimos rayos solares levantaba en desmadejado vapor, las humedades allí perdidas.

Después de haber mandado las cabalgaduras a un buen repasto, de haber acomodado convenientemente arreos ý vituallas y dispuesto la confección de nuestra cena, acostado en mi hamaca y obedeciendo a una vieja costumbre mía, trabé con la dueña de la casa, conversación larga y tendida.

Me dijo que allí había vivido durante cuarenta años; que cuando su marido existía, la prosperidad fue habitual en su casa; que poseyó en aquellos tiempos y aún mucho después considerables bienes de fortuna; ganado vacuno y caballar, extensos y fértiles terrenos y algún dinero efectivo; pero que acontecimientos inesperados le trajeron a menos, salud y fortuna, hasta dejarla en el triste estado en que se encontraba. Se quejó de su suerte, lloró sus infortunios y hasta me habló de ciertos proyectos de abandonar aquel campo e irse a vivir con unos sus parientes bien acomodados; eso habría hecho ya sino fuera que...

A este tiempo llegó mi sirviente a decirme que la cena estaba lista, lo que me obligó a cortar la entretenida conversación, prometiéndome *in mente* continuarla después.

Como se verá luego, la vieja me habló de todo, de todo, menos de aquello que había de ser el origen de esta verídica historia. Sobre una mugrienta y desvencijada mesa habían, de cualquier manera, colocado mi frugal colación, la que me di prisa en despachar, no tanto por satisfacer el hambre, cuanto por el deseo de volver a reanudar mi interrumpida charla con la locuaz hospedadora.

La noche en el campo es más silenciosa y triste que en pobla- do. Todo duerme en la sombra y no se oye otro ruido que ese misterioso suspirar de la brisa en el follaje; ese zumbido débil e indefinible que vaga incansable por la tierra y el espacio impregnándolo todo de dulce melancolía.

Pensaba mientras comía en la relación conmovedora de la vieja. Ni el más pequeño rumor turbaba el silencio en aquella habitación desmantelada y triste; mi cena había concluido; y cuando extendía la mano hacia una taza de café humeante y olorosa, un rugido como un trueno, hizo temblar el techo y las paredes de la derruida habitación. Algo de humano, mucho de fiera noté en aquel grito salvaje, poderoso como de león, pero triste y lastimero como queja de alma enferma; allí cerca de mí en una habitación próxima estaba quien de tal modo rugía; y aún duraba mi asombro y zozobra cuando por segunda vez, más poderoso y lastimero que antes, se oyó aquel rugir potente que llenaba el ánimo de inexplicable espanto.

—¿Qué sucede? ¿qué sucede? —pregunté anhelante a la vieja, alta y seca, que se acercaba a mí con asombrosa calma.

—Nada, es nada —me contestó con dulce tranquilidad—. No tema usted. ¡Es Julián!

¿Pero quién era Julián? ¡Un pobre loco!

En un miserable cuartucho al cual se entraba por una puerta abierta para el corredor que rodeaba la casa, encadenado a un tosco poste profundamente hundido en el suelo, estaba un hombre que según me dijo la vieja se llamaba Julián.

Después de contemplar detenidamente aquel fenómeno humano, no encontré rara su manera de rugir. De aquel pecho de gigante no debían escaparse sino tormentosos ruidos semejantes a aquellos gritos que pocos momentos antes habíanme causado asombro y miedo.

A la escasa luz de una miserable vela que temblaba en manos de la vieja pude observar detenidamente el ser extraño que a mis pies se revolvía. Era como un gigante. El desarrollo de su musculatura era asombroso, en su desnudo tronco sus alteradas venas, hinchadas bajo una piel cobriza, formaban una red movible y palpitante, por donde la savia vital corría presurosa; sus hombros y espaldas parecían hechos como para soportar enormes pesos; su deforme cabeza asombraba por su irregularidad y gran tamaño; y las facciones de aquel rostro horrorizaban por su forma extraña e incongruente configuración. De la frente rugosa y estrecha arrancaba una nariz ancha y aplastada; las cejas como el cabello, eran pobladas con trabazón de maraña; los ojos grandes y negros más que endrina, tenían fulgores de espantosa locura, y la boca con unos labios terriblemente abiertos, reía siempre con espeluznante mueca.

Él era quien había atronado el espacio con sus gritos lastimeros, alaridos que todos los días y a la misma hora turbaban el silencio de aquella triste soledad.

Le hablé y no tuve contestación alguna: era mudo, lo cual encrudecía el repugnante estado de locura en que se hallaba. ¿Quién era Julián? ¿Fue loco toda la vida? ¿Cuál fue el acontecimiento que ocasionó su desequilibrio cerebral?

De muy mala voluntad satisfizo la dueña de la casa mi curiosidad, refiriéndome la historia de aquel desgraciado.

Bien sería más de medianoche cuando terminó el relato de la vieja, el cual encontré tan interesante, que desde entonces pensé formar un librito basado en aquella conmovedora historia. Hoy he emprendido la compendiosa tarea, confiado en que lo interesante del argumento, más que otra cosa, llamará la atención de los lectores.

CAPÍTULO II

JULIÁN

¿De dónde vino aquel extraño ser? Nadie lo sabe. Hacía treinta años que una oscura noche de invierno en que la lluvia caía copiosa y el trueno corría por el espacio, llegó a aquella casa una figurita extraña que temblando de frío o tal vez de miedo, se acurrucó en el dintel de la puerta.

Era un haraposo niño, como de tres años, de rara fealdad que chorreando agua y cubierto de fango, buscaba allí un refugio contra la inclemente tempestad.

El dueño de la casa próspera y risueña entonces, tomando por la mano al nocturno visitante lo llevó hacia la luz, lo examinó detenidamente y emocionado por la fealdad de aquel rostro prorrumpió en una exclamación de asombro.

Ninguno en la casa recordaba haber visto nunca aquella rara criatura, que guardaba el más enojoso silencio a pesar de las preguntas que se le hacían. Al fin llegaron a comprender que el niño era mudo, y condolidos de su desgracia y de su deplorable situación, lo enjugaron y envolvieron en secas mantas, le dieron alimentos, que comió de muy buena gana, y esperaron a que la casualidad viniera a revelarles el misterio que envolvía aquel acontecimiento extraordinario. Ni al día siguiente ni a los otros se supo nada con relación a la procedencia del niño, quien daba muestras de estar bien hallado en la casa, y no revelaba en manera alguna afán o deseos de abandonarla, para irse en busca de parientes o habitación que le fueran más familiares. Se inquirió a diez leguas a la redonda y todo trabajo fue inútil; nadie en la vecindad conocía aquel arrapiezo ni adivinaba su procedencia.

Visto que era improductivo todo esfuerzo que se hiciera en el sentido de saber el origen del extraviado niño, ninguno volvió a pensar en ello y se acostumbraron a él como a gente propia.

Era preciso darle un nombre, y le dieron el nombre del santo del día en que había llegado a la casa.

Le llamaron Julián.

A pesar de su corta edad, prestaba importantes servicios a sus protectores.

Desempeñaba encargos entre los mozos de labranza, servía de guía a los bueyes del arado y pagaba con esto, en parte, la hospitalidad generosa que le daban. El niño era feliz, y completaba su felicidad y le hacía encariñarse más todos los días a aquel hogar extraño, la compañía de una muchacha de su misma edad que había en la casa. Angelina se llamaba la niña, como él recogida por caridad y a quien había puesto raro cariño, que le hacía no separarse de ella jamás.

Angelina, hija de un pariente del dueño de la casa, había sido adoptada por éste, casi al nacer, y en ella cifraba todo el afecto que hubiese tenido para sus propios hijos si Dios no se los hubiese negado.

Pasó un año y, tras éste, otro y así hasta doce. Julián y Angelina se volvieron inseparables, y siempre juntos, sin que la fealdad creciente del niño asustara a la cariñosa muchacha. Llegaron a cumplir quince años, época en que principió el drama que iba a desarrollarse en aquella casa apacible, que había acogido caritativamente a dos seres que nunca el destino debió juntar.

CAPÍTULO III
FALSAS APRECIACIONES

Nadie, ni aún la misma Angelina, su compañera inseparable de labores, paseos e inocentes regocijos, concedía a Julián ni inteligencia, ni voluntad, ni nada.

Su eterna mudez, su semblante horrible, su risa eterna, su docilidad estoica, todo revelaba en él un idiotismo completo; y aún cuando el buen acierto, en algunas de sus acciones hacía pensar en que era poseedor, cuando menos de facultad de distinción, todos creían que aquello no era sino un reflejo instintivo, única claridad existente en su oscurecido cerebro.

Idiota le creían y como tal lo trataban. Su presencia no era un obstáculo para aquellas acciones que la de un niño bastaría a estorbar, y Angelina, pudorosa como delicada y sensitiva, tenía delante de él rasgos de sublime impudor.

Su inteligencia amordazada por su mudez, no podía hablar a ningún oído, pero su imaginación a quien la palabra no había servido para disiparse, funcionaba con actividad asombrosa; tenía irradiaciones extraordinarias y encerrada en aquel cerebro sin escape, apenas como la rica esencia de un frasco, se evaporaba en miradas de fuego por sus ojos negros y brillantes, única cosa que hablaba en aquel semblante ajeno a toda expresión de laboreo intelectual. La monotonía de su existencia, su ignorancia completa de las cosas del mundo le habían dado una aparente atonía que hicieron a los otros juzgarlo idiota completo. Sin embargo, ¡qué lejos estaban de pensar lo cierto acerca de Julián! ¿Idiota él? ¡Jamás lo fue! Pensaba como todos, discernía mejor que todos, callaba como ninguno y por último, ¡amaba como nadie!

Angelina era el cielo de sus ojos; de niño fue su inocente e inseparable compañera; ya grande, aún cuando él no lo comprendía, se había convertido en el dulce anhelo de su callada existencia; y como su pasión carecía de palabras, llenaba su alma sin evaporarse; a menos que la falsa creencia que sobre su idiotismo. Angelina tenía, no le diera ocasión para que su amor, convertido en lenguas de fuego, saliera por sus ojos para ir a besar las formas castas e incomparables que delante de él su adorada Angelina con sublime indiferencia descubría.

Julián no se daba cuenta de la naturaleza de aquel modo de sentir tan extraño, de aquellos temblores repentinos, ni podía comprender el porqué a cada paso le venían deseos vehementes de coger a Angelina entre sus brazos; pero no como antes lo había hecho tantas veces; no, era muy distinto el abrazo que hoy deseaba, se lo daría apretado, muy apretado; y se asombraba de que pensando en esto, en lugar de acercarse, una fuerza extraña le alejaba cada día más de ella.

Angelina aún cuando hubiera sabido que existe para las almas un amoroso despertar, no habría nunca, por nada en el mundo, parado mientes en Julián; y lo que éste sentía le habría sido eternamente desconocido, si acontecimientos inesperados no hubiesen venido a revelárselo.

Ella con su casta impudicia, él sin darse cuenta de lo que su pasión era o ambicionaba, iban viviendo sin alterar en nada sus costumbres de niños. La monstruosa fealdad de él y la equivocada creencia en su falso idiotismo, eran el velo con que Angelina cubría sus tentadores abandonos, y la oscuridad en que quedaban veladas sus formas, por uno u otro motivo, descubiertas.

Un día llegó, sin embargo, en que alguno muy poderoso brilló en las pupilas de Julián. Un día en que su pasión también disimulada, gritó tan alto, que fueron impotentes los diques que la inocencia y el engaño ponían a su pudor de doncella casta. La revelación se operó en un segundo, y las rosas que nunca la vergüenza había puesto en su semblante, quemaron sus mejillas, donde estuvieron largo tiempo mantenidas por el recuerdo de todas las que ella creyó impurezas, en el mismo instante tal vez, en que la pureza de su alma la había abandonado, para siempre.

Julián no fue desde ese día el pobre idiota, se convirtió para Angelina en cruel pesadilla, en inevitable tortura y perdurable remordimiento.

CAPÍTULO IV
EXPLOSIÓN

Era Julián quien acompañaba a Angelina en todas sus excursiones al campo; ya fuesen de puro placer u originadas por quehaceres de la casa. Era él quien le recogía y liaba el haz de seca leña; él quien le ayudaba a levantar el cántaro de agua y la batea con ropa húmeda, él quien durante largas horas le hacía compañía mientras lavaba en el ribazo de un escondido y pintoresco arroyo; él quien le descolgaba el nido de pájaros o lo recibía al pie del árbol a donde ella, con desparpajo trepaba; en fin, era su guardián, su compañero, su eterna sombra.

Un día, en que el calor era extraordinario, tanto que por librarse de él, ni aves, ni reptiles, ni insectos salían de entre sus celdas de follaje, llegaron Julián y Angelina a la orilla del arroyo a donde tantas veces habían ido juntos. Había salido hacía más de una hora de la casa, en persecución de cierto animal doméstico fugitivo del corral; y muertos de calor y cansancio buscaron la fresca sombra del riachuelo para descansar allí un rato. Cuando ya el sudor se había secado en las sienes de Angelina y el descanso regularizó su respiración, y sus miembros recobraban su suave laxitud una idea agradable y fácil de ejecutar se le vino a la cabeza. ¿Por qué no había de darse un baño para que se le hiciese menos pesado y menos caluroso el regreso a la casa? Y lo que hubo pensado, no tardó en ponerlo en práctica, y allí a dos pasos Julián que la veía azorado, de pie sobre la fina y dorada arena empezó a despojarse de sus vestidos con la misma serena calma con que lo hubiera hecho si hubiese estado sola u oculta en el más rincón del mundo.

Julián al comprender sus intenciones tembló como epiléptico. Cierto era que otras veces, muchas quizás, Angelina había descubierto, por comodidad u obligada por un paso estrecho y fangoso, su fina pantorrilla; o acosada por el calor había aligerado su traje hasta dejar traslucir sus formas magníficas, pero lo que iba a ocurrir ese día era asombroso, terrible. A pesar de su estoicismo conoció Julián que no tendría valor para ver con indiferencia aquella completa desnudez y en el momento mismo en que el último lienzo se desprendía de aquella carne sonrosada y húmeda aún por el tibio sudor, Julián cerró los ojos, pero fue para abrirlos de nuevo y contemplar entre vencimientos y congojas el cuerpo de Angelina cuyas graciosas curvas salían a intervalos del agua, cuya escasa profundidad no era suficiente para cubrirlas.

Bajo el cristal transparente del arroyo, se rebullía ella con toda libertad y con un afán inmoderado de húmedas frescuras; todos sus contornos, todos sus perfiles se le entraban por los ojos al pobre Julián, que jadeante, sin respiración, seguía los movimientos de Angelina con una mirada, que por su fuego, valía tanto como la más ardiente de las caricias. Por fin, el suplicio iba a concluir. Salió Angelina de su baño, con el cuerpo cubierto por las nítidas gotas de agua que parecían perlas, las cuales se escurrían a lo largo del cuerpo en un graciosísimo deslizar de manos.

Julián entretanto, lívido y horrorosamente desfigurado miraba sin distinguir aquella como visión que tenía delante; y de la retina de sus ojos pasaba a su alma la confusión deliciosa de los colores más opuestos pero más admirablemente combinados.

Empezaba Angelina a encontrar extraño aquel arrobamiento de su compañero, y presintiendo su verdadera causa fue a vestirse con presteza, pero en el instante mismo en que, vuelta de espaldas a Julián, se inclinaba para alcanzar sus vestidos, hirió sus oídos un grito salvaje, a la vez que una sensación ardiente y hasta dolorosa le quemaba la torneada nuca allí donde se ensortijaban graciosos los sedosos rizos de su negra cabellera. Los labios del idiota habían escaldado su piel de lirio.

Una sombra vio que se tiraba al monte cercano; era Julián que huía como un loco; y mientras la obscuridad nublaba la conciencia de aquél, la luz se hacía en la mente de Angelina y su pudor súbitamente despertado, reventó en rosas que cubrieron las pálidas mejillas de la casta niña.

CAPÍTULO V

FELIPE

Desde aquel día todo concluyó para Julián. Angelina, aunque nada reveló de lo ocurrido, se guardaba muy bien de encontrarse nunca en el camino de su antes inseparable compañero; y éste, por su parte, cuya rudeza y aislamiento se acentuaron desde la escena del arroyo, evitaba cuanto podía el trato de aquella a quien tanto amaba.

Perfecto conocedor de aquellos campos llenos para él de dulces recuerdos, seguía por veredas ocultas los pasos de Angelina, persecuciones que ésta ignoraba siempre y que a serle conocidas le habrían llenado de justo espanto.

Así las cosas, sin que ninguno se apercibiera de semejante cambio, pasaron muchos meses; Julián desesperado y Angelina desconfiada y esquiva.

Entre tanto la hermosura de aquélla aumentaba de asombrosa manera, y ya por todos los alrededores proclamaban su belleza; para convencerse de ella pasaban o venían a estacionarse por allí algunos mozos de las aldeas y caseríos circunvecinos.

Era extraño a su procedencia, su estilo de hermosura. La rudeza en el desarrollo de formas propias de las hijas del campo, no caracterizaba el hermoso tipo de Angelina. Sus facciones tenían la suave delicadeza de las mujeres de la mejor sangre, y sus formas ajenas a esa morbidez tirante de las naturalezas silvestres, se delineaban dulcemente, suaves en sus curvas, y se extendían hasta su fin, casi con lánguida laxitud.

Era su estatura más bien pequeña que elevada; su cuerpo no tenía esas exuberancias que ocultan los detalles plásticos; y el desligamiento armonioso que se advertía en sus curvaturas, sugería la idea de que en aquel cuerpo, cualquiera que fuese su posición, nada quedaría velado, ningún detalle ocultaría las bellezas de otro, presentando a la mirada que tuviese la dicha de verlo, el más franco, bello y generoso conjunto que imaginarse pueda.

Las facciones de Angelina no eran atildadas: eran ampliamente hermosas. Frente pequeña, pero de exquisita forma; ojos pardos y un poco hundidos pero maravillosamente bellos; nariz alta y recta, de palpitantes fosas, y la boca grande pero muy graciosa, tenía una seriedad de muy buen tono, y una expresión sensual prometedora de muy ardientes transportes.

Tal era poco más o menos Angelina. Y no sin justicia había llamado sobre sí la atención de toda la vecindad y encendido en el pobre Julián la pasión de furia que había de tener fatales y horrorosas consecuencias.

Así las cosas, conoció a la preciosa niña, Felipe, uno de los mozos de mejor solar de las cercanías.

La impresión de agrado fue mutua: después de haberse visto dos veces ya se amaban, y Angelina sin que aquel nuevo sentimiento la asustase, dejó que su amor creciera libre, espontáneo, fuerte, robustecido y caldeado por su naturaleza virgen y extremadamente fogosa.

De Julián no se preocupaba, ya no le temía: pero he aquí que un día sin saber cómo se dio cuenta el desgraciado mudo de lo que pasaba en torno suyo; descubrió los amores de Felipe y de su adorada Angelina, y de aquel pecho de fiera herida se escaparon rugidos espantosos que al pasar por su boca muda tomaban modulaciones terribles.

Los celos prendieron en su alma y con astucia de tigre esperó la ocasión de vengar en Felipe su amor despreciado y sus horribles. torturas.

El destino, sin embargo, había señalado a Angelina con inexorable dedo como la víctima inocente sobre cuya cabeza habría de caer la furiosa venganza de Julián.

CAPÍTULO VI
RUGIDOS Y BESOS

Era hábito en Julián ir todos los días al lugar del arroyo en donde había dado a Angelina aquel primero y uncioso beso, origen de la destrucción de su encantado paraíso.

Allí, sumido en éxtasis contemplativo, reconstruía la escena de aquel inolvidable día. Su imaginación le representaba a Angelina a su lado; la despojaba de sus vestidos, la sumergía en las aguas claras del arroyo, y luego con los ojos clavados en la corriente veía aquel encantador salir y entrar de formas, aquel brillar de carne satinada, el tranquilo revolverse en todo sentido, aquellos encogimientos y ampliaciones de miembros redondos y rosados, y por último, la salida temblando del agua y el deslumbramiento final, que arrancó de su alma aquel grito de angustia y de sus labios el ardiente beso tanto tiempo guardado.

Este sueño le hacía feliz por algunos minutos y no hubiera renunciado a él por nada del mundo.

En tanto Julián que vivía extasiado en sus alucinaciones, Felipe y Angelina aprovechaban el tiempo de diversos modos. Su relaciones eran conocidas y aprobadas por los padres adoptivos de la niña y ya hablaban hasta de la fecha en que había de verificarse la boda.

Un día quiso Angelina enseñar a Felipe el lugar en donde Julián se atrevió a ofender su pudor de manera tan ruda, y con este objeto tomaron rumbo al murmurador riachuelo.

También Julián había llegado, hacía pocos minutos, al lugar en donde sus ensueños de amor tomaban cuerpo, hasta fingirle la más dulce realidad. Por entre la ramazón de la arboleda descubrió Julián a la feliz pareja que llegaba, y apenas tuvo tiempo para ocultarse entre unas breñas, pero sin perder de vista las orillas del arroyo.

Allí, de pie en el mismo lugar donde la vio desnuda, estaba ahora Angelina acompañada por un hombre que no era él; por Felipe, a quien ella amaba y a quien seguramente no esquivaría ni sus labios, ni sus mejillas, aunque quisiera dejar en ellos sus amorosos besos.

Después de haber permanecido allí un corto espacio, les vio alejarse empeñados en animada y alegre charla, y antes de doblar el primer recodo del camino, los vio inclinar sus rostros y unir sus bocas para darse un apasionado beso, que aunque callado, tuvo resonancia espantosa en el corazón del pobre Julián. Su primer impulso le mandó correr tras ellos y destrozarlos con sus manos, pero una reflexión rápida le hizo cambiar de idea y esperar mejor ocasión para alcanzar cumplida venganza. La desesperación en que cayó fue terrible; sus cabellos que mesaba con furia volaban desprendidos impulsados por el viento, y sus quejas que en vano trataba de ahogar, salían de su pecho sordas y angustiadas como, el estertor de un condenado.

Entre tanto que Felipe y Angelina se iban acercando a la casa, los gemidos de Julián se oían en el bosque y asustaban a las avecillas cantoras que no comprendían tanto dolor ni tanta desesperación.

CAPÍTULO VII
PREPARATIVOS Y TORTURAS

Muy pronto para Julián y demasiado tarde para Angelina y Felipe, se salvaron esas pequeñas dilaciones que retardan siempre las bodas imprevistas.

Señalado el día en que había de verificarse el matrimonio, ambas familias se avocaron para ponerse de acuerdo en el programa de los festejos que habían de hacerse en la dichosa fecha. Resolvieron que los novios irían a casarse a la aldea próxima, a donde se haría venir un cura y unos cuantos músicos, de esos que se fabrican ellos mismos los instrumentos que pulsan y entre los cuales hay algunos verdaderos artistas, intérpretes fieles de los salvajes, pero dulcísimos airecitos que nacen en el fondo de nuestras vírgenes montañas.

Se pusieron en repasto las reses que debían matarse ese día para festejar a los invitados, que lo serían todos los vecinos de la comarca; se encerraron algunos cerdos y cuádruple número de aves. de corral, a fin de que sus carnes estuvieran limpias del jugo de las plantas venenosas y de las suciedades del campo; y de esta manera se hicieron cien mil más preparativos, porque tanto el novio como los padres adoptivos de Angelina, querían que aquella boda fuera rumbosa, excepcional; querían que el recuerdo que dejara, fuera perdurable en la memoria de aquellos honrados campesinos.

Julián entre tanto permanecía sombrío y cabizbajo. Cumplía con las obligaciones que la costumbre de tantos años le habían impuesto, con una precisión automática y el tiempo que le dejaba libre el desempeño de aquellas, lo gastaba en excursiones fantásticas; ya subiendo a las cumbres más elevadas de los alrededores, ora bajando a los abismos oscuros de aquellas abruptidades que él encontraba tan de acuerdo y tan asimilables con los abismos y asperezas de su alma salvaje frenéticamente enamorada.

¡Allí era el lugar en donde había que ver a Julián! Algunas veces, mucho antes de que apareciese el sol, abandonaba su endeble camastro y emprendía una carrera vertiginosa en dirección a los montes altos. La difícil ascensión no detenía su impulso y subía con rabia impelido por una fuerza desconocida hasta llegar a los desquebrajados picachos en donde asustaba con su repentina llegada a las aves que medio ateridas de frío dormitaban en sus nidos de piedra.

Allí, en pie, sobre una de las musgosas rocas, escudriñaba el valle, con su mirada de águila, y una sonrisa histérica contraía sus deformes labios, cada vez que sus ojos descubrían la casita blanca y roja en donde vivía Angelina.

Extático se quedaba por algunos momentos, y después con la movilidad de una mirada loca, cambiaba de dirección la suya para ir a posarse en un punto en donde lo verde de la arboleda se acentuaba con tintes más oscuros; allá, perdido entre el tupido follaje, culebreaba con resplandores de plata un arroyuelo que la distancia hacía aparecer como una cinta blanca cortada en movibles pedacitos. ¡Oh rabia! ¡Oh sangre la de sus arterias! y cómo se le agolpaba al corazón con martillazos acelerados, al recordar la escena desarrollada a orillas de aquel arroyo. Así como lo veía de lejos, tan pequeño y tan perdido, así se le presentaba ahora su dicha, ¡perdida para siempre!

Su naturaleza virgen mordía en sus entrañas con fuerza poderosa, cuando llegaban a su memoria aquellos abandonos de Angelina. El recuerdo de aquella carne fresca, recia y ligeramente aterciopelada, como piel de lozano melocotón, le resecaba el paladar con sus vahos de combustión suprema, produciendo en sus fauces un estreñimiento áspero y una ráfaga de tempestades hirvientes en el pulmón.

¡Pobre Julián! Desde la altura se precipitaba como un turbión hasta el fondo de los obscuros precipicios, y aunque fuera en las humedades agrias allí estancadas, se bañaba las sienes palpitantes, hasta recobrar un tanto el equilibrio de sus facultades, y regresaba calenturiento a la casa maldita, en donde se estaba desarrollando el drama que había de conducirlo, primero al crimen y después a la eterna locura. ¡Pobre Julián!

CAPÍTULO VIII
VÍSPERAS DE BODA

Por fin llegó la víspera del día ansiosamente esperado para enamorada pareja.

Los familiares de Felipe se habían trasladado la casa de la novia, en donde estaba revuelto con el trajín que aquella fiesta ocasionaba.

La estrecha vivienda había sido atestada de toda clase de utensilios. Colgaban de las paredes exteriores, suspendidas de gruesos clavos, las monturas de los recién venidos, mientras que diseminados sobre las piedras del corredor, se secaban a los rayos de un sol tropical, los aperos, de donde el sudor recogido del lomo de las bestias, se escapaba en blancas nubecillas de vapor viscoso.

Los convidados a la boda iban llegando poco a poco; unos temprano y otros más tarde, según las distancias que habían tenido que recorrer. Hombres y mujeres se presentaban ataviados para el festejo; y era una acuarela viva aquel conjunto de vistosos colores, aquella aglomeración de gente lozana y fresca cuyas vestimentas alegres y caprichosas producían en la vista un ideal fantaseo, cual si jugaran delante de ella los colores del iris en armoniosa y variada confusión.

Los músicos y los cohetes llegaron al mismo tiempo, de manera que los aires se vieron sorprendidos a la vez, por las alegres notas de una cadenciosa sonata y por las secas y aladas detonaciones de las saetas pirotécnicas. A la caída de la tarde se organizó el baile en que habían de entretenerse toda la noche, hasta que llegara el alba, hora en que marcharían a la cercana aldea para verificar la santa ceremonia.

El regocijo era general; todos se sentían alegres cuando veían a Felipe y Angelina, los cuales, en el sentido de muchos, formaban la más hermosa pareja de todas las que habían unido en aquellos entonces. Entre tanto, Felipe que no ignoraba el amoroso desvarío de Julián y deseoso de tranquilizar a Angelina de sus justos temores, sin separarse de ésta no perdía de vista al mudo, el cual permanecía indiferente ante el movimiento general, como si no comprendiera el objeto de todas aquel as vueltas y revueltas y menos la causa que tenía allí reunida a tanta gente para él desconocida.

Allá como a la media noche, cuando el contento y la animación eran generales, cuando ya nadie se acordaba del pobre idiota, y el baile por una parte y las repetidas libaciones por otra, absorbían la atención de los entusiasmados labriegos, Julián, sin que nadie lo mirara, fue acercándose poco a poco hasta llegar a una ventana abierta en la misma habitación en donde se bailaba, y allí con los robustos brazos apoyados en el alfeizar, y la hirsuta cabeza entre las manos, dejó penetrar su mirada sombría, libre de todo disimulo, en la reducida estancia en donde el polvo producido por los bailadores, formaba una atmósfera densa que oscurecía la vacilante luz de las bujías elaboradas con cera vegetal.

Angelina en aquellos momentos bailaba con Felipe: graciosamente abandonada entre los brazos del que había de ser su marido levantaba por intervalos sus bellísimos ojos, para envolverlo en una misma mirada apasionada y ardiente que de rechazo iba a revolver los temibles furores escondidos en el alma de Julián.

Las uñas del infeliz penetraban en sus carnosas mejillas, produciéndole una sensación extraña y consoladora, y tumultuosos pensamientos se agolpaban en aquel cerebro irregular que ya vacilaba entre el raciocinio y la locura. Pensó mucho y lo que pensó bien pudiera traducirse en el siguiente monólogo. Te casarás "Angelina, te casarás es verdad, pero antes que tu esposo, yo, tu eterno compañero, he tenido la desesperante dicha de contemplar esos tesoros que nunca serán míos; ese tu cuerpo de virgen que cubres hoy con ostentosas galas ha sido mío antes que de ninguno otro; mío porque yo lo he visto crecer y desarrollarse día por día, hora por hora; ¿hay acaso alguna curva de tu cuerpo que no la haya sentido redondearse bajo el tacto de mis manazas de idiota? ¿Cuál es el tinte de tu piel que no conozco? Yo sé la época exacta en que tu cutis pálido de niña adolescente empezó a colorearse con los vivos albores de la vida núbil. Yo conozco aquel lunar grande y lleno de suave plumón oscuro que hace resaltar la blancura de tu albo pecho, y conozco también aquel más pequeñito que parece una gota de sangre fresca, escapada de una de las azules venas de tu muslo izquierdo; he recorrido las ondulaciones de tu cuerpo con mis sedientos ojos, sin que me haya evitado tu pudor velado, el detenerlos en donde los haya querido hundir con la indomable fuerza de mi deseo comprimido; he besado tu nuca de lirios silvestres, allí donde se agrupan ensortijadas las sedosas hebras de tu cabellera blonda; y mañana te irás de mi lado, mañana serás de otro a quien nunca habías visto, pero que no es deforme como yo y cuyas caricias te hacen palidecer de espasmo".

Amenazó con su puño crispado a la loca felicidad que se revolvía allí dentro, y corrió a ocultarse ciego de ira y de aflicción, en un macizo de árboles que frente de la casa había. La luz del alba y las alegres voces de los convidados que se preparaban para emprender la marcha hacia la aldea, vinieron a destruir el embotamiento de sus facultades. De un salto se puso en pie, atravesó la meseta con vertiginosa carrera y se internó, corriendo siempre en la frondosa arboleda, encaminando sus pasos a su altura predilecta en donde desahogaba su pecho exhalando quejidos de gigante enfermo.

CAPÍTULO IX

DEL MONTE AL TEMPLO

Felipe y Angelina rompían la marcha de aquella abigarrada cabalgata. Más de cincuenta jinetes de ambos sexos la componían, los cuales saltaban en sus monturas, cada vez que las caballerías se encabritaban asustadas por el ruido de los cohetes y por los disparos de revólver que hacían aquellos que aún conservaban su resto de alegría por las libaciones de la pasada noche.

Debido a la fogocidad de sus caballos y anhelo de sus corazones enamorados, marchaban los novios a la descubierta guardando entre ellos y el resto de la comitiva una distancia como de veinticinco varas. Libre la rienda sobre el cuello sudoroso de sus bestias, daban más trabajo a los ojos que a la lengua, ruborizándose Angelina cada vez que, por un estrechamiento involuntario, la rodilla del apresto mozo rozaba la suya con frotación pasajera. Frases vulgares pero saturadas de efluvios misteriosos se cruzaban acaso; se conocía que la palabra estaba obedeciendo al pensamiento de ambos, el cual volaba muy lejos.

Felipe más mundano por circunstancias del sexo, se extasiaba pensando en que muy pronto sería suyo aquel cuerpecito flexible y gracioso; gozaba ya deliquios inefables con la idea del beso supremo que identificaría sus carnes, así como el sentimiento puro había identificado sus almas,

Ella no; la virgen creada entre las asperezas impecables de la montaña, no comprendía el amor sino desde el punto de vista de tener un hombre suyo, que la protegiera en las miserias de la vida y que la besara a cada rato; pensando en esto, que ella suponía la consumación del matrimonio, se estremecía de vergüenza cuando recordaba que Julián, el monstruo aquel, compañero de su infancia, también la había besado; luego, le pertenecía de la misma manera que le pertenecía a Felipe con quien iba a sacrificar indisolubles lazos. Este inoportuno recuerdo era la nota sombría en el concertante sublime de su idilio venturoso.

Pronto empezaron a distinguirse allá a lo lejos, perdidos entre un follaje color de esmeralda húmeda, los rojos e irregulares tejados de la aldea a donde se dirigían. Los primeros rayos del sol hendían oblicuamente el espacio, y culebreaban alegres en las anchas hojas de los árboles, en cuya sedosa pelucilla temblaban todavía las gotas de rocío matinal.

Asustadas de tanto ruido, salían entre el ramaje las aves, ensayando un volar aterido; probablemente las hembras que se habían quedado calentando el nido, entre tanto que el macho se había marchado a picotear el sustento de cada día.

Sin saber a qué hora, se encontraron Felipe y Angelina al principio de la única calle de la aldea; allí esperaron a los de atrás y todos reunidos en alegre confusión, se dirigieron a la placita circular y verde; allí dejaron pastar tranquilamente a sus cabalgaduras mientras que los novios y los padrinos se arreglaban como convenía el acto, en una casa amiga, para entrar en el templo en donde ya los esperaba revestido un sacerdote medio congestionado por el madrugón extraordinario.

Nada de particular ocurrió durante la ceremonia; la boda terminó como terminan todos los casamientos de aldea, entre el asombro envidioso de las chicas y las calurosas y chispeantes felicitaciones de los hombres.

Presuroso alistó cada cual su cabalgadura y a trote largo regresaron a la casa campestre de Angelina, en donde los esperaba la vieja que me contó esta historia, y Julián, en cuyo rostro abotagado se notaban las huellas de un dolor tormentoso. Al aproximarse la comitiva, el desolado gigante se escapó por una puerta de atrás, atravesó un pequeño huerto y saltando la escabrosa cerca, corrió a ocultarse en las sinuosidades que formaban unos peñones superpuestos.

Allí, revolcándose sobre las hojas secas que el viento había arrinconado, se mesó con furia la recia cabellera, se clavó después las uñas ásperas en el agitado pecho y... rompió en llanto aborbotonado y tormentoso desahogando en él la pena de su alma, de aquella alma pura y perfecta, tanto como deforme e irregular era el ropaje que la envolvía.

Medio aletargado permaneció en su escondite algunas horas y luego pensando en que habían de buscarlo de la casa y no queriendo volver a ver a Angelina, arrastrándose como un reptil se escabulló a lo largo de la meseta y no se puso en pie sino cuando los grandes árboles podían cubrirlo por completo.

Entonces se irguió cuan alto era y lanzando una postrer mirada en dirección a la casa, se internó en la espesura con pasos precipitados, dando grandes saltos y trepando por las laderas más escarpadas como si su intento fuera subir y subir hasta llegar al cielo, de donde lo había expulsado la inclemencia de Angelina.

Perdido en la soledad de la montaña pasó el resto del día y toda la noche, cuando a la mañana siguiente regresó a la casa calenturiento y acongojado, encontró a sus viejos protectores que sentados en el corredor de la casa, miraban con ojos húmedos el camino por donde Felipe, acompañado de sus parientes y amigos, se había llevado a Angelina para siempre jamás.

Ninguna señal dio de su honda pena: indiferente y estoico descolgó de la pared una hacha deforme, apropiada a su muscula tura de hierro, y con ella al hombro se lanzó camino de la espesura.

Pocos momentos después podían oírse perfectamente los acompasados golpes del cortante instrumento, con que Julián había atacado, con una especie de frenesí, el robusto tronco de una corpulenta encina.

CAPÍTULO X

ANGELINA CASADA

Vivirían los esposos en una población cuyo nombre no viene al caso mencionar, en donde los padres de Felipe le habían cedido en propiedad una casita cómoda y bien arreglada.

Los primeros meses de un sol de amor, pasarían en aquel pueblo, porque la gente del campo, a la inversa que los de la ciudad, buscan el bullicio para ocultar entre él las dulzuras de sus prolíficos y exuberantes amores.

Angelina, cuyo dócil carácter era asimilable a cualquier condición social, pronto aunque gustosa, se avino al cambio, y la sencilla aldeana supo adaptarse a las exterioridades de las mujeres de la ciudad.

En el fondo, sin embargo, era siempre Angelina, la misma sincera campesina de otros días. Sus anhelos la llevaban siempre al campo. Cada vez que sus quehaceres domésticos se lo permitían y muchas ocasiones aún a expensas del buen desempeño de aquellos, abandonaba muy tempranito la ciudad y algunas veces acompañada, y otras veces sola, se dirigía en busca de los arroyos más lejanos y escondidos en donde se bañaba largamente abusando de la libertad de que entonces gozaba.

Muy poquito a poco se iba desnudando a la sombra de cualquier árbol copado. La ropa exterior caía de un golpe; le molestaban las estrecheces de la vestimenta de la ciudad; pero cuando empezaba a despojarse de sus ropas interiores, lo hacía con mucha pausa y como reflexionando en cada prenda que del cuerpo se desceñía.

El corpiño aquel, no cuadraba con la flexibilidad de sus formas; aquellas costureras de la ciudad eran todas unas estúpidas: ¿qué necesidad tenían de hacer aquellos talles tan recios y tan avaros? Sus apreturas, antes bien que modelar su busto, entorpecían el desenvolvimiento de sus curvas ideales, con una presión brutal muy propia para las exuberancias deformes, pero inútil para sus pechos tensos y apretados semejantes a dos copos tembladores de algodón virgen.

Las medias altas y de color oscuro, le gustaban. Su vanidad de mujer alba, se sentía dulcemente halagada, cuando veía cómo la orilla negra de la media, hacía resaltar la blancura sonrosada de su redondo muslo; pero lo que sí le causaba verdadero disgusto era la marca honda, ligeramente amoratada y cubierta de puntitos rojos que le producía la atadera. Su temperamento refractario a todas las mortificaciones y deformidades del cuerpo, rechazaba aquel ligero magullamiento de sus carnes; y permanecía largo rato frotándose la parte entumecida con la palma de la mano, hasta que lograba hacer que la sangre allí estancada, corriera de nuevo y que desapareciera la repugnante marca.

El calzado era otra de las prendas que llevaba con harta mortificación. Cuando se desenvolvía las medias hasta dejar al descubierto los pies, y veía cómo sus dedos se le juntaban, se le embutían por decirlo mejor, el uno en el otro, debido a la presión del apretado botín, se ponía rabiosa. Aquellas yemas congestiona- das y tintas no eran las suyas, las desconocía; las rosadas uñas, a pesar de llevarlas bien recortadas, se le metían en la carne sudorosa y dúctil, produciéndole, más que dolor, descontento, aquellas señales profundas tenían razón de estar allí.

Estudiaba los detalles de su cuerpo con una sorpresa muda. Los tejidos de su piel habían alcanzado durante sus últimos tres meses de matrimonio, una laxitud que la llenaba de bochornoso asombro. Aquel empaque sólido de sus carnes vírgenes, se había esponjado por decirlo así, y el color nácar, tinte sobresaliente de su piel de alabastro, empalidecía, en tanto que a sus labios y a las rosas de su seno, se le asomaba la sangre, como esperando un ligero piquetazo que la hiciera desbordarse.

Después, menudeando sus pasos por la dorada arena se acercaba al transparente líquido en donde se dejaba caer de un solo golpe, para sentir menos la desagradable impresión del agua demasiado fría; chapoteaba un momento, y su respiración nerviosamente alterada, producía entrecortados suspiros, hasta que se le hacía familiar la temperatura del arroyo. Y entonces, en quietud completa, con la mirada fija en el espacio azul, dejaba vagar el pensamiento por las inmensidades del ensueño, mientras que los ligamentos tibios de su cuerpo recogían avarientos toda la frescura de la onda cristalina.

Como abstraída se quedaba allí, recibiendo las caricias de la murmuradora corriente, hasta que volviendo a la realidad de la vida, y asombrándose de que su idealismo loco, la separaba por completo de las cosas reales, saltaba presurosa a enjugar sus car- nes, se vestía en un momento y regresaba a su hogar, fresca y alegre, pensando en su Felipe, en los pobres viejos que la habían creado y hasta en el monstruoso Julián.

El recuerdo del mudo acibaraba todavía sus dichas presentes. Involuntariamente reconstruía la escena del beso y la vergüenza encendía su rostro. Bien era verdad que ahora ya sabía a qué atenerse con referencia a lo que es un marido, pero por lo mismo temblaba al pensar, a lo que la habían expuesto sus abandonos de niña inexperta, y la falsa creencia que tenía acerca del idiotismo de Julián.

Por lo demás, su vida matrimonial era regular y desprovista de los sinsabores que la pobreza ocasiona. Los padres de Felipe habían proporcionado a éste la manera de establecerse, aunque provisionalmente, con un comercio lucrativo, cuyos resultados le proporcionaban con largueza una vida holgada y placentera.

Allá de vez en cuando, el nombre de Julián era pronunciado por los esposos con la misma indiferencia con que pudieran referir- se a un animal útil e inofensivo; ¡desgraciados! mientras ellos, vivían sin penas ni preocupaciones, el cerebro ya medio atrofiado de Julián trabajaba sin descanso, tratando de dar forma a la ven- ganza que tarde o temprano ejecutaría en la desgraciada Angelina.

CAPITULO XI

JULIÁN REFLEXIONA

Atontado por el golpe, permaneció Julián durante las primeras semanas después del casamiento y viaje de la bella Angelina. Su ruda naturaleza permaneció en tensión dolorosa los primeros días, pero llegó el momento en que sus nervios se aflojaron y entonces un desmejoramiento físico se operó en su persona de tal manera rápido, que sus viejos protectores se alarmaron, creyendo que Julián era presa de alguna enfermedad violenta y peligrosa. Un color amarillo como de fruta enferma le cubría todo el cuerpo, acentuándose en las manos y en las mejillas, más que en ninguna otra parte. Sus carnes sin enflaquecer, se habían reblandecido como si hubiera cesado de golpe la fuerza interior que las mantenía tirantes: sus ojos habían aumentado en brillo y tamaño, debido a la constante fiebre de sufrimiento que lo abrasaba y al despliegue de los párpados carnosos y amoratados. La risa eterna de la boca, había cedido el campo a una crispación nerviosa, cuya expresión era difícil de determinar; el abatimiento se revelaba en aquella cerviz de toro montaraz que se inclinaba sobre el bronceado pecho, bajo el yugo invisible de una pena sin nombre...

Aún cuando los viejos conocían que el afecto de Julián para Angelina era inmenso, les daba mucho en qué pensar su actitud desesperada; comprendían y hasta encontraban justo que estuviese triste, pero aquella manera de desmejorarse del pobre mudo, los traía muy preocupados y hasta se dieron a pensar con la malicia innata de todos los viejos, si Julián estaría realmente enamorado de Angelina. Y si tanto les asombraba ver su abatimiento, cuando, por estar delante de ellos, hacía esfuerzos por disimular ¿qué hubieran pensado si hubiesen visto a Julián cuando, al encontrarse solo, daba rienda suelta a su desesperante aflicción?

Allá muy al principio lloró hasta agotar la fuente de sus lágrimas; después, cuando el llanto ya no quiso refrescarle los encendidos ojos, en hondos suspiros exhalaba su profunda pena; y por último, había venido a abismarse en una abstracción profunda, resultado de la constante laboriosidad en que vivía su incansable imaginación.

El punto objetivo de todas sus meditaciones era la venganza; y tanto meditaba sobre el particular, porque se había empeñado en que aquella fuera ejemplar, horrible, digna de un hombre como él que tan fuera se encontraba de la norma de sus demás congéneres.

Reflexionando en esto, cambiaba de ideas y de intenciones a cada momento. Algunas veces pensaba en no esperar más; en coger el camino para la población en donde vivía Angelina y a la llegada deshacerla y ahogarla entre sus brazos sin esfuerzo alguno y con toda la satisfacción de su alma; si en ese momento llegaba Felipe lo mataría también, eso lo daba por hecho; pero ¿qué haría después? Más que una represalia de esta naturaleza, él deseaba otra, que a la vez que hiciera sufrir a Felipe, le arrojara a Angelina en sus brazos, de los cuales ya nadie en el mundo se la podría arrebatar. Este proyecto le gustaba más que ninguno otro, pero para ponerlo en práctica, encontraba verdaderas dificultades que no podría salvar.

La permanencia de los esposos en la ciudad, era un insuperable obstáculo para la consecución de sus fines. Acercarse a Angelina hubiera sido fácil si estuviese viviendo en el campo, en alguna posesión solitaria y aislada, a donde nadie pudiera llegar a protegerla contra sus furores, pero allá, rodeada de tanta gente no podía acercársele nunca, y suponiendo que lograra hacerlo, estaba seguro de que más de alguno de los que la rodeaban entorpecería el desarrollo de sus planes macabros. ¿Qué podría esperar entonces?

Cuando sentía las trabas de su impotencia se enfurecía hasta el paroxismo. ¡Ah si hubiera aprovechado los últimos días que permaneció Angelina en la casa, ya estaría vengado y no sufriría aquel suplicio del infierno! ¿Por qué no la mató entonces? ¿Acaso le faltó valor para hacerlo? ¡Eso nunca! Porque con valor se sentía para ello y para más; la prontitud con que se desarrollaron los acontecimientos le impidieron madurar un plan, pero ahora era ya todo distinto: ahora ya tenía resuelto todo lo que había de hacer; y el éxito dependía de que la oportunidad se le presentase tarde o temprano, era cuestión del tiempo. El recuerdo de Angelina en brazos de otro le daba fuerzas suficientes para emprender cualquier descabellado plan, con tal que le dejara satisfecha su venganza, y cuando al cabo de darle vueltas y revueltas a la misma idea acababa por encontrarla de fácil ejecución, sentía un alivio inmenso pensando en los tormentos que haría sufrir a aquellos seres por quienes abrigaba su corazón tan diversos sentimientos.

El uno, Angelina, era la dueña de todo su afecto, el otro, Felipe, era el poseedor de todo su odio, pero su idea de venganza se cernía sobre las cabezas de ambos, y no tardaría en envolverlos entre sus pliegues lúgubres y sangrientos.

Así como lo pensaba Julián, la cuestión era de tiempo solamente, y nadie podría ya salvarlos de sus rencorosos designios. Meditando acerca de todo esto, lo sorprendían muchas veces sus protectores o algunos de los mozos de labranza: y entonces, súbitamente trataba de cambiar la expresión de su fisonomía pero a pesar de sus esfuerzos, siempre quedaban en su semblante las huellas de la tempestad interior que estaba a punto de desequilibrar sus débiles facultades.

CAPÍTULO XII
EL DIABLO PROTEGE A JULIÁN

Entre la población en donde vivían los jóvenes esposos y la casa en donde se había creado Angelina, tenían los padres de Felipe una pequeña finca. Sus fértiles terrenos destinados a la crianza de ganado, se extendía a la orilla de un caudaloso río, cuyas hinchadas aguas, las más de las veces, se desbordaban en invierno, produciendo alarma en los habitantes de sus vegas y grandes pérdidas en sus intereses rurales.

La casa que servía de habitación principal, permanecía cerrada durante el verano; pero allá por los meses de julio y agosto cuando ya el ganado repuesto de las abstinencias de los meses secos se presentaba propicio para dar abundante leche, sin perjuicio de las vidas de sus pequeñuelos, la chacra aquella, se alegraba con la llegada de sus propietarios, los cuales iban infaliblemente todos los años a coger el ganado como vulgarmente se dice, para aprovechar sus inapreciables productos, con los que fabricaban exquisitos y olorosos quesos y gran cantidad de rica y suculenta mantequilla. Aquel año no harían los viejos su excursión ordinaria.

Felipe y Angelina habían solicitado, el uno de sus padres y la otra de sus suegros que les dejaran ese año ir a desempeñar aquel trabajo agradable, que a la vez que eso les proporcionaría a ellos una benéfica temporada en el campo, haría que los antiguos cónyuges descansaran aquel invierno de los trabajos que proporcionaban la dirección y manejo de aquella faena campestre.

Convenidos en este nuevo arreglo y estando ya cerca la época de la lechería, hicieron sus preparativos Felipe y Angelina para trasladarse cuanto antes al campo, en donde pensaban desquitarse con creces, de las embarazosas exterioridades que se habían visto obligados a guardar en la ciudad.

Encomendaron a un amigo honrado la atención del comercio que en la población tenían: cerraron las habitaciones cuyo servicio no fuese necesario para el movimiento del referido negocio, y en una mañanita del mes de julio, acompañados de una vieja criada que había de acompañar a Angelina cuando Felipe tuviera que abandonarla por uno u otro motivo, tomaron el camino hacia la finca consabida, con el cuerpo lleno de satisfacción material y el alma rebosante de júbilo y de amor tranquilo.

Caminando por aquellas abruptas veredas, donde las lluvias de los últimos días, sin haber formado fangos, habían apagado el polvo y refrescado la arboleda, un sentimiento de dulce dicha retrospectiva inundaba sus corazones sinceros. Este último viaje, al despuntar el día les recordaba otra inolvidable jornada que habían hecho en pos de su felicidad. Trajeron a la memoria aquellos detalles de su marcha ideal y vaporosa a la iglesita rústica y alegre en donde unieron sus destinos para siempre. ¡Qué diferente sensación de placer los embargaba ahora!

Se poseían en la plena acepción de la palabra; él era de ella por el amor inmenso que lo condujo hasta ofrecerle su nombre y los esfuerzos de su honrada vida; le pertenecía como el fuerte le pertenece al débil, con anhelos de protección y piadosos arrebatos; le sería siempre fiel porque estaba seguro de que una deslealtad de su alma la mataría. Ella no: vida, pensamiento, alma y materia se los había dado a Felipe de un golpe; sería de él y siempre de él, antes que por otra cosa, por un egoísmo natural de sus facultades de mujer locamente enamorada. Podía caber en el pensamiento de Felipe la idea de una infidelidad, y el proyecto no le asustaría; pero, en la mente de Angelina, no cabían esas monstruosidades imposibles, aquel su Felipe que cabalgaba a su lado, era el único hombre que no le daría asco, y aparte de él, todos los demás le harían la misma impresión que los escuetos troncos de árboles que iba dejando perdidos en las orillas del camino que seguían.

Angelina a ratos se quedaba como abstraída, mientras que una sonrisa involuntaria e irónica, contraía las comisuras de sus labios rojos y sensuales Aquella risita muda, quería decir que allá en su interior se estaba haciendo burla a sí misma, al recordar su inexperiencia y falta de conocimiento de las cosas de la vida, que la hicieron pensar tanto disparate el día aquel cuando se iba acercando a la aldea en donde debían casarse. A veces pensaba sino sería mejor que un marido sólo fuese, lo que ella en sus arrobaciones infantiles se había figurado, pero al ver la apostura y gentileza de su adorado esposo, al recordar la ternura con que la estrechaba entre sus brazos, y el inefable deliquio que ella sentía al devolverle sus más íntimas caricias, todo lo daba por bien arreglado; encontraba que la vida era buena, y su pecho se henchía de satisfacción pura, al contemplar, con los ojos de la imaginación, el inmenso campo de la dicha que el porvenir había abierto delante de ellos. Iba cayendo la tarde cuando llegaron a la finca. Los vaqueros y los mozos de labranza que componían el personal de la hacienda, y que concluido el trabajo del día, vagaban por los alrededores, vieron acercarse a los viajeros a quienes ya esperaban, e inmediata- mente corrieron al aviso de su llegada, produciéndose en la casa ese movimiento tan natural en los criados cuando se acercan los amos.

La morada rural perteneciente a los padres de Felipe, era muy modesta, pero de risueño aspecto. Edificada en la amplia ladera de una colina, quedaba protegida por ésta, de los fuertes vientos que soplaban en aquella comarca durante el mes de noviembre; a su frente se extendían largos terrenos planos, cubiertos de grama y silvestres líquenes, en donde pastaban libremente hermosas reses de piel brillante y leonada, en cuyos temblorosos lomos revolotea- ban avecillas merodeadoras, limpiándoselos de los chupadores insectos que habían recogido en los breñales.

El cuerpo de la casa no era espacioso; apenas estaba compuesto de dos piezas pequeñas laterales y una grande en el centro que hacía las veces de comedor, de sala y de punto de reunión, los domingos para los trabajadores y allegados a la finca. Uno de los cuartos de al lado serviría de dormitorio a los esposos, el otro lo habían destinado a la criada que llevaron, y el local del medio seguiría prestando los importantes servicios a que había sido destinado.

Hecha esta pequeña determinación, se instalaron convenientemente, arreglaron a la ligera los efectos que habían traído consigo y como venían cansados por la luenga caminata, tomaron una frugal colación, y se metieron inmediatamente en su cuarto. Cuando el cuerpo está fatigado, el alma no ansía expansiones voluptuosas, por eso se quedaron dulcemente dormidos, cada uno en su lleno al ejercicio de sus ocupaciones campestres.

Felipe había mandado con anticipación aviso a los padres

adoptivos de Angelina, anunciándoles la temporada de campo que pensaban hacer, por si deseaban ir a verlos, y ellos pusieron a Julián al tanto de la noticia, valiéndose de señas inequívocas, enseñándole prendas de Angelina para indicarle que de ella se trataba y mostrándole con la mano el rumbo más o menos aproximado en donde estaba la finca a que los esposos vendrían.

Julián entendió a medias, pero su alegría y su sorpresa fueron inmensas, cuando algunos días después, vio que los viejos se preparaban para un viaje, y su alegría y sorpresa se convirtieron en verdadero delirio, cuando una mañanita muy serena le pusieron el tosco sombrero sobre la hirsuta cabeza, y tirándole por la mano le querían obligar los viejos a que los siguiera por un camino ancho y pintoresco por donde ellos se marchaban.

Julián entonces lo comprendió todo, y sin embargo, opuso la más obstinada resistencia a las indicaciones que le hacían. Los viejos se cansaron de su empeño y resolvieron emprender el viaje solos y dejar a Julián al cuidado de la casa. Así lo hicieron, a pie y contentos: pero apenas habían caminado un tercio de milla cuando el mudo cerró las puertas de la casa y a escape, esquivándose de las miradas de dos peones que allá a lo lejos trabajaban, tomo la misma ruta siguiendo a sus protectores.

En cuanto los alcanzó a ver, marchando despacio por la torcida vereda, se tiró a un lado del camino y rompiendo la tupida maleza se puso a seguirlos sin que ellos lo advirtieran, hasta que a la caída de la tarde llegaron a la casa en donde tan confiada vivía Angelina con su adorado Felipe. Desde una distancia considerable vio Julián cómo los esposos venían a encontrar a los cansados viejos; y más por lo que de ella tenía adentro que por lo que pudo distinguir, reconoció a su inolvidable compañera. Eso era todo lo que él deseaba: saber en dónde vivía y como ya lo había averiguado, se regresó a carrera tendida a su triste hogar, en donde completamente solo, se entregó toda la noche a una meditación constante, a fin de determinar el género de venganza que estuviera más de acuerdo con las circunstancias y con la fogosidad de sus sentimientos exaltados.

CAPÍTULO XIII

DIOS SE OLVIDA DE ANGELINA

Dos noches y un día pasaron los padres adoptivos de Angelina en su compañía y la de Felipe. Julián no les daba ningún cuidado a los viejos, porque sabían que él y los tres o cuatro peones que habían dejado encargados en los trabajos de las tierras, sabrían arreglarse de cualquier manera, para llenar sus necesidades materiales allá en la casa, momentáneamente abandonada. Elementos para la vida no les faltarían; la despensa y el granero estaban provistos de carne salada y de cereales respectivamente. El único trabajo que tendrían que hacer era confeccionarse ellos mismos sus alimentos diarios y a ello estaban bien acostumbrados los hombres del campo.

Sin inquietudes de ningún género, permanecieron con los jóvenes esposos el tiempo indicado; y si no se quedaban más era porque tenían entre manos ciertos asuntos de poca importancia; pero que necesitaban de su presencia, para su mejor ejecución. Rápidas y felices pasaron aquellas horas en que los viejos permanecieron al lado de la dichosa pareja.

Angelina, cuya verbosidad era incansable, cuando se trataba de exagerar los inconvenientes de la vida en poblado, permanecía largo tiempo contándole a su madre adoptiva los apuros y sinsabores que había pasado, antes de poderse acostumbrar a la existencia civilizada. Entre tanto, Felipe emprendía con el viejo largas caminatas, mostrándole lo extenso y rico de sus tierras, la hermosura de los ganados y pidiéndole su autorizada opinión acerca de las reformas y adelantos que pensaba llevar a cabo durante la temporada de aquel invierno.

La conversación de los dos hombres era franca, leal, y casi siempre versaba acerca de las labores campestres, de la agricultura y de los importantes resultados y pingües ganancias que esta industria proporciona.

Pero no sucedía lo mismo entre las dos mujeres. Angelina luchaba y se escabullía al fin, con hábil modo, de la curiosidad impertinente de la vieja, que la acosaba a cada rato con preguntas insidiosas relativas a querer escudriñar el santuario de su vida matrimonial.

En vano era que la hermosa mujer la patentizara su felicidad presente, demás estaba que le asegurara en todos los tonos que el deseo de convencer sugiere, que desde la época de su matrimonio, Felipe la había hecho completamente feliz; todo era inútil; la sutil labriega, con esa tenacidad tan propia de las cabezas del campo, deseaba encontrar un flanco vulnerable en el idilio de Angelina, y agotaba el repertorio de las preguntas capciosas, a fin de hacerla caer en una contradicción, que diera base a la desgracia imaginaria que ella, a todo trance, deseaba encontrar.

El cariño y no otro móvil la había vuelto insidiosa y desconfiada. Toda felicidad, toda dicha le parecía corta para su idolatrada hija; pero a pesar de sus esfuerzos para encontrar algo que poder afanes, y tuvo que confesarse a sí misma, que si aquella gente no echar en cara al bueno de Felipe, se vio burlada en sus paternales era completamente feliz, por lo menos, le parecía mucho. ¡Y en verdad que era dura de convencer la vieja, cuando no eran suficientes a dejarla satisfecha las vehementes confesiones de Angelina!

¡Con qué ojos tan resplandecientes de dicha le juraba que vivía completamente satisfecha!; con qué vigor salía de aquellos labios húmedos y rosados la protesta contra las frases dudosas que emitía la vieja, acerca de su felicidad.

¿Qué no era dichosa? ¡Vaya si lo era! y tanto como ninguna de su linaje lo había sido hasta entonces. Su Felipe, como ella lo llamaba, obedecía a sus deseos, con una prontitud asombrosa, antes de que ella se los manifestara; él se los había adivinado y satisfecho.

Era hermoso, ¡ah! esto sobre todo; el hombre más hermoso que ella había visto, y era necesario creérselo; la honradez, una honradez absoluta caracterizaba todos sus actos; era constante en el trabajo, hábil para la industria; fuerte como un roble y accesible a sus caprichos como un enamorado viejo; pundonoroso, leal, valiente y franco; ¿qué más podía desear? Era posible que una mujer como ella con semejante marido pudiese ser desgraciada?

¡Cuánto convence la voz de la felicidad! Cuando la vieja, madre de Angelina, caminaba al siguiente día, bordoneando el camino, al lado de su querido compañero, de vuelta ya para el hogar, lo increpaba por no haber sabido hacerla completamente dichosa. ¡Para eso había que ver a Felipe! Ese era el hombre que comprendía sus deberes y que no escatimaba los medios para hacer feliz a una mujer.

El viejo labriego callaba, y sin embargo, estaba seguro de que, si unos veinticinco años antes, alguien hubiese preguntado a su mujer algo acerca de su felicidad, la habrían creído por lo que hubiese contestado tan feliz o más feliz si cabe de lo que parecía Angelina. Él lo sabía y se lo callaba; ¿para qué protestar?

De nuevo quedaron solos Felipe y Angelina, y ya perfectamente instalados, se dedicaron con ahínco a sus ocupaciones de vaquería, en las cuales ponían el mejor empeño a fin que su laborioso padre no fuera a encontrar algo que reprocharles. Había en el aprisco como cuarenta terneros.

Las cariñosas madres de los pequeños prisioneros, permanecían todo el día entre los gramales de los alrededores, pero sin alejarse mucho de sus crías y a la caída de la tarde, cuando empezaba a ocultarse el sol, emprendían el regreso hacia los corrales de la hacienda, todas por diferentes rumbos, satisfechas del hartazgo de sabrosa yerba con que se habían regalado rumiando a ratos, y dando al viento sus plañideros y cariñosos balidos.

Allí se entretenían con la escasa y trillada yerbecilla que junto a los cercados crecía, y de vez en cuando pasaban la cabeza por entre de los huecos de la cerca, para acariciar con sus lenguas ásperas y resecas la airosa cerviz de sus aprisionados hijos.

Por la mañana cuando Angelina y Felipe se levantaban lo que hacían casi siempre al mismo tiempo, encontraban que habían principiado ya los mozos a ordeñar el ganado.

Al ordeñadero se metían ellos sin sentir repugnancia porque se les enlodaran los pies en la escurridiza capa de fango que cubría el piso. Aquellos vahos acres que despedían sus reses, les ensanchaban los pulmones y les fortalecían la sangre, sirviéndoles de incentivo a su ardiente pasión, viva aún, a pesar de sus incesantes caricias.

Baldeaban ellos mismos la leche desde el corral hasta vaciarle en las olorosas canoas; Angelina se encargaba de condimentar y amasar la resquebrajosa cuajada cuando estaba ya de punto y el queso, redondo y blanco como la misma leche de que había sido formado, salía de sus manos tembloroso y destilando un suero amarillento que recogían en grandes recipientes para alimentar con él a los perros de la hacienda.

Hermosa vida aquella que les proporcionaba la soledad tranquila de que tanto necesitaban para dejar volar los dulces anhelos de su amor aún no satisfecho.

Ellos recibían agradecidos aquella dicha con que Dios los favorecía, e inútiles para el fingimiento, se confesaban mutuamente el inmenso placer que sentían al verse solos, el uno en los brazos del otro, sin nadie que pudiese servir de obstáculo a sus amorosos transportes, y sin más regulador que su misma naturaleza, para avivar o adormecer sus anhelos de caricias.

Un día, como al decimoquinto de haber llegado a la finca, recibió Felipe una comunicación oficial llamándolo con urgencia para cierto asunto jurídico en cuyo proceso figuraba él como testigo de un crimen inaudito, que se había cometido hacía algunos meses.

Conociendo la importancia que tendría su declaración para esclarecer el asunto, no quiso demorar su marcha, y pensando que aquel viaje apenas duraría dos o tres días a lo más; no intentó llevarse a Angelina, ¿para qué la había de molestar con una nueva y penosa marcha?

En la finca la dejó muy recomendada a la vieja sirviente que habían traído con ellos; y al amanecer del siguiente día al que recibió el llamamiento imprevisto, a caballo en un airoso jaco, y bien cubierto de hule y de cuero, porque llovía a cántaros, se despidió de su adorada Angelina recomendándole mucha prudencia, y que no dejase de pensar en él.

Allá se quedó la pobre muchacha entre triste y cavilosa; ella no le quiso decir nada a su marido, pero lo cierto era que sin saber la causa, aquella soledad la asustaba. ¿Acaso su corazón, corazón de mujer al fin, había presentido lo que podía sucederle?

Casi es seguro que así fue porque apenas Felipe había traspuesto la colina cercana, se sintió presa de una amargura inmensa, emoción sombría que en vano trató de conjurar la vieja criada con dulces y consoladoras palabras.

Todo fue inútil, Angelina permaneció triste aquel día, y de la misma manera la sorprendió la noche.

La lluvia que empezó a caer desde por la mañana se había cerrado en aguaceros al aproximarse la noche; y las aguas del río robustecidas con las corrientes invernales, empezaban a mugir sordamente, como si encontraran estrecho a su volumen el pedregoso cauce.

Los ruidos tumultuosos que desde el río llegaban a los oídos de Angelina acabaron de impresionarla hondamente, y buscando un refugio a sus aflicciones, se puso a orar con toda su alma. Aquella noche rezó por todos: por Felipe, primero, por sus padres después, y por último hasta por Julián.

CAPÍTULO XIV

JULIÁN EN ACCION

Si los temores de Angelina eran tan mortificantes sin saber lo que ocurriría, ¿cómo hubieran sido éstos si hubiese sabido lo que estaba pasando todas las noches en los alrededores de su morada? Unas veces más tarde y otras más temprano, pero siempre mucho antes del amanecer, el que se hubiera quedado en observación, habría visto con espanto a un ser extraño, vagar por aquellas espesuras de follaje con pasos cautelosos y aspecto aterrador. De que la nocturna aparición era un hombre, no cabía duda, ¡pero qué forma tan singular tenía aquel ser humano!

Envuelto entre las sombras que todo lo agigantan, aparecía una cabeza fenomenal esfumando sus contornos entre las ramas de la arboleda; aquella cabeza de cíclope escudriñaba con tenaz empeño las silenciosas dependencias de la casa rural, y la casa misma como queriendo formarse una idea exacta de sus contornos, del número de sus puertas, y de la solidez de sus muros. Después iba saliendo poco a poco de adentro de la sombra el misterioso rondador y a pasos refrenados, como de animal felino, se iba acercando al edificio sin que lo contuvieran en su inspección lúgubre, los ladridos de los perros que formaban una algarabía infernal.

Hasta que los más atrevidos se le acercaban con intenciones bien hostiles, se daba cuenta de lo que pasaba y entonces esquivando sus dentelladas con asombrosa impavidez, retrocedía hasta volver a ocultarse entre las malezas del bosque.

Aquello se venía sucediendo todas las noches con regularidad asombrosa, y los habitantes de la chacra no encontraban a qué atribuir el desordenado ladrar de la jauría, y menos las acometidas furiosas que daban los celosos guardianes tal vez a un ser imaginario.

La noche y víspera de la mañana en que había de marchar Felipe para el pueblo de donde lo llamaron con urgencia, el fantasma no llegó a ocupar su puesto de observación, sino hasta muy tarde de la noche, casi al amanecer; y en el momento en que, concluido su espionaje nocturno, iba a perderse en la sombra, apareció Felipe en el umbral de la puerta con un hachón encendido, a pesar de que la luna, casi llena, difundía su apacible luz en el espacio.

La repentina aparición del marido de Angelina, hizo cambiar de idea al sombrío vigilante, y en lugar de continuar su camino hacia la arboleda, se quedó oculto tras un grueso tronco, y se puso a observar con anhelosa atención lo que aquél hacía.

Felipe sin presentir siquiera el espionaje de que era objeto, se dirigió a un rancho de palmas en donde dormían los peones; llamó a su única endeble puerta que le servía de entrada, y después de haber cruzado algunas palabras con uno de los mozos que salió a sus voces, se regresó a la casa de donde acababa de salir.

Pocos minutos después el sirviente a quien despertó Felipe, se presentó a los ojos del espía siniestro, trayendo por el ronzal a un asustadizo potro, que resoplaba inquieto, como advertido de la presencia de un ser extraño. El mozo trató de tranquilizar a la nerviosa bestia, dándole amistosas palmadas en el robusto cuello, lo ató a uno de sus pilares del corredor y se entró también a la casa, de donde pocos momentos después volvió a salir trayendo a cuestas los aperos de que se servía Felipe. Enjaezó cuidadosamente al animal, colgó el freno del arzón de la montura, y sacando del rancho de donde él dormía, un cajón repleto de maíz, se lo puso al caballo que principió a comer con un bullicioso crujir de mandíbulas, en tanto que el sirviente se retiraba de la escena.

Es inútil decir que el hombre oculto allí, a menos de un tiro de pistola de la casa, era Julián. Todas las noches, desde que conoció el lugar en donde moraba Angelina, hacía aquellas caminatas asombrosas.

Al caer de la tarde salía de la casa de sus protectores con cualquier pretexto, y enderezaba sus pasos de gigante hacia la finca de los esposos, ávido de observar lo que en ella aconteciera, y esperando que de un momento a otro se le presentase la oportunidad de poner en práctica sus proyectos de venganza y exterminio.

Aquella vez, había demorado su excursión nocturna porque imprevista; y daba gracias al diablo por aquella tardanza, que le había permitido observar los acontecimientos inusitados que se estaban desarrollando en la finca. Comprendió que se trataba de un viaje de Felipe, reconoció por la estampa, al fogoso jaco, que solamente montaba aquél, y con el pecho palpitante de curiosidad y anhelo esperó, bien oculta, el fin de aquello que aún no comprendía del todo.

Más de una hora tuvo que esperar aún pero al fin vio cómo Angelina salía a despedir a su marido, comprendía por los efectos que éste llevaba a la grupa, que se trataba de un viaje relativamente largo, y entonces se le quiso salir el alma por la garganta en un supremo grito de júbilo, grito que logró contener mordiéndose con rabia los puños hasta hacerse sangre.

En aquellos momentos el agua que vertían las nubes era copiosa; y a pesar de que las ropas de Julián, se le pegaban al cuerpo, empapadas y frías, no daba señales de que aquello lo molestara.

Su vida entera se encontraba pendiente de lo que estaba sucediendo delante de sus ojos, y hasta le vino muy de su agrado aquel desbordamiento de los cielos, que le permitía permanecer oculto con más impunidad que si el amanecer hubiera estado tranquilo y seco.

Se fue Felipe y con él, se fue también el contento de Angelina.

Llena de angustia pasó todo ese día y de igual manera la sorprendió la noche, sin que valieran a calmar sus desazones, las frases consoladoras y fortificantes de la fiel criada que la estaba acompañando.

Julián, entre tanto, no habiendo querido regresar a su habitual morada, merodeaba por aquellos alrededores, sin tener aún bien determinados sus proyectos.

Pasó todo el día y parte de la noche oculto en las asperezas de aquellos alrededores, alimentándose con frutas y raíces silvestres y la aurora del nuevo sol, lo encontró aterido de frío, chorreando agua por todas partes, oculto en un bosquecito, de la orilla del río, sobre la cual, y al empinarse en forma de ladera, estaba edificada la casa en donde vivía Angelina.

El agua continuaba cayendo a borbotones, el chaparrón se había convertido en torrencial aguacero, que mantenía encerrados en sus habitaciones a los moradores de la finca; y el río casi desbordado ya, arrastraba entre sus fangosas aguas troncos inmensos de árboles descuajados, en cuyas ramas navegaban tranquilas las caprichosas avecillas.

CAPÍTULO XV
ÚLTIMA DECORACIÓN

Julián esperaba y esperaría allí con la misma paciencia con que había esperado hasta entonces, a que se le presentase una ocasión propicia para satisfacer cumplidamente sus afanes de venganza. ¡Al fin sabría Angelina de lo que eran capaces sus furoresreprimidos!

Matarla, no; jamás había pensado en eso; hubiese muerto a Felipe, si éste se hubiera interpuesto en su camino para entorpecer la ejecución de sus propósitos; eso sí; cien veces, un millón de veces hubiese pasado por encima de su cadáver con tal de poder llegar hasta la persona de Angelina; pero afortunadamente aquél no se encontraría allí en los momentos críticos de su criminal atentado.

Era cosa resuelta que aquella misma noche, o antes si se presentaba la oportunidad, tomaría a Angelina entre sus potentes brazos y huiría a ocultarse con ella en lo más frondoso de la montaña.

Allí sería completamente suya; ¡y cómo se iba a resarcir de todas las angustias, de todos los tormentos que por ella estaba sufriendo!

Sus labios gruesos y amoratados aplastarían con amor rabioso su boca delicada y purpúrea; en vano se retorcerían entre sus nerviosos brazos, los delicados miembros de Angelina en la convulsión suprema de una angustia mortal; nada de eso había de servirle; el eco fiel de la montaña contestaría a sus desgarradores gritos, y su débil cuerpo cansado de luchar concluiría por desfallecer dulcemente, en el hercúleo abrazo con que pensaba estrecharla.

Correría con ella a cuestas por las montañas y los valles, hasta encontrar un sitio apartado y silencioso en donde hubiera mucha sombra para descansar allí de la fatigosa carrera, la cual emprendería de nuevo hacia lejanos y desconocidos lugares, cuando hubiese recobrado sus perdidas fuerzas; y mientras reflexionaba así completaba distraído el tumultuoso rodar de la corriente.

Si Julián hubiese tenido idea de lo que es el suicidio, tal vez hubiese sentido tentaciones de matar para siempre sus dolores, apagando su vida en las revoltosas aguas del hinchado río. ¡En verdad que era majestuoso y provocador el aspecto de aquel abismo movible!

Las olas se atropellaban unas contra otras, produciendo al romperse, cascadas de rosada espuma. La lluvia que ya no caía en aquellos momentos dejó brillar al sol, y sus rayos, como latigazos de luz, rompían la obscuridad del sombrío oleaje, con cintilaciones de relámpago. Temblaban con un trepidar sordo los bordes de ambas riberas, y los verdes pescadores, rozaban con sus alas de esmeralda las encrespadas ondas. El sordo mugir de la corriente atronaba el espacio, llenando de espanto a los habitantes de la hacienda, que temían presenciar, como en otros años, el desbordamiento de aquellas aguas que todo lo arrasaban cuando salidas de madre, se precipitaban con fiereza de turbión por las cercanas llanuras.

El único corazón impávido era el de Julián en aquellos momentos. Reclinado en el suelo sobre su brazo derecho, y formando apoyo a la cabeza con una de sus manos, veía con indiferencia como el río, por momentos, iba aumentando el volumen de sus fangosas aguas.

Encontraba muy de acuerdo aquella furia del oleaje con la tormenta que rugía en su alma; por lo demás, el agua no le causaba miedo. Infinidad de veces había luchado contra el líquido elemento.

Su mayor placer, cuando vivía con Angelina, era aprovechar la época en que los pequeños ríos de aquellos alrededores se desbordaban para ir a recoger, por mera entretención, en compañía de ella, la leña seca, que durante los primeros aguaceros arrastran las corrientes.

La muchacha se quedaba muda de admiración en una orilla, mientras que Julián con todo el busto de bronce descubierto, se botaba en medio del torrente, en donde manteniéndose firme contra el violento empuje de las aguas, iba cogiendo al paso los leños más a propósito para el consumo de la casa, y tirándoselos a Angelina la cual los preparaba en húmeros y apretados haces.

También el río, aquel mismo río que ahora se desbordaba a sus pies, había sido testigo de sus valerosas proezas. Multitud de veces lo había nadado de un borde a otro, y cuánto mayor era la fuerza de sus olas, con mejor éxito lo había atravesado.

De repente percibió a lo largo, medio oculto entre la maleza de la misma orilla donde él se escondía, la figura de un hombre que caminaba hacia el río; era uno de los peones de la finca que venía a observar el aspecto de la furiosa avenida; detrás de éste apareció otro y después otros dos. Reunidos cuatro empezaron a gesticular ansiosamente, demostrando su asombro por lo que veían y quizá sus temores de que aquello tuviera un desastroso fin. Los vio Julián que muy despacio, mojando sus desnudos pies en los charcos de la orilla se dirigían al lugar donde él se hallaba, y teme- roso de ser descubierto iba ya a retirarse arrastrándose por el fangoso suelo, cuando lo dejó clavado en el sitio, absorto de confusión, sorpresa y dicha el aparecimiento de Angelina, la cual había querido también presenciar el hermoso espectáculo del aluvión y se había venido detrás de los mozos anhelante de curiosidad.

Había llegado allí sin ningún atavío ni en los hombros ni en la cabeza. Su larga cabellera destrenzada, se extendía sobre su espalda como un flotante manto de seda; vestía un ligero traje obscuro cuyos anchos pliegues a impulsos de la brisa se le metían entre las torneadas piernas, poniendo de relieve su escultural redondez.

Caminaron un corto trecho siempre con dirección hacia don- de estaba Julián, los mozos delante y ella detrás, parándose a intervalos para medir los destrozos que hacía el río en la arboleda de las orillas. Repentinamente Angelina llamó la atención de los peones acerca de algo que había visto; volvieron ellos sobre sus pasos, formando un grupo alrededor de la hermosa mujer, y allí permanecieron hablando y observando la orilla opuesta, entretanto que Angelina continuó su marcha de observación que la acerca por momentos al escondite de Julián.

Este, cuyo corazón le ahogaba con sus precipitados latidos, formó su plan en aquel momento; se preparó como se apresta la fiera que va a caer sobre su presa, y esperó ansioso a que Angelina pasara por su lado.

CAPÍTULO XVI

¡DESASTRE!

No fue preciso que Angelina caminara más. Julián acortó la distancia que le separaba con un salto prodigioso de tigre hambriento. Ella se fue de espaldas al sentirse aplastada por el cuerpo del gigante; pero él no la dejó caer; más que con las manos, la recogió en el aire con sus potentes brazos.

Los pulmones de Angelina lanzaron un grito tan agudo que produjo una instantánea vibración en el tímpano muerto de los oídos de Julián. ¡Grito inútil!. La levantó de la arena con la misma facilidad con que hubiera alzado a un niño, y rodeándole con el brazo izquierdo el cuello a la vez que le sujetaba las manos, a pesar de la ruda resistencia que oponía le pasó el brazo derecho por encima de los muslos, y echó a correr con ella a lo largo de la escarpada orilla.

Los mozos asustados, veían llenos de pavor lo que estaba sucediendo; la sorpresa los había paralizado en el puesto y no se daban cuenta de aquel suceso inverosímil y extraordinario. Para ellos aquél no era un hombre; probablemente sería alguna creación fantástica, algún animal extraño, habitante misterioso de aquellas soledades.

Sin embargo, cuando vieron que la bestia en vez de devorar su presa, corría huyendo con ella, se pusieron a correr también en persecución de aquel atrevido robador de mujeres. Angelina no gritó más; no se desmayó tampoco porque sus nervios sanos de mujer del campo no estaban débiles ni dispuestos a producirle esos desvanecimientos comunes; no se movía no podía hacerlo. Cerró los ojos cuando reconoció a Julián en menos de un segundo se hizo cargo de su situación y de las consecuencias que tendría aquel atentado odioso.

Con una seguridad de cabra silvestre corría Julián por las asperezas de la estrechísima playa que habían dejado las aguas del río, y los sirvientes de Felipe que comprendieron lo difícil que sería seguir al monstruo por aquel camino, se dividieron, y dos de ellos treparon al único camino por donde pudiera escapar.

Pero Julián no pensaba llegar tan lejos por ese lado; lo que él buscaba era un lugar propicio por donde cruzar el río, que en aquellos momentos hacía alarde de una majestad de océano. No vaciló mucho tiempo: detrás de aquella inmensidad de agua hirviente, estaba la selva oscura, el camino ancho para la soledad y el misterio, la tierra de promisión para sus fantásticos amores.

Con la seguridad del hombre que sabe a lo que se expone, empezó a hundirse en las cenagosas aguas; Angelina que comprendió lo que Julián intentaba hacer y que sabía que sus movimientos entorpecerían los del mudo, se estuvo quieta para no comprometer la existencia de Julián que en aquellos momentos era la suya. A pesar de lo odioso de su situación, no quería morir todavía, amaba mucho a Felipe, y confiaba en su destino..

Pronto le faltó la tierra al coloso bajo los pies, entonces sujetando en alto su preciosa carga con todo el poder salvaje de su brazo izquierdo, empezó a cortar las aguas con su brazo derecho, llevando muy alta la cabeza para poder esquivar las embestidas furiosas de los inmensos troncos que arrastraba la corriente.

Luchó largo tiempo contra el oleaje encontrado de las aguas del río; pero al fin cogió tierra en la opuesta orilla, salió precipitadamente del lecho pedregoso, y remontando la empinada ribera se dio a correr por aquellos parajes solitarios, como si una fuerza suprema prestara vigor y ligereza a sus atléticas piernas.

Los vestidos de Angelina chorreaban agua por todas partes, y más que la frialdad de éstos, hacía temblar sus carnes el miedo horrible que principiaba a sentir.

Comprendió que ya no podrían salvarla los sirvientes de la casa; estaban separados por el río y ese abismo sólo Julián era capaz de atravesarlo entonces.

¿Avisarían a Felipe? ¿Qué haría el desgraciado? y mientras tanto ¿Qué haría con ella Julián? ¡Pobre Angelina!

Una idea terrible, con la fuerza y la velocidad de un rayo aniquilante, hirió las células de su acongojado cerebro. Ya no era el idiota el que le daba miedo, comprendía que no había de matarla, se acordó en aquel instante de su primer beso impuro, y entonces un centelleo de luces rojas, le ofuscó la imaginación con sus sangrientos resplandores. Ya no era su vida la que le preocupaba, era la pureza de su cuerpo, la que veía en peligro, y temblaba por aquella honra, casi perdida, que no era suya, sino de su adorado Felipe.

Entre tanto, Julián continuaba su fantástica carrera... Aquello era desesperante, abrumador y terrible.

Angelina replegó sus músculos de gacela, hizo un esfuerzo y rompió por un momento las ligaduras de carne con que Julián la atenazaba.

¡Vano empeño! El potente lazo volvió a cerrarse, como el resorte de una trampa, y entonces, sí, la infortunada mujer empezó a sentir que su mente se cubría de sombras a la vez que un sudor frío y abundante le cubría el cuerpo, como si le naciera de la médula, de sus descoyuntados huesos.

Y Julián corría, saltaba y se deslizaba por las sinuosidades del campo con una flexibilidad de mono.

Por fin se paró de golpe. A pesar de su colosal estatura, de sus fuerzas de gigante virgen, y del ligerísimo peso que llevaba entre sus brazos se le trabó la respiración, por efecto de la emoción más bien que del cansancio. Soltó su carga sobre el mullido césped, y él se quedó en pie tambaleándose, y respirando con la misma potencia y estertor de un león cansado.

Angelina, al verse libre quiso correr; Julián la dejó que corriera pero apenas se había separado de él unas cien varas, cuando sintió que sus rodillas se doblaban y con el corazón latiéndole en los labios tuvo que detenerse para caer de nuevo en los brazos de Julián que se había acercado a ella lentamente.

Una angustia infinita se le cruzó en la garganta, y le llenó de relámpagos los ojos; sintió un hormigueo extraño que le subía por las piernas con asombrosa rapidez; comprendió que su razón principiaba a extraviársele y que si no dominaba aquel alucinamiento extraño, estaba perdida para siempre; llamó en su ayuda toda la fuerza de sus bien templados nervios y logró reponerse un poco, por lo menos consiguió recobrar el equilibrio de sus facultades, ya próximas a zozobrar en aquel naufragio espantoso.

Se quedaron allí largo rato, Angelina recostada contra el tronco de un árbol, y Julián a su lado contemplándola embebido.

El cielo se había vuelto a cubrir de nubes, y su color ceniciento oscuro, anunciaba una próxima tempestad.

Angelina sintió que su corazón, respondiendo a la tormenta de los cielos, quería escapársele en llanto por los ojos y no contuvo sus lágrimas, lloró largo tiempo, sin enjugar el tibio líquido que anegaba su semblante; se olvidó en aquel momento de que ya no podía oírla y empezó a hablarle, haciendo vibrar en cada frase las dolientes súplicas de su alma; le rogó de rodillas que regresara a su casa, se lo pidió por el recuerdo de los días de su infancia. Hasta por la memoria de aquel amor inmenso con que él la idolatraba... ¡Todo fue inútil! Más cerrado que sus oídos tenía el corazón Julián, de otra manera lo hubieran conmovido los ademanes fervorosos de Angelina.

La lluvia empezó a caer con fuerza, y entonces recogió el mudo a la infeliz mujer y se fue con ella en busca de un albergue cualquiera en donde protegerla contra la tempestad; un árbol copado, una roca saliente, servirían a su intento.

Allí no más, en un abrupto paredón, cubierto de flores parásitas, en donde serpenteaban las visibles raíces de multitud de guayabos silvestres, encontró Julián lo que deseaba.

Era una gruta poco profunda, pero bien resguardada. A ella se metió con Angelina, y dejándola sobre una capa de tierra seca que cubría el piso, se desplomó a su lado, dando un resoplido de íntima satisfacción.

¡Ya podían buscarlo por todas partes! Seguro estaba de que no lo encontrarían; por lo menos aquella noche la tenía por suya. El río que lo separaba de sus perseguidores estaría crecido, quien sabe cuánto tiempo, y entre todos aquellos labriegos habría un quizá, hábil para cruzarlo, pero él estaba convencido de que ni uno ni dos hombres tampoco se atreverían a perseguirlo.

Al único a quien no detendría obstáculo ninguno, era Felipe y ése estaba tan lejos que de allí a que le avisaran lo sucedido y se pusiera en acción, tendría tiempo suficiente para internarse en la montaña virgen.

Por fuera caía el agua copiosamente, produciendo un ruido seco sobre las gruesas y satinadas hojas de los robles; el trueno mugía sordamente allá muy lejos, y la oscuridad de la gruta, casi completa, se teñía a veces, de amarillenta luz con los reflejos de un relámpago.

Julián arrastró hacia Angelina, y de un sólo impulso estrechó entre sus brazos y la pegó a su pecho. Un estertor de muerte se escapó de su helada boca que gemía bajo la presión bestial de los labios del coloso; hincó sus rosadas uñas en el rostro del gigante, trató de desprenderse de aquel abrazo supremo con todas las fuerzas de su cuerpo y todos los anhelos de su alma, se revolvió con inaudita energía, entre el polvo de la cueva, para retirar de sí aquel aplastamiento que la ahogaba; todo en vano, cada esfuerzo que hacía debilitaba su cuerpo y congestionaba su cerebro, el cual sentía iluminado por extraño deslumbramiento, que la iba ofuscando, más y más a medida que Julián insistía en sus brutales caricias.

Por fin cesó, todo sufrimiento; algo como un olvido eterno de sí misma le sobrevino en su angustia; desapareció Julián de sus ojos, se desvaneció la gruta, cesó de oír el ruido atronador de la tormenta, se vio al lado de Felipe, cabalgando hacia el templo en donde debían casarse y con tan extraña demencia cesaron sus movimientos de repulsión, se extinguió su respirar jadeante, y en actitud de loca, entreabrió sus labios y sonrió a Julián.

Dos horas después ¡cómo se había desencadenado la tempestad! ¡Amor como el de Julián necesitaba de aquel concertante sublime para celebrar su triunfo! Angelina, con la mayor naturalidad del mundo se hallaba en pie en la boca de la cueva, viendo caer el agua, tranquilamente. Ya no quería huir, ya no lloraba, una vaga sonrisa extraña contraía sus labios, llamó a Julián por un nombre, que no era el suyo, lo atrajo hacia la puerta y le señaló el cielo oscuro y tempestuoso que seguía vertiendo agua.

CAPÍTULO XVII

CATÁSTROFE FINAL

Julián la contemplaba extático. Aquella indiferencia de que hacía alarde Angelina, era inusitada y sorprendente, mucho más después de lo que acababa de suceder; por fuerza debía estar loca y así era en realidad. Bien comprendió el mudo que algo extraño se había operado en el cerebro de su adorada compañera, pero, ¿qué le importaba a él? Cualquiera que fuese el estado de Angelina la tenía allí a su lado, toda suya, dócil a recibir sus caricias y dispuesta a seguirlo a todas partes a donde él quisiera llevarla.

Ya la entraba a la gruta, ora volvía a sacarla hasta el umbral, como ensayando el dominio que pudiera tener sobre aquella voluntad muerta, y como Angelina no ponía resistencia alguna a los deseos de Julián éste vio resuelto el gran problema: porque una de las cosas que más lo preocupaba era la idea de que para trasladar a la muchacha de un lugar a otro a donde quisiera huir, habría sido necesario cargarla entre sus brazos. Así no; loca como estaba podría llevarla a todas partes sin luchas ni cansancios que a la postre se hubieran hecho imposibles.

El horror que había ofuscado, quién sabe por cuanto tiempo, la razón de Angelina, había venido muy a tiempo a secundar los planes de Julián. Su proyecto era llevársela lejos, muy lejos de allí; internarse con ella en lo más espeso de la montaña virgen y vivir allá como los salvajes, alimentándose de frutas y raíces y cubriendo sus cuerpos con hojas y cortezas de árboles, cuando la intemperie hubiera destruido aquellas vestiduras que llevaban. Felipe sería impotente para encontrarlo en aquellas soledades misteriosas; y si acaso lo encontraba, entonces al marido y a todos los que le acompañasen sabría disputarles aquella adorada presa que compendiaba para él la sola felicidad de su vida.

Entre tanto la tarde iba cayendo sobre el monte con sus alas oscuras. El aguacero se había convertido en una lluvia cernida y monótona, que al caer sobre la yerba formaba entre sus hebras, brillantes redecillas, como tejidas con tenues hilos de plata. Julián trepó con su acostumbrada ligereza a los robustos guayabos cuyas ramas estaban cargadas de sabrosos frutos, hizo gran acopio de ellos y regresó a la cueva, para ofrecer a Angelina parte de su colecta.

La muchacha devoró con ansia aquello que le daban, con la misma complacencia que allá en mejores días, había tomado y consumido las frutas silvestres que para ella cortaba Julián. La noche al fin cerró fría y tempestuosa. Los vestidos de Angelina húmedos y helados hacían temblar sus carnes, con nerviosas crispaciones, sin que valieran a hacerla entrar en calor las caricias de Julián quien la estrechaba con un abrazo salvaje en donde palpitaban todos los ardores de su pasión feroz.

Sería mucho antes del amanecer cuando abandonó Julián la gruta llevándose a Angelina de la mano sin que opusiera la más pequeña resistencia. A ratos la tomaba entre sus brazos, cuando tenían que trepar escabrosas colinas o cuando le demostraba la respiración jadeante de su compañera que la fatigaba el cansancio.

De esta manera caminaron toda la mañana sin que nada de particular aconteciera en su marcha.

Allá como al mediodía llegaron a un lugar en donde la campiña se extendía largamente sin que la vista alcanzara ningún obstáculo capaz de interrumpir o de dificultar el viaje. Era aquello como una larga sabana, cubierta de tupida y hermosa yerba, que al menor soplo de la brisa se agitaba blandamente y despedía reflejos, como si sus ondas fueran de esmeralda.

Al extremo que tenían al frente empezaba a empinarse con atrevido empuje una hermosa montaña, en cuyo seno pensaba encontrar Julián la soledad y el misterio que tanto ambicionaba. En uno de sus flancos verdeaban con oscuros tintes multitud de árboles, formando como un festón sombrío que convidaba a descansar bajo su sombra.

El otro lado lo cortaba bruscamente la sinuosidad de un abismo. Aquella solución de continuidad, partía de golpe la verde sabana; y no era sino allá muy lejos en donde se veían los picachos escuetos de las próximas alturas.

¡Coincidencia rara! Aquella meseta alegre y sonriente tenía un asombroso parecimiento con aquel campo que se extendía en frente de la casa en donde Angelina había pasado su niñez y los primeros años de su juventud.

A los primeros pasos que dio la muchacha por entre aquella yerba suave y olorosa, una emoción extraña, a pesar del embotamiento de su espíritu, conmovió todo su ser, levantó la mirada del suelo y al pasearla por toda aquella fresca anchura, algo como un recuerdo vino a herir su ofuscada mente; sin embargo, siguió caminando impasible al lado del gigante. La nerviosidad de su mirada demostraba muy a las claras, que en su cerebro se estaba operando un trabajo angustioso; de pronto dobló las rodillas y muy suavemente se sentó de plano sobre la verde grama. Julián la contempló largo rato y creyendo que aquel movimiento de Angelina obedecía al cansancio la dejó en donde estaba y confiado en que no trataría de huir, se dirigió velozmente hacia el lado en donde los árboles crecían, con intención de cortar algunas frutas silvestres de las que forzosamente allí habría. ¿Fue el aspecto de aquel campo lo que despertó la razón de Angelina? ¿Sería que su enajenamiento había sido una revolución momentánea producida por aquel torpe atentado de Julián contra su pudor de mujer honrada?

Sea lo que fuese; lo cierto es que en aquel instante la luz brilló en la conciencia de Angelina; el recuerdo de lo pasado hirió su mente con una fidelidad asombrosa; vio que Julián se encontraba lejos de ella y entonces se levantó de un salto y emprendió una carrera vertiginosa y en dirección contraria al lugar en donde se hallaba el mudo. Aquél que a cada rato volvía la cabeza para observar a Angelina, la vio correr y más que temeroso de que se le escapara, sorprendido por el hecho, deshizo a grandes saltos el camino andado y se puso a seguir a Angelina. Esta que lo vio venir, precipitó su carrera y como la meseta era angosta por aquel lado, no tardó en verse estrechada entre el abismo y los anhelosos brazos de Julián. Pero no vaciló un momento, entonces, sí, estaba resuelta a morir. Más que de un paso, de un salto, se precipitó en la sima, y Julián que llegaba en aquellos momentos al siniestro borde, pudo ver todavía cómo el cuerpo de la infeliz mujer rebotaba entre las salientes asperezas del barranco.

No quiso arrojarse de un golpe. Temió morir antes de saber si Angelina había muerto; y se fue tras ella, sirviéndose de las raíces de los árboles, de las piedras salientes y de las grietas del abrupto paredón. Así, de esta manera, fue descendiendo aquel hombre al abismo desconocido, sin que una sola vez se le escurrieran los pies; a pesar de que un temblor de epiléptico, le contraía las carnes con mortales crispaciones.

EPÍLOGO

Tres días después, una numerosa cuadrilla de aldeanos de las muchas que había organizado Felipe para que salieran en busca de Julián vio horrorizada cómo un hombre de colosal estatura, con una mujer en los brazos, corría desesperadamente a campo traviesa, salvando zanjas y precipicios con una ligereza y habilidad admirables.

Aquel hombre era Julián, no había duda. Organizaron allí mismo una batida en toda regla, cuyo resultado sería acorralar al gigante en un punto determinado, y dos horas después, habían logrado su objeto.

¡Cosa rara! El coloso no intentó huir; al ver que se le acercaban por todos lados aquellos seres desconocidos, se dejó caer en tierra, manteniendo entre los brazos a la pobre mujer, la cual, probablemente, se había desmayado porque su inmovilidad era completa.

Temiendo cualquiera acometida, se acercaron los labriegos prevenidos y recelosos, pero su temor fue vano porque ni al verse rodeado tan de cerca por toda aquella gente, Julián dio señales de sobresalto. Levantó su cabeza de hércules salvaje, chispeó por un momento su mirada de alucinado completo y un rugido que salió de su pecho, hizo retroceder de espanto a los asustados campesinos. Cuando se acercaron de nuevo, encontraron entre sus brazos una mujer muerta y casi en estado de putrefacción.

Habría sido imposible reconocerla por el rostro, porque tanto éste como la cabeza los tenía desfigurados a consecuencia, según parecía, de terribles golpes; pero no había duda posible, ¡aquella mujer muerta era Angelina!

Mucho trabajo costó arrancarla de entre los brazos de Julián, que luchó largamente contra los campesinos; al fin vencido por el número fue maniatado sólidamente por los unos, entre tanto que los otros conducían el mutilado cadáver bajo la sombra de unos árboles.

Felipe a esa hora corría desesperado a la cabeza de una docena de amigos, buscando a su adorada Angelina en dirección opuesta. ¡Ah! Si hubiese estado allí es indudable que habría matado a Julián. El infeliz, después de todo ya no era merecedor de ningún castigo.

Desde que encontró muerta a Angelina en el fondo del precipicio, había perdido por completo la razón.

Corrió desolado con ella entre los brazos, creyéndola viva todavía; y quien sabe en donde hubiera terminado su carrera si no lo hubiesen detenido los que andaban en su busca.

En tan lastimoso estado lo llevaron a la casa de sus protectores. Al principio se creyó que podían dejarlo libre porque su locura era melancólica y pacífica; pero los raptos furiosos que tuvo después, obligaron a los pobres viejos a encadenar a Julián. Allí, pegado contra aquel poste hundido en el suelo, había vivido mucho tiempo; allí lo vi yo y quien sabe si en estos momentos exista todavía.

Dicen que los locos alcanzan muy larga vida; si esto es cierto y si acaso sienten algunos de los tormentos que sufren antes de enloquecer, ¡compadezcamos a Julián!

FIN

LUCILA GAMERO DE MEDINA:
Antes de morir y Cruz Roja

Nació en Danlí el 8 de junio de 1873 y falleció el 23 de enero de 1964. Su obra Adriana y Margarita es considerado por muchos expertos como la primera novela que fue escrita en Honduras. Su novela más famosa es Blanca Olmedo, escrita en 1900. Publicó, además, Páginas del corazón (1897), Aída (1912), Betina (1941), Amor exótico (1954), La secretaria (1954) y El dolor de amar (1955).

¡ANTES MORIR![4]

Por Lucila Gamero Moncada[5]

A RAFAELITA TURCIOS [6]. Cariñoso recuerdo de su verdadera amiga, LUCILA GAMERO MONCADA.

I

Entró pálida, jadeante, y se dejó caer en una vieja silla, ocultando entre sus crispadas manos, el bello rostro angustiado.

El cuartucho era miserable: los pocos muebles que había, arruinados; los vidrios sucios e inútiles; hacía frío y no había

con que calentarse.

Una anciana, de plateada cabellera y demacrado semblante, estaba acurrucada en una esquina de la estancia, mientras una niñita, blanca y rubia, tiritaba de frío tapándose los piececitos con su pobre vestido.

La joven que acababa de entrar era una de esas personas que subyugan a todo aquel que las ve, y cuya hermosura supera a toda ponderación: blanca, como su nombre, majestuosa y esbelta, con ojos negrísimos, brillantes y expresivos; cabellos oscures que formaban gracioso contraste con lo blanco de la frente y lo sonrosado de las mejillas; labios frescos, contraídos casi siempre por una sonrisa que no se sabía si era de tristeza, de contento ó de dolor…

Pero lo que más gustaba en ella era su trato exquisito, su amabilidad. y cierta elegante distinción que no se adquiere ni en los colegios, mi en ninguna otra parte, sino que se nace con ella.

Blanca esa mañana, á pesar de su palidez, palidez ocasionada por los sufrimientos, estaba hermosa, con esa hermosura lánguida que nos hace pensar en los ángeles que mueren de amor.

La anciana Angela contemplo con dolorosa expresión á su nieta Blanca, y al fin se resolvió a preguntarle:

—¡ Y bien, hija mía?

---

[4] Tomado de la revista La Juventud Hondureña del 31 de agosto 1894.

[5] Después Gamero de Medina

[6] Hermana del poeta Froylán Turcios.

La joven levantó la cabeza, y dos lágrimas se escaparon de sus ojos, mientras contestaba con su voz dulce y suave:

—¡Hoy, como siempre, nada!

La abuelita guardo silencio; y la niña de los ojos azules como el cielo, y de los cabellos rubios como el oro, se acercó a la joven recién venida, y sentándose en sus rodillas, y besándole las manos, le decía:

—No llores, hermana mía; no te aflijas.

—¿Llorar?... No, Luisita, ni lloro ni sufro.

Y mostró a su hermanita sus grandes ojos negros, húmedos aún por las lágrimas.

Se conocía que Blanca era el único apoyo que tenían la anciana y la pequeña Luisa; pero Blanca se había cansado inútilmente en las calles de París, buscando en que ganar algo para sostener a su abuela y hermana.

¡Triste fatalidad! Mientras muchos pícaros nadan en la opulencia, no encuentran ocupación los infelices que buscan trabajo honrado.

Hacía un mes que Blanca no tenía ocupación; sus últimos ahorros habían concluido ya; y en vano pedía pan la niña rubia; pan hay para los ricos, por malos que sean; pero para los pobres...

Luisita seguía acariciando a su hermana y le hablaba con mucha animación:

—No estés triste que te quiero mucho. ¿Sabes lo que te tengo? Algo que ignora la abuelita… Una sorpresa.

Y Luisita, saltando de las rodillas de su hermana, fue y destapó una cesta llena de panes y frutas.

—¡Quién te ha dado eso? —preguntóle Blanca, sorprendida.

—Un señor muy moreno, algo grueso, barba negra que habla y se ríe de un modo

—¿Joven ó viejo?

—Algo viejo y de regular estatura.

—¡Ah! —exclamo Blanca poniéndose de pie y arrojando lejos de sí la cesta—. Pobre criatura... No toques eso; tus puras y blancas manos quedarían manchadas.

Luisita púsose más blanca que la toalla con que el señor había tapado la cesta.

Blanca, dijo, volviéndose a la señora Ángela:

—Abuelita: cuando no esté yo, no dejes a mi hermana que baje a la calle… ¿Ves? Ese hombre, ese infame se ha atrevido a obsequiarle golosinas, sabiendo que ella, que está muriéndose de hambre, las aceptaría con gusto. ¡Pobrecita!

Después, irguiéndose, altiva:

—Infame; yo le probaré que hay quien muere de hambre, por morir honrado.

El infame, como decía Blanca, se llamaba Reginaldo Dupont, y era un seductor de oficio, de esos seductores que pululan en París.

Conoció a Blanca, una tarde, cuando ésta llegaba a su casa, y al verla se dijo:

—¡Qué linda! Será mía.

Y desde entonces la persiguió sin cesar; no por capricho, sino por amor. Por primera vez aquel monstruo se había enamorado

Blanca lo rechazó con horror y le prohibió la siguiera; pero él, lejos de obedecerle, insistió más y más...

II

Afuera, el cielo gris, el viento que soplaba, constante, y todo lo que se veía en derredor, lúgubre.

Adentro, en casa de Blanca, la miseria en sus más horribles manifestaciones: la abuela Ángela murmuraba, con voz apagada y hueca, conmovedoras oraciones...

Luisita lloraba, tiritando de frío, y con desgarradoras

III

Cuando Blanca estuvo en la calle, sintió algo tan extraño, tan horrible, que creyó que la vida iba a faltarle.

—¡Ah —se dijo— el dinero todo lo puede! ¿Diez mil francos por la honra de una joven? ¡Es mucho —gritará el mundo— mucho! ¡Diez mil francos por mi honor, que hace dos meses no lo hubiera vendido por todo el oro del Universo! ¡Miseria, miseria, hasta dónde me conduces! ¿Y qué? ¿He perdido el juicio? ¡Estoy delirando? ¿Acaso he vendido mi honor? No, no; antes morir! Ah, señor Dupont, la miseria me hace cometer una infamia: robar; pero necesito tu dinero, y ese dinero lo tendré! ¡Y después, después verás lo que hago!

Se detuvo, y sacando un pequeño pomo que contenía un veneno muy activo, se puso a contemplarlo con delicia, y lo apretó sobre su corazón, como diciéndole:

—¡Tú me salvarás de la deshonra!

Como a tres cuadras de distancia de donde estaba Blanca, venía un hombre: era el mismo que había visto Luisita, aquel que tenía

expresión cínica en el semblante.

Blanca, al verlo, sintió que una oleada de sangre le subía al rostro, y tuvo impulsos de correr, de huir de él: estaba avergonzada de sí misma.

—No —se dijo con rabia— no quiero hablar con ese hombre, no quiero engañarlo, robarle, en una palabra, robo que pagaré con mi vida.

Pero luego vinieron a su mente las escenas de la buhardilla; creyó oír las pausadas y angustiosas oraciones de la abuelita, mezcladas con sollozos y súplicas de la niña rubia.

Vaciló.

Se encontraba en un lugar apartado, y en aquel rinconcito de la ciudad Luz, apenas uno que otro transeúnte se veía.

El señor Dupont avanzaba hacia Blanca; ella se irguió altiva, desafiando al destino.

—Señorita —murmuro a su oído una voz dulce y temblorosa.

Blanca se volvió.

Un joven de alta talla, vigoroso y simpático, estaba cerca de ella.

—¿Me ha hablado usted, caballero?

—Sí, señorita.

—Quizás usted se haya equivocado; yo no recuerdo haber visto a usted.

—Yo me llamo Erique Brecheux, servidor de usted. Sírvase usted decirme su nombre para ver si me o no equivocado.

—Blanca Ginard.

El joven se inclinó:

—No, no me he equivocado, señorita; es usted la persona a quien yo buscaba. Su tía de usted, Rosa Ginard, a quien vi en Nueva York, me entregó esta cartera…

—Quizás no sea yo —insistió Blanca.

—¿No es usted la hija mayor del banquero Ginard, muerto hace tres años?

—Sí, yo soy.

Entonces usted es la persona a quien hace mucho tiempo busco; y le confieso, señorita, que tengo verdadero placer en ver a usted y en cumplir la recomendación que me hizo su tía, antes de morir…

Blanca recibió de manos de Enrique la cartera que le dejaba su tía, la cual contenía una carta y diez mil francos en billetes de banco.

La señorita Ginard, dijo al joven Brecheux:

—Caballero, doy a usted mis más sinceras gracias por el servicio.

—No acepto las gracias, señorita —interrumpió él—. Pero sí el que usted me permita visitarla; será un sincero y respetuoso amigo de usted.

Blanca miró detenidamente a Enrique, y viendo que su hermosa fisonomía respiraba honradez, le contestó:

—Puede ir cuando guste, caballero; yo tendré gusto con verle en mi casa.

Blanca dispuso a marcharse.

—¿Me permite que la acompañe, señorita? —exclamó Enrique.

La joven aceptó.

Cuando Enrique regresaba de casa de Blanca el señor Dupont le preguntó:

—¿Con qué derecho acompañaba usted a la joven Ginard?

—Me parece, caballero, que yo no tengo por qué dar a usted cuenta de mis acciones —contestó Enrique.

—Es que.

El joven Brecheux le volvió la espalda con sumo desprecio, y continuó su camino.

IV

Habían pasado ocho días después del encuentro de Blanca con Enrique Brecheux.

Blanca, recostada en una silla, permanecía indiferente a todo, menos a un recuerdo que la preocupaba gratamente.

Cerró los ojos, y la figura de una persona se representó en su imaginación: era la figura de Enrique, de aquel hermoso y noble joven que, de la noche a la mañana, se había convertido en su leal protector. Blanca pensaba mucho en él.

¿Por qué? Ella no lo sabía. ¡Los que sufren, gustan tanto de hallar quien los considere en sus desgracias!

Si alguno de mis buenos lectores, o alguna de mis queridas lectoras ha creído que Enrique era un desinteresado protector de Blanca, se ha equivocado: Enrique protegía a la señorita Ginard porque la amaba con todo su corazón; pero con un amor puro, incapaz de abrigar engaño alguno; la amaba, como la flor ama a la gota de rocío que la embellece y vivifica. Databa su amor de algún tiempo; desde que la vio la vez primera, una tarde, en los Campos Elíseos, acompañada de una distinguida señora y de varias niñas.

Después la volvió a ver, no ya juguetona y sonriente, sino triste y abatida; preguntó quién era ella, y al oír el nombre de Blanca Ginard, un recuerdo vino a su memoria: se acordó de la carta que le había confiado, en Nueva York, Rosa Ginard... Pidió más informes sobre Blanca, y con mucho trabajo logró saber que vivía honradamente, pero en la miseria. Entonces, como él había escrito la carta que la señora Ginard enviaba a su sobrina, la abrió y puso abajo de lo escrito:

“El mismo señor Brecheux te entregará diez mil francos, en billetes de banco, que constituyen la mayor parte de mi pequeña fortuna, los que deseo aceptes como un recuerdo mío”.

Al acabar de escribir esto, Enrique se sonrió:

—Mi adorada Blanca —dijo—. Nunca sabrás este engaño porque no me lo perdonarías.

Después cerró de nuevo la carta, se la guardó en el bolsillo, lo mismo que una cartera con diez mil francos, y esperó que la casualidad lo colocara frente a Blanca...

En efecto, diez días después encontróla donde mis lectores saben, y desde entonces se hicieron muy amigos.

Blanca seguía pensativa, y sus hermosos labios se movían como si modularan estas palabras, dirigidas a Enrique:

—Se lo debo todo: ha sido tan bueno para conmigo. Si no fuera él, no estaría ya en posesión de la herencia de mi tía; y ahora, últimamente, se ha portado como si fuera mi hermano. Ah, sí como creo todos los hombres son malos, él es la excepción de ellos. Su recuerdo me hace feliz: cuando pienso en él me siento dichosa ¿Por qué será?

Se pasó la mano por la frente, y luego se dijo:

—¡A qué negarlo? Lo amo: eso es todo.

V

—¡Blanca! —dijo la voz melodiosa de Luisita.

—¿Qué quieres? —respondió la señorita Ginard.

—Te buscan.

—¿Quién?

—Tu amigo Enrique.

—Dile que entre.

Luisita desapareció; y poco después, Blanca y Enrique platicaban amigablemente.

Después de otras cosas, Brecheux dijo:

—Blanca; ¿se acuerda usted de aquel señor que nos seguía la tarde que hablé a usted por primera vez?

La señorita Ginard se puso pálida.

—Sí, Enrique, me acuerdo.

—Por algo que me figuro, hace dos noches me quiso asesinar: dos amigos míos me salvaron... A otro día supe, por los periódicos, que se había ido para América, de donde no volverá tan pronto, porque tiene aquí ciertos asuntos pendientes, que teme le arreglen los tribunales de Justicia.

Blanca no dijo nada; pero se alegró del viaje de Dupont, su perseguidor.

Vino luego la hora de las confidencias.

Él se expresó primero:

—Nací en la histórica ciudad de Versalles, y así que quedé huérfano me vine a París, en donde, a fuerza de trabajo y honradez, he logrado ser socio industrial de una fuerte casa de comercio. Poseo, pues, una regular fortuna, la que también es de usted.

Blanca refirió su triste historia:

—Mi padre era un rico y acreditado banquero que, a causa de la maldad de sus socios, quedó arruinado: lo último que poseía lo dio a sus acreedores: quedo en la miseria, pero salvó el honor.

Después murió de tristeza. La necesidad me obligó a mí servir de institutriz de las niñas de una buena señora: allí solo estuve tres años, porque al fin la suerte se cansó de serme propicia... El hijo mayor de la señora quería casarse conmigo: esto era imposible.

Fui calumniada; el joven se suicidó, y yo salí de la casa. Lo demás usted lo sabe: me visitaron, primero, la pobreza; después, la miseria; y por último ese hombre brindándome la infamia en capa de oro.

Dos lágrimas cristalinas asomaron a los ojos de Blanca, al evocar para ella, recuerdos dolorosísimos.

—Blanca, ha sido usted muy desgraciada.

—Más de lo que usted piensa, Enrique.

—El tiempo de amargura pasó ya para usted; ahora será feliz.

—Ojalá no se equivoque Ud.

Enrique la miraba conmovido... Era tan hermosa, tan simpática, tan desgraciada, ¡y la amaba él tanto!

—Blanca, ¿me permite usted que le hable aún más de mí? —dijo él con voz suave.

—¿Y por qué no? —contestó ella con dulzura.

—¿Sabe usted por qué he procurado con ansia saber dónde vivía Usted? Porque, Blanca, desde que la conozco la amo con todo mi corazón.

Al oír esto, sintió Blanca algo así como una explosión de tristeza, de dolor... mezclada tal vez, con alegría.

—¿Amarme Ud. á mí?

Él con amargura;

—¿No soy digno de Ud.?

—¡Ah, Enrique!...

Y era su voz tan dulce, su actitud tan triste y humilde, que:

—¡Entonces, Blanca! —murmuró él con pasión.

—Soy tan desgraciada y usted tan dichoso.

—¿Dichoso? Sí, Blanca, pero dichoso porque te amo, porque estoy cerca de tí, porque quiero que seas mía...

Y sin que la señorita Ginard se diese cuenta de ello, él le estrechaba las manos murmurando dulcemente:

—Blanca, te adoro, te adoro.

La señorita Ginard estaba aturdida; y él se le había acercado tanto, que parecía que el pálido rostro de la joven se apoyaba en el hombro de él.

—Blanca: mi vida, mi felicidad, son tuyas… ¿Las quieres? ¿Me amas?

—Sí, Enrique, te amo, te amo…

Hablaron después de cosas tenues, cristalinas, de períodos dulces, del porvenir, de lo felices que son dos personas que se comprenden y se aman.

VI

La pobre habitación de Blanca, limpia y decente, mostraba un aspecto muy distinto del que tenía en días pasados. La abuelita estaba satisfecha, y había disminuido considerablemente la lista de sus oraciones diarias.

Luisita parecía pájaro a quien acaban de libertar de su dorada prisión: cantaba, jugaba, abrazaba a su hermana, y recibía muy contenta los dulces y juguetes que le traía Enrique, sin esperar, por esto, ningún regaño.

Blanca estaba más hermosa que nunca; la sonrisa de la felicidad aparecía en sus labios.

Luisita la dijo un día:

—Blanca, ¿sabes que Enrique te quiere mucho?

Blanca se puso colorada:

—¡Por qué lo dices, locuela?

—Porque cuando viene y no estás tú, solo de ti me habla ¿sabes lo que me dijo el otro día?

—No.

—Me dijo que te adoraba: que te quería más de lo que yo te quiero, y…

—¿Y qué?

—Que iba a ser mi hermano porque se iba a casar contigo. ¿Es cierto eso, Blanca?

—Tal vez… ¿Te parece a ti, Luisita?

La pequeña Luisa tomó un aire muy sentencioso, y dijo, recordando las frases de un cuento de su abuela:

—La cosa es grave; hay que pensarla detenidamente…

Blanca se echó á reír:

—Luisita, necesito tu parecer.

Luisita sonrió de orgullo:

—Ah, yo no soy ninguna tirana... Enrique es bueno, puedes casarte con él; peor fuera que te murieras de amor.

—¿Morirme de amor?

—Sí; como la Princesa Lulú.

—¿Cuál Princesa Lulú?

—Aquella que no dejaron que se casara con un joven que ella amaba, porque el joven era pobre y plebeyo. Yo no entiendo eso de plebeyo; pero tú así le dijiste á tu amiga Alice cuando le contaste eso. Yo todo lo oí, aunque me hacía la distraída.

—¿Con qué eres curiosa?

—Me encantan los cuentos.

—Y tienes buena memoria.

—Sí; pero dime, Blanca: ¿estar enamorado es querer mucho una cosa y no estar contentos hasta que hacemos con ella lo que se nos antoja?

—¿Para qué quieres saber eso, Luisita?

—Porque si así es, yo he estado enamorada.

—¿Tú?

—¡Y de quién?

—De un dulce

—¿Estás loca? ¿De un dulce?

—Sí; fue el primero que me regaló Enrique: ¡lo quería tanto! Todos los días lo contemplaba a escondidas; por último, un día, llevada de mis deseos, me lo comí. Después me pase triste. He amado a otros dulces, Blanca, pero como al primero, no. Ah, ¡no hay como el primer amor, como te decía tu amiga!

Blanca se moría de risa.

Luisita continuó:

—Después vienen las desilusiones y las esperanzas muertas.

—¿Sabes tú lo que es eso?

—Sí; las desilusiones son los dulces comidos.

—¿Y las esperanzas muertas?

—Las cajas vacías.

—Verdaderamente, no creía que tuvieras tanto ingenio.

—La meditación me ha dado ingenio.

—¿Has meditado mucho?

—Sí; y cosas graves

—¿Cómo cuáles?

—¿Si tú te irás a comer a Enrique o él te comerá a ti?

—¿De dónde sacas tanto disparate?

—¿Y si se quieren ustedes como yo quería á mi dulce?

—¿Acaso las personas se comen como los dulces?

—Sí

—¿Cómo?

—A besos, como dice tu amiga.

—Luisita estás muy locuaz y hablando muchas inconveniencias que no sientan bien a una niña juiciosa como tú. Prométeme que de ahora en adelante serás formal.

—Te lo prometo: pero ha de ser con la condición que seré formal hasta el día que tú te cases.

—Bien; pero tus conversaciones que te las oiga solo la abuelita.

VII

Blanca y Enrique se casaron viviendo muy felices, pues nunca se comieron, al menos de otra manera que como lo decía la traviesa Luisita, la cual pasaba muy contenta diciendo que hay un Dios bueno, un Dios de los niños justos que da pan a los pobres que sufren con resignación las desgracias de la vida, y colma de felicidad a las jóvenes honradas que ante la horrible idea del deshonor exclaman con orgullo:

—¡¡No, antes morir!!

Tegucigalpa: 6 de enero de 1894.

LA CRUZ ROJA[7]

A las buenas amigas Pilar Jarquín y Carmen Mantilla.
Recuerdos de sincera amistad.

Una de las cosas que más me llamó la atención cuando visité el pintoresco pueblo de F., fue el ver que todas las jóvenes del lugar iban a pasear por la tarde a una loma en donde había una hermosa cruz blanca, tan blanca como la conciencia de un niño; y que cuando el sol estaba ya próximo á ocultarse tras los altos cerros, los jóvenes se ponían de pie gritando.

—Huyamos, huyamos, que pronto la cruz se pondrá roja.

—Yo no tengo mucho que temer —dijo una de ellas— en tanto que Teresa.

—¿Teresa?

—Sí, ya sabemos —respondió otra.

—¿Y Blanca y Luisa?

—Ya desaparecieron; no hay quien como ellas le tenga tanto miedo a la luz.

—¿Le sobra razón para ello, pues…

—Sí; dicen que se casan pronto.

—¿Y Matilde?

—Matilde ya no debe temerle, puesto que…

—Es verdad, está casada. Y después de esa conversación, todas las jóvenes con coma. Como banda de alegres periquitos, alzaron el vuelo con dirección a su delicioso pueblecillo. Y bien, le dije yo a mi amiga y compañera de paseo. ¿Podrás decirme lo que significa la charla de esas muchachas? ¿Significa el horror que le tienen a la cruz, apenas se acerca la noche o horror y por qué, amiga mía? Porque es poniéndose el Sol y la cruz se vuelve roja como si lo hubieran bañado de sangre.

—Superstición de ellas.

—No, Lucila, no es superstición; ya varias personas la han visto así.

---

[7] Tomado de la revista LA JUVENTUD HONDUREÑA. Tomo III, número 41, del 31 de octubre de 1895.

—¿Y a qué obedece tan extraña transformación?

—Mi abuela contaba la causa; pero es una historia larga de referir.

—Sin embargo, quisiera oírla.

—Pues vente, vamos á esa otra loma de donde no se ve la cruz; allí te la contaré.

—¿Tú también participas de los temores de tus compañeras?

—Sí; como buen hija de F.

Llegamos á la loma indicada, y allí me refirió mi amiga Virginia la siguiente historia.

I

"Cuando el pueblo de F. se componía en su mayor parte de indígenas, y de uno que otro español, había una india lindísima, llamada Jilma, hija del más acomodado de los indios, un ex cacique.

Jilma era bella, tan bella, que los españoles que la veían dudaban fuera india de raza pura, y creíanla hija de una joven española robada, en tiempos pasados, por el ex cacique.

Ahora bien, Jilma estaba comprometida á casarse con el valiente Akbal, á quien adoraba.

Quien entonces mandaba en F. era un español llamado Alfonso del Castillo, y aunque era joven y agraciado, se notaba en su fisonomía cierta dureza que lo hacía antipático.

Quiso la desgracia que don Alfonso conociera á Jilma y se enamorara de ella.

La pobre india, al ver fijos en los suyos a los ojos del español, se estremeció de miedo adivinando que el amor de aquel hombre debía ser tenaz y feroz.

Don Alfonso visitaba todas las tardes á Jilma; y era de verse el cuadro que formaba aquel león enamorado junto a aquella tímida paloma.

Ella, fijo los ojos en el suelo ó en la costura que tenía sobre la falda de su vestido, no se atrevía á alzarlos de allí por temor de que se encontraran con los del español.

Él, agitado, nervioso, devorándola con los ojos, no perdía uno solo de los movimientos de la india; estaba celoso hasta de su sombra.

Si por casualidad Akbal pasaba por la calle, Jilma, al verlo, se estremecía, y sus mejillas, en vez de colorearse , poníanse más pálidos que de ordinario, de un salto donde don Alfonso estaba cerca de ella preguntándola:

—¿Qué os ha pasado? ¿Por qué os estremecéis?

Y Jilma retardaba cuando más podía la respuesta, para dar tiempo á que su amado desapareciera.

—Me puncé con la aguja.

Del Castillo se acercaba a la ventana, y después que se convencía de que no había nadie en la calle, volvía al lado de su amada y le acariciaba las manos.

—¿Amáis á alguien? —le preguntó él una vez.

Jilma tembló.

—No; a nadie.

La confesión de su amor a Akbal hubiera sido la sentencia de muerte del valiente indio.

—Y á mí, ¿me amáis? —volvió a preguntarle.

—Sí; a mí.

—Pero si ya lo sabéis; os quiero, os estimo.

—¿Pero no me amáis?

—Tened paciencia, os suplico; dejadlo todo al tiempo; él decidirá.

—Bien, esperaré.

A las diez de la noche, el español se separaba de la india; y ésta, al verse libre de él, exclamaba:

—Al fin, Dios mío.

Y acompañada de Lili, su hermana menor, iba á estarse largas horas al lado del amado de su alma, horas que les parecían instantes…

¡Tanto se amaban!

II

Una noche, ¡noche sombría!, en que don Alfonso regresaba de donde Jilma, se encontró con un español que le dijo:

—¿Queréis tener la bondad de escucharme, don Alfonso?

—Hablad.

—¿Venís de donde Jilma?

—¡Y bien!

—¿Vos la amáis?

—¿Qué os importa? —preguntó con brusco acento.

—Pero, ¡ay de vos! Jilma nunca os amará.

—¡Por qué lo decís!

—Porque ama á otro.

—¡Mientes!

Y el Comandante golpeó con furia el suelo.

—Ama al bello Akbal, al de carcaj con flechas y sombrero de vistosas plumas.

Del Castillo se puso lívido; y dio tan fuerte puñetazo á su interlocutor, que lo arrojó al suelo, y después tomó silenciosamente el camino de su casa.

A las doce de la noche llamó a su ayudante de confianza y le dijo:

—Toma, Antonio; lee este papel, y cumple exactamente lo que en él mando.

—Muy bien, señor.

A las dos de la mañana volvió el ayudante:

—Están cumplidas vuestras órdenes, señor —le dijo, y le dio un carcaj con flechas, y un sombrero de vistosas plumas.

—Ahora a dormir —exclamó don Alfonso muy tranquilamente; y, sin desnudarse, se acostó.

El ayudante velaba á sus pies.

III

Ese mismo día, por la mañana, penetró Lili en el aposento de Jilma, y despertándola y echándola los brazos al cuello, la dijo:

—Levántate, hermana mía.

—¿Qué horas son, pues?

—Aun no han dado las cinco.

—¿Entonces?...

—Es que vengo á darte una mala noticia —contestó Lili, con acento conmovido.

—¿Una mala noticia? —preguntó la joven incorporándose en su lecho.

—Sí, hermanita.

—¿Cuál?

—Haz valor para oírla.

—¡Dios mío!... ¡Me matas! —exclamó Jilma con voz anhelante.

—Esta mañana han encontrado muerto a…

—¿A quién por Dios?

Y Jilma se puso mortalmente pálida.

—¡A nuestro querido Akbal! —dijo la niña llorando.

—¡Me engañas, me engañas! —gritó la india con desesperación, arrojándose en los brazos de su hermana, y sollozando con angustia; era la estatua del dolor, bañada en lágrimas.

Pronto vino la reacción, y la hermana india preguntó con calma desesperante:

—¿Sabes, Lili quién fue él…?

—¿El asesino?

—Sí.

—Nadie se atreve a decirlo, pero mi tío ha descubierto que fué un ayudante enviado por Don Alfonso.

Los ojos de Jilma brillaron ferozmente.

—Me lo presumía —dijo.

Luego añadió:

—Tú sabes, Lili, que ahora la vida no es vida para mí; que todo me es indiferente, puesto que me falta Akbal; pero no quiero estar cerca de él; quiero verlo sin que nadie sepa que lo he visto. Anda, Lili, mi buena Lili, y tráeme un vestido de mi hermano.

La niña desapareció; y poco después Jilma, pálida y bella, salía á la calle vestida de hombre: nadie pudo conocerla en aquel traje.

Akbal estaba solo, porque los guardias yacían por el suelo, borrachos.

Jilma, mostrando un valor heroico , acercóse á su amado; bésole los labios y enjugando las lágrimas que ella había dejado sobre el cadáver, exclamó con voz firme:

—No temas, amor mío; yo te vengaré.

Y se separó del indio, con el corazón despedazado.

IV

Transcurrieron dos meses…

Don Alfonso seguía más enamorado que nunca de Jilma; pero Jilma ya no era la tímida Jilma de antes; ahora correspondía con sonrisas á las tiernas palabras que el español la dirigía, y sus negros ojos irradiaban de ventura cuando sorprendían la amorosa mirada de los del Comandante.

Un día amaneció frío, glacial; menuda lluvia caía sin cesar, y parecía que Naturaleza toda lloraba.

Jilma, esa mañana, había vertido lágrimas por su amado Akbal.

Don Alonso, envuelto en su capa, se dirigió á donde la bella india, objeto de sus ansias amorosas.

Esa tarde estuvo más enamorada que de costumbre, y al fin la dijo:

—Jilma, vos me habéis dejado esperar que algún día me améis, y hoy creo que mi objeto está obtenido. ¿Me he equivocado?

—No —contestó la joven.

—¿Me amáis? —murmuró loco de alegría.

—Sí —repuso ella sonriente.

—¿Queréis ser mi esposa?

—¡Esa será mi mayor felicidad!

—Jilma, Jilma, Dios os bendiga.

La joven reía, reía inconscientemente, como lica, y no aportaba sus ojos de los del español. Don Alfonso hincó una rodilla en tierra y besó con amor las manos de su amada .

—Jilma, me hacéis el más feliz de los hombres.

—Y vos, á mí, la más dichosa de las mujeres.

—Callad, que me vais á matar de dicha…

Y Don Alfonso, trastornado de contento, le preguntó a su prometida:

—¿Qué día nos casaremos?

—El que vos queráis.

—¿No tenéis nada que pedirme?

—Solo una cosa.

—¿Cuál? Decid.

—Que no me volváis a ver hasta el día de nuestras bodas.

—¿Por qué me pedís eso, alma mía?

—Es un capricho.

—Pues bien, aunque me cueste, os los concedo, pero entonces decidme el día que queréis que nos casemos.

—Yo estoy a vuestras órdenes.

—Sois muy generosa… ¿Os parece dentro de ocho días?

—Convenido.

—Si algo más queréis, decídmelo.

—Bien, ahora marchaos. Tengo mucho que pensar y quiero estar sola.

—Él besó por segunda vez las manos de ella, y se marchó, casi sin creer, lo que había oído.

La india quedose pensativa.

***

—Jilma, mi querida Jilma, ¿qué has hecho? —preguntóle Lili, entrando en la pieza y abrazándola.

—Lo que has visto, Lili.

—¿Te vas a casar?

—Sí.

—¿Y con ese hombre?

—Ya lo has oído.

—Jilma, ¿lo amas?

—Lili, solo una vez se ama en la vida.

—Entonces, ¿por qué te vas a casar?

—Hermanita, tú no comprendes el mundo.

—Hermanita, no te cases. ¿Qué diría Akbal?

El bello rostro de Jilma se contrajo.

—Ese nombre, Lili, ese nombre no debías haberlo pronunciado. ¿Oyes? Debía habértelo prohibido antes?

—Perdóname, hermanita, no volveré á hacerte sufrir

—Y las dos hermanas, una en brazos de la otra, lloraron amargamente.

V

Cielo sin nubes, alegría en todas las miradas, risas en todas las bocas, contento en todos los corazones era lo que el Comandante

Don Alfonso del Castillo creía ver el día que puso en la cabeza de Jilma la corona de desposada; y en su dedo el anillo nupcial.

Él estaba hermoso, amigable, transformado por el amor.

Ella, pálida, majestuosa, adorable; no parecía darse cuenta de nada.

La pobre Lili no hacía más que llorar.

El día siguiente después de haberse casado Jilma, ella estaba en su casa acompañada de su esposo y Lili.

Don Alfonso, así que transcurrieron unos momentos en silencio, dijo con voz temblorosa, como quien teme soltar la frase:

—¿Queréis que nos vayamos, Jima?

Y ella, con aparente calma, le contestó:

—A la hora que gustéis.

Luego, volviéndose á Lili, que estaba llorando, la abrazó y la dijo con voz pausada:

—Adiós, mi querida Lili, salúdame á mis hermanos, no los llames que no voy a tener el valor para decirles adiós; además, es muy de noche, van á desear acompañarme y quiero irme sola.

Lili lloraba tristemente; y Jilma la besaba, la besaba con profunda tristeza.

Don Alfonso se despidió solamente de la indita; era la voluntad de su esposa.

—¡Qué noche tan linda! —dijo Jilma así que salieron a la calle— me recuerda las noches de Lima en que salía a pasear del brazo de mi madre.

—Ahora lo hacéis del brazo de vuestro esposo.

—Ahora voy á vuestra casa.

—¿Queréis ir a pasear?

—Sí.

Y Jilma se apoyo más aún en el brazo de su esposo.

El español cerró los ojos al sentir tan dulce contacto.

—¿A dónde?

—A la loma de la cruz.

—Bien, venid.

Y los dos satisfechos, contentos, como dos niños de escuela, subieron á la loma. Una vez allí, corrían se abrazaban…

Él la decía con delirio:

—Jilma, Jilma, te idolatro.

Y ella, fatigada, desvanecida, dejaba caer su cabeza en el pecho de él, murmurando:

—Alfonso, te adoro…

Y le miraba, le miraba con sus ojos negros, profundos, fascinadores, y sonreía, sonreía con placer…

De pronto, desprendiéndose de los brazos de su esposo, y yéndose á apoyar en la cruz le gritó con su dulce vocecita:

—Alfonso, vente…

Él corrió, abrió los brazos, sus labios se unieron…. Y don Alfonso dio un grito y cayó a los pies de la cruz salpicándola de sangre.

Jilma arrojó lejos de sí un puñañ ensangrentado, y alzando sus hermosos ojos al cielo, exclamó:

—Amor mpio, estás vengado.

Y echando á correr desapareció sin que nadie volviese a saber de ella.

Desde entonces, la cruz, durante el día, permanece blanca, al ponerse el Sol tórnase roja como la sangre de don Alfonso del castillo; y es fama que cuando está así y la ve algún amante, es irremediablemente desgraciado. Por eso, todos los jóvenes, al ponerse el Sol, huyen de ella como si fuera un excomulgado en tiempo de Carlos Nono".

Esta es, queridas amigas y amables lectores, el origen de la Cruz Roja, a la que tanto miedo tienen las cándidas y adorables hijas de F.

A mí, líbreme Dios de ree ó no creer lo que la tradición dice; pero sí hemos de dar oído á lo que nos cuentan los habitantes de F., respecto á amores desgraciados, víctimas de la Cruz Roja, concluiremos al fin, por pensar que la maleficencia de la cruz, cuando ha tomado su baño de sangre, está demostrada.

LUCILA GAMERO MONCADA

Danlí, septiembre 20 de 1893.

JOSÉ MARÍA TOBÍAS ROSA:
Ilusiones marchitas

Se le considera como el iniciador del teatro escolar y de provincia de Honduras. [8] Dramaturgo fue poeta y periodista. Dirigió en Santa Bárbara El Ideal, Mensual y El Alacrán. Una investigación suya dio a conocer el trágico suceso del fusilamiento de los hermanos Cano en Ilama (que Ramón Amaya Amador inmortalizaría con la novela Los Brujos de Ilamatepeque). Nació el 2 de julio y murió el 8 de noviembre de 1933). Autor de más de 30 libros.

---

[8] Diccionario de Literatos Hondureños del poeta José González.

ILUSIONES MARCHITAS

A LOS LICENCIADOS DON RÓMULO E. DURÓN Y DON ALBERTO AGUILUZ

I

Corrían los últimos meses del año de... Ella, Emelina, era entonces una joven, pero una joven preciosísima.

¿Podré describir su hermosura? Nunca; porque su belleza era celestial, y no hay frases suficientes para ensalzar aquellos hechizos incomparables.

Emelina contaba apenas, en el año a que me he referido, diez y seis primaveras.... Estaba radiante de hermosura.

¡Oh, bien mío! ¿Por qué tuve la desgracia de amarte? ¿Por qué en mi loca fantasía me forjaba la idea de que serías algún día mi dulce compañera en el camino de la vida, si el destino cruel debía separarnos para siempre?

II

Cuando Emelina y yo éramos niños, jugábamos juntos; y ella me trataba siempre con esa familiaridad agradable con que se tratan dos seres inocentes: pero cuando la niña se transformó en mujer, cuando la crisálida se tornó en mariposa, nuestras relaciones se fueron haciendo, por parte de ella, más frías e irregulares.

Desde niño la amaba. Cierta vez, cuando en nuestros juegos infantiles habíamos llegado a un bosquecillo formado de verdes madreselvas, sentados uno al lado del otro, teniendo entre mis manos una de las suyas, le dije en el lenguaje sincero de la inocencia:

—Emelina: en estos momentos te veo tan pura, tan hermosa, tan seductora, como un ángel de los cielos. ¿Quieres ser mi novia?

Ligero carmín coloreó sus mejillas de niña inocente, y me dijo:

—Ya sabes que hemos crecido juntos; que te quiero mucho. Eres, pues, desde hoy, mi prometido.

Y sin darme lugar a abrazarla, depositó un ligero beso en mis labios, que me hizo estremecer, y partió ligera, como azorada gacela, con dirección a la casa.

III

¡Oh ilusiones de la infancia! ¡Cómo os vais tan ligeras, que dejáis lacerado nuestro infeliz corazón! Os desvanecéis a nuestros ojos, como se desvanecen a los primeros rayos de calor las pálidas y espesas brumas que envuelven nuestros pinares.

Se llegó la época en que debía ir a lejanas tierras a continuar mis estudios de segunda enseñanza.

Cinco años pasé alejado de mi familia y de mi adorada Emelina; pero constante en el propósito de obtener pronto mi primer grado, pude regresar al lado de mis padres con mi título de graduado en Ciencias y Letras.

IV

¡Cómo había cambiado Emelina! De una niña se había transformado en una mujer, pero preciosa, encantadora.... Su talle era esbelto como los cedros del Líbano; su rostro era como el de un ángel de la celeste mansión!.... ¡Oh! La encontré bellísima, vaporosa, seductora!

¡Cuántas ansias tenía de hablarla! ¡Cuántos deseos tenía de recordarla nuestros juramentos de niños!

Al fin pude encontrarla bajo un emparrado del jardín, sentada en un precioso banco de piedra. Trémulo y lleno de amor, me dirigí a ella.

—Emelina —le dije—: Emelina.....¿recuerdas aquellos días de nuestra infancia?....¿Recuerdas que me prometiste ser mi esposa? Pues ahora vengo a decirte: "Emelina, recuerda tus promesas; Emelina, te amo con el alma; tú eres mi única ilusión, mi único bien; mi esperanza, mi porvenir. Quiero que esos tus bellos ojos me dirijan una mirada de compasión; que me digas si me amas... Si merezco ser tu adorador, si podré tener la esperanza de que seas algún día mía; de que vivamos el uno para el otro, de que compartamos los infortunios de esta miserable vida. En una palabra... ¡De que seas mi esposa!

En el arrebato de mi pasión la tomé ambas manos y se las besé con delirante frenesí, esperando ansioso su respuesta.

—Pues bien —me dijo—, mi corazón, virgen al amor, ha

despertado del letargo en que se encontraba. Tu imagen me persigue noche y día: mis ojos te ven por doquiera: ya en la fuente que murmura, ya en el pajarillo que trina, ya en la brisa, ya en las nubes, y, más palpablemente, en mi propio corazón. Una fuerza superior me empuja hacia ti: oigo una voz miserable que me dice: "Ama a ese hombre con todo el amor que tenías adormido en tu virgen corazón: únete a él, y el Dios bondadoso que preside la marcha armónica del Universo os dará su celestial bendición". ¿Por qué callarlo? ¿Por qué ocultar al mundo que te amo? Sí yo te adoro, te amo con un amor purísimo, inmenso… ¡Eterno!

Yo la escuchaba extasiado. Al terminar de hablar, no pude dominarme; y rodeando mis brazos a su esbelto y bien modelado talle, la estreché fuertemente contra mi corazón, y deposité centenares de ardientes besos en aquella boca sonrosada y entreabierta por el soplo divino del amor.

VI

¡Oh momentos hermosos de mi existencia! ¡Ay! Me parece tenerla aún entre mis brazos, aún me parece besar aquellas mejillas coloradas por suave carmín, sentir su perfumado aliento, oír sus repetidas protestas de amor.

¡Oh! Si todo fuera un sueño! Si no existiera la amarga realidad; si mi bella Emelina hubiera sido fiel a su palabra, yo sería feliz!...

VII

Sólo dos meses, que para mí fueron dos cortos minutos, pasé al lado de mi prometida. Después partí, contra el gusto mío, a empezar los estudios de una carrera profesional.

¿Por qué iría? ¿Por qué el destino fiero me obligó a retirarme de mi bien, de mi vida misma, de mi corazón?

No quise despedirme de ella; no quise decirla adiós, porque "las almas no tienen que hacerse ninguna recomendación, porque las almas no tienen despedida, no tienen adiós!".

No quise decirla adiós, porque, como dijo un poeta: "No te digo adiós: ¿quién de sí mismo se ausenta y se despide? ¿Cómo puedo a mi propio pensamiento decir que no me olvide?".

¡Cuando volví, después de muchos años de ausencia, desesperado por no haber recibido hacía meses cartas de ella: cuando volví, digo, y pregunté por mi Emelina, nadie quiso decirme en dónde se encontraba!

Atormentado por cruel incertidumbre me lancé a la calle: encontré a un amigo, que, al verme, me estrechó contra su pecho, diciéndome:

—Amigo mío: tu Emelina, olvidando sus juramentos, ha unido su suerte a otro hombre.

Sentí un rudo y violento golpe en el corazón; y desprendiéndome de los brazos de mi amigo, corrí loco, delirante, sin rumbo fijo, hasta que, faltándome las fuerzas, caí sin sentido, presa de un violento y terrible ataque.

No supe más...

XII

Emelina pertenece a otro hombre; pero aún la ama mi corazón. El destino no quiso que fuera mía; pero su imagen tiene un santuario aquí, en mi pecho.

¡Emelina! Desdichada criatura que destrozaste mi existencia, ruega a Dios por este pobre mortal que en un tiempo fue tu más rendido adorador; por este hombre que te dio su corazón; por este tu pobre amante que, al arrebatarte el destino de su lado, vio arrebatadas por furioso aquilón sus ilusiones ya marchitas...

El Eco Liberal de Santa Bárbara—1895.

RÓMULO E. DURÓN:
La campana del reloj

Historiador, poeta, biógrafo y diplomático nacido en Comayagüela el 6 de julio de 1865. Rescató y publicó las nueve pastorelas del padre José Trinidad Reyes. Escribió, además, poesía y antologías. Colección Erandique ha publicado de él Honduras Literaria I y II; La provincia de Tegucigalpa bajo el gobierno de Mallol y la Biografía de Juan Nepomuceno. Falleció en Tegucigalpa el 3 de agosto de 1942.

LA CAMPANA DEL RELOJ[9]

—¡Buenos días, abuelita!

—Buenos días, hijito. No te veo desde antier, picaruelo. ¿Dónde anduviste ayer?

—¡Ah! ¡Si tú supieras! Si me ofreces no disgustarte, lo sabrás.

—Vamos, chiquitín, habla! No me disgustaré; pero si mereces castigo, lo recibirás: no te referiré un cuento, como hago todos los días que vienes á saludarme.

—Tú dirás, abuelita, cuando me hayas oído; pero si has de castigarme, que sea de otro modo, porque al cuento no renuncio.

Antón se acercó cariñosamente á la viejecita que, sentada en su butaca, recibía el sol de la mañana frente al jardín, contemplando las flores y gozando en oír cantar los pájaros y en verlos volar alegremente de rama en rama.

Antón le ciñó la cintura con un brazo y le dió un beso en aquella frente serena y apacible, enmarcada por una cabellera blanca como la nieve, partida en dos alas que remataban en dos brillantes trenzas.

—¡Oye, nana Mercedes, abuelita querida! Ayer no vine porque era Jueves de Corpus, y se me antojó subirme á la torre del reloj á repicar con los muchachos, mientras la procesión iba de altar en altar. Y ¡verás! Cuando la procesión concluyó quise quedarme sólo, para ver lo que decía un letrero que advertí en la campana: ya tú sabes que soy muy curioso. El sacristán llegó á poco y le expresé mi deseo: quiero ver las letras que están al otro lado de la campana —le dije—: las de este lado ya las ví. El sacristán me miró sorprendido porque no hay baranda al lado exterior de la torre; luego se sonrió y me dijo: *Yo te las diré; pero no te aventures porque puedes caerte y te harás pedazos.* Se agarró de una barra de hierro, de las que sujetan la campana y quedó casi en el aire dictándome las letras. Entonces me entró un miedo espantoso; temí que se rompiera la barra ó que él perdiera el equilibrio, expuesto como estaba á un vértigo, por la altura, y yo tendría la culpa de la desgracia que le ocurriera. Pero todo salió con fortuna y pronto estuvo el amable sacristán dentro del campanario, libre de todo peligro.

---

[9] Ganador de los Juegos Florales de Tegucigalpa en 1906. Nota del Editor.

Ya ves, abuelita, si temería disgustarte con este relato.

—¡Ah! ¡Muchacho! ¡Muchacho! Pero ¿y bien? ¿qué decía el letrero por el cual expusiste al sacristán?

—Mira: aquí lo tengo escrito: "AÑO DE 1778. DON LUIS DE RIVERA, ALCALDE DE ESTA VILLA DE TEGUCIGALPA".

La viejecita suspiró y dijo:

—¡Qué historia! ¡Y qué coincidencia! De eso mismo iba á hablarte ayer, porque al oír sonar tan alegre la campana del reloj, me acordé de lo que de esta campana me referían en mi niñez y que es una historia triste y figura en ella también un Jueves de Corpus. ¿Te has fijado en que la campana del reloj tiene voces muy melodiosas y cuando repican con ella, todo es un desbordamiento de alegría? Y te has fijado también en que...

Alzó el brazo en dirección á la Parroquia:

—¿Oyes? Doblan, y doblan con la campana del reloj. ¿Quién habrá muerto? ¡Dios le haya perdonado! ¡Fíjate! ¿Oyes qué voces tan lastimeras las de esa campana? Voces que semejan un ruego profundo, un lamento desgarrador…

Pues bien: yo sé la historia de todo: yo sé por qué esa campana suena con tanta alegría cuando con ella repican, y por qué suena con tan ta tristeza cuando con ella doblan. Debiera castigarte, negándome á referírtela; pero, ¡vamos! espero que no volverás á portarte mal con el sacristán, conmigo ni con nadie..

Siéntate á un lado en esa banqueta de madera, y escucha.. Entre las jóvenes que en ese año de 1778 eran la gracia y encanto de Tegucigalpa, había dos que rivalizaban en belleza y virtudes: Clara de Santa Cruz y María Teresa de Aguayo y Rivera. Las dos eran descendientes de familias principales.

La primera contaba entre sus antepasados á D. Miguel de Santa Cruz, Teniente General de Alcalde Mayor que fué de Tegucigalpa por diez años y Teniente de Gobernador y Capitán á guerra de Olancho el Viejo por igual ó mayor número de años.

La segunda era sobrina de D. Luis de Rivera, que acabas de nombrar, quien era hijo del Capitán D. Antonio de Rivera, poblador de la ciudad de la Nueva Segovia.

Ambas eran de considerable fortuna, aunque era mayor la de Clara. Sin embargo, sus riquezas no se tomaban en cuenta al tratarse de ellas: su hermosura y sus prendas morales valían más que todo.

Pero si en cuanto á lo moral, la una no cedía á la otra, eran bellezas muy distintas.

Clara era blanca y pálida; sus ojos grandes y soñadores derramaban un resplandor suave y tranquilo como el de un rayo de luna; su cabellera larga, opulenta y fina parecía un jirón de las sombras de la noche y hacía resaltar la blancura de su faz; su boca parecía un botón de rosa á medio abrir y modelada como para la oración.

María Teresa era trigueña y encendida; sus ojos negros y vivos tenían de la obscuridad de las tinieblas y de los rayos del sol al mediodía; su cabello castaño le caía en rizados y abundosos bucles sobre los hombros, y el color y frescura de su boca risueña hubieran dado envidia á una granada.

Entre los apuestos y guapos mozos de aquel tiempo, ninguno tan gentil como D. Fernando de la Sierra, uno de los descendientes del Sargento Mayor D. Antonio de Castro Verde, personaje preclaro de la villa.

Era D. Fernando un doncel muy discreto: habíase enamorado de Clara y de María Teresa, y se había conducido con tal habilidad, que ninguna de ellas se apercibió de su inclinación hacia la otra, ni la sociedad se percató de que aspirase á la mano de una de las dos.

Nada, es verdad, le había dicho á Clara; pero siempre que encontraba su mirada, ya en la ermita de la Concepción, á la hora de misa mayor, ya en el paseo á las orillas del Guacerique, sus ojos le habían revelado lo bastante para que ella se hiciese cargo de que la amaba, y estaba ella pronta, como el ave para cantar al rayar del alba, á corresponder á los sentimientos de que aquellas miradas eran indicio.

Tampoco había dicho nada á María Teresa; pero cuando estaba frente á ella se sentía turbado; una oleada de sangre le subía á la cabeza, el corazón le palpitaba violentamente, luego sentía las manos frías y estremecimientos que á duras penas podía dominar, y esto no pasaba inadvertido para la niña, y sintiéndose ésta inclinada hacia el doncel, esperaba, como lo más natural del mundo, que de un momento á otro sus padres le dijesen que la había pedido en matrimonio.

Pero si se encontraba con las dos, que eran muy buenas y leales amigas, las trataba con tal sosiego y serenidad, que nadie se hubiera dado cuenta de lo que pasaba en su corazón.

Esta situación no podía prolongarse: el joven era honrado, tenía sed de amor, y esta sed debía ser satisfecha; su alma necesitaba de tranquilidad, y era menester obtenerla. Y no quería engañar á ninguna de las dos. Era preciso tomar una resolución, y luego. Si hubiera sido codicioso, habría preferido á Clara que, á su belleza, unía su fortuna. Consultó su corazón, y se decidió por María Teresa.

Una tarde se vieron inundadas las calles de la villa por personas de todas clases y condiciones: desde los de condición más alta hasta los de condición más humilde. Todos iban con sus vestidos de gala. ¿A dónde? Se había anunciado que esa tarde se fundiría en la Casa de Rescates la campana del reloj destinado á la parroquia, el que se acababa de recibir, y allá ibau todos á presenciar el acto. Las gentes se acercaban al horno donde brillaba derretido el cobre con que se llenaría el molde de la campana. Como ésta había sido mandada á hacer por D. Luis de Rivera, excusado es decir que allí estaba toda su familia. Allí brillaban los vivos y ardientes ojos de María Teresa, y allí lucían también los de Clara, su amiga, que había ido en su compañía. Cerca de ellas estaba —¿y cómo iba a faltar?— D. Fernando de la Sierra, decidido á aprovechar la ocasión para declarársele á la primera.

Era tal el entusiasmo por la campana y porque se la destinaba al reloj, el primero de esa clase que se veía en estas tierras, que todas las damas y caballeros empezaron á despojarse de sus alhajas y á arrojarlas al horno donde se derretía el cobre: arrojaban las damas sus aritos, sus collares, sus brazaletes, sus pulseras, sus sortijas, todo de oro; arrojaban los hombres sus anillos y las onzas de oro ó las piezas de plata que llevaban en los bolsillos, y fue aquel movimiento creciendo, creciendo, a tal punto, que hasta los más pobres arrojaban también las pequeñas piezas de esos metales que habían podido ahorrar, y las alhajitas que llevaban consigo.

A favor de aquel tumulto logró declararse D. Fernando á María Teresa, y sintieron ambos tal satisfacción al verse seguros el uno del otro, al llegar á un momento que desde tanto tiempo atrás estaban esperando, al estar ciertos de que se unirían para toda la vida, que

María Teresa, que ya había arrojado casi todas sus alhajas al horno, sacó una sortija que inconscientemente había dejado en uno de sus dedos, y fijando una mirada amorosísima y ardiente en D. Fernando, y lanzando la sortija:

—Mira —le dijo— la arrojo para que esa campana, cuando nos casemos, cante con sus voces nuestra felicidad, y como un eco de la nuestra, cante la felicidad de otros.

Tan locos de pasión y tan ebrios de dicha estaban, que no observaron que esta escena había tenido por testigo á Clara.

Clara, viendo perdidas las ilusiones que se había forjado, estuvo á punto de desmayarse; pero supo dominar su profunda emoción, su horrible pena, y, segura de que la pareja feliz no advertiría lo que hiciera, se acercó al horno, y sacándose del dedo cordial una sortija que conservaba de su amada madre, muerta ya hacía muchos años, arrojóla al horno, murmurando á media voz:

—¡Para que esa campana, cuando doble, llore con tristes voces la muerte de mi corazón, y como un eco de dolor, llore el dolor de otros!

Clara de Santa Cruz no podía, siendo quien era, dar á conocer lo que pasaba en su alma, y no dejó traslucir impresión alguna á los venturosos amantes. Los vió, después de consagrada la Iglesia Parroquial, en 1792, llegar al pie de altar y recibir la bendición nupcial del Obispo Fr. Antonio de San Miguel, y oyó el alegre clamoreo de las campanas que celebraron tanta dicha, resaltando, entre las notas, las notas melodiosas de la campana del reloj. Y la campana, desde entonces, celebrando dichas, parece loca de alegría.

Pero el corazón de Clara no podía resistir á tanto, y al estar de regreso en su casa, se creyó sola y abandonada de la Providencia, y cayó desvanecida en su lecho.

Cuando despertó ó pareció despertar, se comprendió que había perdido la razón. Con los ojos casi desencajados y mesándose la hermosa cabellera, gritaba como si viera algo allí cerca:

—¡La sortija de mi madre! ¡La campana! ¡Doblará, sí, doblará por mí!

Desde entonces cada vez que repicaban con la campana del reloj, se repetía el acceso, y si doblaban con ella, se la veía sonreír y hasta se la creía en su juicio.

Un Jueves de Corpus oyó los repiques de la misa y de la procesión, y cayó para no volver á levantarse más.

La enterraron en la Parroquia con su traje blanco: María Teresa y Fernando lloraron su muerte; pero nunca se imaginaron cuál fué su causa: ni María Teresa estaba al corriente de Fernando se hubiera enamorado de Clara, ni Fernando era pretensioso para pensar que la elección de otra había roto el corazón y la vida de Clara.

Y la campana del reloj clamoreó lamentando la muerte de la infortunada y hermosa doncella, y desde entonces son sus voces más tristes cuando con ella doblan.

Así, mi querido Antón, los que dicen que los tañidos de esa campana son tan conmovedores para alegrar ó entristecer porque son muy melodiosos, y que son muy melodiosos porque está muy bien fundida ó porque hay en ella mucho oro y mucha plata, no saben lo que dicen. La verdad es la que te digo. La verdad es que el cielo quiso corresponder á los sinceros votos de las dos amigas, permitiendo que la campana sonara por María Teresa con arrebatadora alegría, y con tristeza profunda por Clara. Así lo merecían la lealtad y rectitud de los amores de la pareja feliz y el dolor irremediable de la doncella desventurada que hizo frente á su destino con altivez y dignidad, con un esfuerzo supremo que había de empezar por arrebatarle la razón y había de concluir por arrebatarle la vida.

"y si, lector, dijeres ser comento,
Como me lo contaron te lo cuento".

RÓMULO E. DURÓN. Tegucigalpa: 17 de febrero de 1906.

JUAN RAMÓN MOLINA:
Mr. Black; La renuncia del escribiente y El Chele

El más grande poeta en la historia de Honduras. Sin certeza de dónde nació (17 de abril de 1875), murió en San Salvador el 1 de noviembre de 1908 a los treinta y tres años. Froylán Turcios recopiló la mayor parte de su obra en Tierras, Mares y Cielos. Molina también fue periodista, político y coronel. El Premio Nobel de Literatura, Miguel Ángel Asturias lo llamó "el alma gemela de Rubén Darío". Todos los cuentos son de su libro Tierras, Mares y Cielos de 1911.

MR. BLACK

A Antonio Callejas.

Creo que si volviera al lugar donde estuvo la escuela de Mr. Black, se despertarían extrañas reminiscencias en mi memoria, tal como le sucedió en Londres a Edgar Allan Poe, al volver a visitar la escuela del dómine Brandsby; pero, aunque volviese allí, tendría, que hacer un gran esfuerzo mental para reunir los pensamientos que abandoné hace doce años en el vetusto caserón, porque hoy, en el lugar de él, álzase un elegante edificio moderno, donde se oyen sonoras carcajadas femeniles y músicas de instrumentos de cuerda, en vez de los ayes de los párvulos martirizados por las disciplinas del ogro, que durante el día nos enseñaba aritmética, y por la noche, a la luz agonizante de una lámpara de alquimista, nos hacía rezar el rosario, de rodillas sobre las baldosas de la celda que le servía de cuarto.

Creo innecesario decir que cuando alguno de nosotros cabeceaba, rendido por el sueño, era agarrado de la oreja por la mano de Mr. Black, y columpiado cerca del techo, donde se despertaba dando alaridos. Poniéndolo en el suelo otra vez, el gigante continuaba su interminable rosario, con voz monótona y pacata, golpeándose el pecho, mientras nosotros nos veíamos a hurtadillas llenos de terror.

Para figurarse con verdad a Mr. Black, hay que describir el edificio de su escuela, tal como era cuando yo viví en él durante tres años mortales, que no olvidaré ni en la otra vida, con ser que allí se olvida todo.

Imaginaos una antiquísima casa, llena de telaraña con las tejas cubiertas de musgo y con un patio empedrado de guijarros volcánicos, probablemente del periodo paleolítico; patio desconocido de los pájaros del celo y donde jamás había nacido una sola flor. Horribles paredones negros lo aislaban de toda comunicación con las vecinas casas, y sólo de cuando en vez por una rara casualidad, asomábase a él, desde lo alto, uno que otro gato perdido, que lo examinaba atentamente lleno de asombro, con los bigotes erizados, yendo en seguida a grandes saltos. Los murciélagos y las lechuzas, a la luz de la luna, aleteaban en él, los ancianos pilares proyectábanle sus sombras y los grillos lo asordaban con sus monótonos chirridos. En la noches tempestuosas, el viento aullaba sobre el edificio, sacudiendo aquella vieja armazón, cubierta del polvo de cien años, como si quisiera arrastrar su descarado esqueleto de vigas. El sol, por la mañana apenas calentaba aquellos corredores húmedos, donde sonaban huecas las pisadas y los ratones tenían sus agujeros. Un fuerte olor a moho, a vejez, a hongos podridos se cernía de continuo en aquel ambiente, que, como el agua de ciertas fuentes las raíces que va mojando, tenía la cualidad de petrificar lentamente las carnes de los niños, dándoles el color de la piedra pómez y cubriéndolas de un polvillo terroso.

A esa maldita escuela fui llevado un día de enero, a las ocho de la mañana, cuando apenas contaba die años. Al ir a entrar, volví maquinalmente los ojos a la calle, que no volvería a ver más, para despedirme del tibio sol que bañaba las paredes de las vecinas casas de dos o tres pilluelos, mis amigos, que me habían seguido de lejos con caras tristes; y de dos bueyes, gordos y mansos, que pasaron en aquel momento, repletos sin duda de jugosa yerba y de felicidad. Cuando entré a la sala de clase, completamente desmantelada, varios niños volvieron tímidamente los ojos hacia mí, apartándolos de sus pizarras, donde probablemente resolvían un problema. Eran como veinticinco, sentados en bancos de pino. Reinaba un profundo silencio, apenas interrumpido por el chirrido de los pizarrines al trazar las cifras o por la tos tímida de alguno de aquellos infelices, en cuyos semblantes se pintaba el miedo.

Mr. Black, a quien no conocía sino por la terrible fama de que gozaba entre los párvulos de las escuelas, estaba inclinado en ese momento sobre una gran mesa, donde se veían algunos libros de tiempos remotos, una palmeta enorme, un ancho tintero de barro y unas disciplinas de cuero de res, negras, horribles y nudosas, que conocían las espaldas de una generación de niños. De lejos veíase únicamente la parte superior de su cabeza puntiaguda, cubierta de un pelo crespo y gris. Como sintiera mis pasos en la puerta, se enderezó, y dijo con una voz seca, que zumbó ásperamente en mis oídos: “¡Entre!”. Yo entré lleno de pavor, aunque cruzó por mi mente la idea de escaparme a todo correr por la calle próxima.

Desde esa hora, después de algunas explicaciones en que se habló de mi carácter fuerte, de los latigazo que debía darme aquel verdugo para domarme, y de otras cosas por el estilo, quedé incorporado a aquella sucursal de la Inquisición, y empecé, para evitar pérdida de tiempo, a copiar allí mismo el problema que estaban resolviendo mis compañeros de infortunio. Era una maldita resta, por la que se trataba de averiguar cuántos años tenía el maestro. Los números, rígidos y estirados, escritos con tizate por la mano de Mr. Black, se destacaban como enjutas figuras geométricas en el fondo negro del pizarrón.

Cada uno de ellos era el retrato del que los había trazado con los huesosos y largos dedos de su mano, capaz de perforar una mesa de un solo impulso. Si aquellos números, casi misteriosos, parecidos a jeroglíficos egipcios o a fórmulas mágicas, se hubieran juntado por el capricho de un hechicero, indudablemente que la silueta angulosa de su autor habría aparecido de repente en el pizarrón. Yo no podía imaginarme aquellos guarismos, sin imaginarme a Mr. Black, y viceversa. Entre él y ellos había un lazo invisible, una relación misteriosa, un parentesco raro. Eran sus hijos, sus esclavos. Parecía que estaban doblegados a su voluntad, que obedecían sus caprichos, que estaban ciegamente a sus órdenes. Si él les hubiera dicho con su terrible voz "¡Números, a la mesa!", los números, desprendiéndose como por encanto de su puesto, irían enseguida a colocarse en ella, respetuosamente inclinados. Si él les hubiera dicho: "Números, a mi cabeza", los números, subiéndose por sus largos brazos, entrarían en ella por su boca, por sus orejas, por su nariz y por sus ojos: tal homogeneidad existía entre aquel hombre y aquellos guarismos.

Como ninguno de nosotros resolvió el problema de encontrar su edad —cosa del todo imposible, porque sin duda se le había muerto de vieja, o tal vez nunca la tuvo, lo que es más probable— levantóse de su taburete, y después de dar de latigazos a los más grandes, cogió el tizate y se dirigió al pizarrón. Los números, viéndolo acercarse, hicieron una mueca, que era una sonrisa, alineándose gravemente sobre la horizontal.

Entonces pude verlo y considerarlo bien. Era un hombre cerbatana, como el dómine Cabra de Quevedo; una alta osamenta cuyos huesos chocaban a cada instante: una como momia colosal metida en una levita milagrosa, del color de la miseria, cortada por la desgracia, raída por el hambre y empolvada por el tiempo. Sus pantalones de panilla ocultaban unas piernas inverosímiles y temblorosas, que parecían de avestruz, o con más verdad, de alambre, cuyas choquezuelas crujían a cada momento; temíase que los tales órganos de locomoción se quebraran como una caña. Su calzado de suela, con señales de muchos remiendos de zapatero de viejo, veíase cortado sobre los dedos, por temor de los callos, que tenía muchos y muy grandes.

La pechera de una camisa, o de una mugre que parecía tal, enemiga de lavanderas, desconocida del agua, mal vista con la plancha, asomábase por entre el chaleco, o centro, como decía él, flojo sobre su abdomen inverosímil, digo, sobre su espinazo, porque lo que es vientre no tenia, ni le hacía falta para maldita cosa. No tenía color su rostro, sino era cuando montaba en ira, que entonces se bañaba del de la muerte, aunque de por sí estaba de pecas y de cicatrices. Terminaban sus flacos brazos en manos más flacas, que terminaban en dedos más flacos aún, de donde salían diez uñas enflaquecidas de tanta flaqueza; cada dedo, así con aquella uña negra, era a propósito para gancho del tridente del diablo. La cabeza, cabo de aquella tranca de hombre, era nido de terquedades, terreno ingrato para retóricas, bosque virgen para los peines, refugio seguro de las pulgas proscritas de su pescuezo. Bajo sus párpados llenos de fatiga, palidecían sus ojillos miopes, defecto que favorecía nuestras risas desde lejos, aunque a veces, por sólo un culpable, caía el látigo sobre chicos y grandes. Por entre las ventanas de su nariz de lobo, velase un vello color de tierra, pareciendo que dos arañas tejieran sus telas allí.

A los lados, dos patillas anémicas, queridas del desaseo y viudas sin consuelo del jabón, caían melancólicamente sobre su mandíbula inferior, que a veces se doblaba sobre su pecho, digo, sobre sus costillas, que podían doblarse sin duda sobre su espinazo, que a su vez lo haría sobre sus piernas; tal facilidad para ello indicaba aquella armazón de resortes. Sus grandes orejas parecían conchas de ostras; su boca, o mejor dicho, la abertura que hacía de tal órgano entreabríase y mostraba un colmillo negro y encorvado, semejante a una bruja en el fondo de su cueva; y su pescuezo arrugado, estirábase como el de ciertas aves de rapiña en dirección del menor ruido. Sentado me pareció un número 4: de pie, un gran número 1; y encogido sobre el pizarrón, un número 7.

Resuelto por Mr. Black el problema de averiguar los años que tenía, salió tal cantidad, que él mismo no dejó de asombrarse, con ser que hacía un siglo que no llevaba la cuenta. Después me dijeron que no tenía edad, y hasta que no era hijo de mujer, como todos los hombres; pero esto nunca lo creí del todo. Ni tampoco que tuviera pacto con el diablo; ni que no comía carne de puerco ni de vaca, sino ratones tiernos y alguna que otra lechuza; ni que su levita le creció con los años —y en eso sumaron siglos— como la túnica inconsútil de Nuestro Señor Jesucristo; ni que en un arcón viejo, al lado de la tarima donde dormía con un ojo abierto y el otro cerrado, tenía calaveras y canillas de muerto, con unos pergaminos que contenían secretos de cábala. Todos estos rumores, dichos al oído de los alumnos, contribuyeron a que le cobrara un supersticioso terror a Mr. Black, que se aumentó cuando oí asegurar que había nacido antes del Diluvio, y que se salvó de la catástrofe, escondiéndose en el arca, entre las jirafas y los camellos, por lo que no llamó la atención de Noé.

Algunos dudaban de esto; pero tenían por cierto que varios astrólogos caldeos, según constaba de un ladrillo cuneiforme, encontrado en las ruinas de Nínive, lo vieron con la misma levita en la torre de Babel. No faltaba quienes aseguraran, fundándose en un jeroglífico de una de las galerías de Memfis, y firmado por un sacerdote de Isis, que en tiempo de uno de los faraones había tenido la ocupación de envolver y pintar momias; pero la versión más racional, y que merece entero crédito, es la que cuenta que vino a América escondido en el fondo de uno de los buques de Colón, saltando a hurtadillas a tierra de Honduras en Punta Caxinas, y que después, corrido el tiempo, dedicóse con tesón a dar las cuatro reglas a los niños, ayudado asiduamente por la palmeta y las disciplinas, que después supe apreciar en su justo peso y valor.

LA RENUNCIA DEL ESCRIBIENTE

(Capítulo olvidado de una novela perdida.)

Cuando José Ángel entró a la oficina eran las nueve y cuarto de la mañana. Llegaba, como siempre, más tarde de la hora reglamentaria, las nueve. El portero, un vejete seco y patizambo, llena la cara de arrugas desde tiempo inmemorial, le siguió con una larga mirada de reproche, casi rencorosa. ¡Llegar tarde un escribiente que ganaba treinta y cinco pesos al mes, tan mal visto por el secretario! ¿Había mayor crimen? No, no podía haberlo, y no se explicaba por qué no era despedido. Él, muy al contrario, era puntual, puntualísimo. Antes de las nueve se oía su tos asmática en los corredores del edificio municipal; abría poco después, con mucho ruido de cerrojos, las pesadas puertas de la oficina; barría luego la vieja alfombra de cáñamo, gastada por el ir y venir de muchas generaciones de empleados; sacudía, manejando con calma el inútil plumero, el polvo de las sillas; iba a la cercana fuente del patio, un patio estéril como una roca, a llenar de agua fresca el cántaro; regresaba con él trabajosamente, mientras el líquido salía furtivamente por algún agujero invisible, lavaba, metiendo adentro sus dedos huesosos y sucios, el empañado vaso de cristal, en cuyo fondo, durante algunas semanas, se depositaran los sedimentos de las heces; y por fin, como término de sus afanosas y matinales tareas, llegaba a la mesa del señor secretario, como él decía invariablemente y con el mayor respeto, a ponerla en orden.

Los papeles, notas y expedientes, eran arreglados con suma parsimonia; las reglas y los lápices, éstos cuidadosamente tajados, ocupaban su respectivo lugar, al alcance de la mano; y el tintero, lleno de un líquido negruzco y espeso, recibía una prolongada frotación con un pedazo de franela roja.

Él sí trabajaba, él sí merecía su mezquino sueldo mensual, que el gobierno nunca le pagaba con puntualidad, y no aquel muchacho loco, que siempre llegaba tarde, y que se pasaba las horas de oficina rubricando su firma, caricaturando a los demás empleados o fumando cigarrillos. Decididamente, seguía reflexionando el viejo, ya era tiempo de que le quitaran el empleo.

El joven que acababa de entrar, sin fijarse siquiera en él, depositó su sombrero en cualquier parte, sentándose en seguida frente a la mesa que le correspondía. Se puso a hojear negligentemente unos papeles, examinó después su pluma, y luego, extendiendo las piernas y recostándose en el respaldar de la silla, recorrió con la mirada el salón cubierto de un antiguo tapiz con dibujos de flores. Conocíase que le importaba muy poco que el secretario, que en el fondo de la pieza en una especie de entrada, alegaba con unas mujeres y un policía, echara de ver que había llegado otra vez tarde, a pesar de las repetidas advertencias. Escuchaba, eso sí, cuidadosamente, lo que se hablaba lejos de él, y el asunto acabó por absorber su atención.

Oíase la voz chillona de una de ellas, agujereando desapaciblemente el tranquilo ambiente de la oficina. Eran unas pobres mujeres, madre e hija. La madre, vieja y gastada sin duda por el trabajo, hablaba sin cansarse, defendiéndose de los cargos del policía, accionando violentamente con sus flacos brazos amarillentos. La hija no decía nada, permaneciendo inmóvil a la distancia, ocultas las facciones en un descolorido rebozo. El policía, de cuando en cuando, repetía sus acusaciones, dando detalles y pormenores. Las había encontrado en el camino, cerca del castillo, comprándoles a los indios. El cuerpo del delito estaba allí, en el cesto depositado en el suelo; un cesto grande que estallaba de repleto: lechugas, rábanos, zanahorias, nabos, cebollas, todo género de hortaliza; naranjas, huevos, mangos y algunas calabazas tiernas; y dentro de todo aquello, estirando los cuellos hacia la escena, veíanse una gallina negra y dos pollos inquietos.

El secretario, enlazados los dedos de las manos, la cabeza cónica ligeramente inclinada, el semblante ceñudo, oía a las dos partes. Después que concluyó de hablar el policía, siguió la vieja, más agria, con más fuerza todavía:

—El policía no nos ha visto comprar en el camino. Veníamos del pueblo, de la casa de un pariente, adonde fuimos a traer esas verduras, señor. Como somos pobres, tenemos que ir muy lejos a buscar víveres, para venderlos en el mercado, ganando un cuartillo. Es una injusticia la que se quiere hacer con nosotras. Devuélvanos nuestro canasto. ¿De modo que una ya no puede traer nada, porque la capturan y la llevan a donde la autoridad? Si hubiéramos sabido eso no habríamos ido. ¡Ah, con las pobres mujeres hacen todo! Y más cuando una es infeliz y no tiene quién vuelva por una. Devuélvanos nuestro canasto, por Dios, que es todo lo que tenemos,

La hija empezó a llorar silenciosamente; todos los empleados seguían de lejos la escena; el policía, el kepis en una mano y el garrote en la otra, miraba a las mujeres con ojos amenazadores; hasta el viejo portero había dicho entre dientes: son unas pobrecitas. Al fin resolvió el secretario, con voz dura:

—Son unas revendedoras. Está prohibido comprar en los caminos, y sin embargo, por salir ganando infringen la ley. Quedan los víveres decomisados y si no tienen cinco pesos para pagar la multa, irán a la sección de policía. ¿Tienen los cinco pesos, o no?

José Ángel, al oír aquella sentencia, palideció tensamente, se mordió los labios y se le vio un ímpetu de acudir en auxilio de las infelices mujer que rompieron a llorar.

—¿Tienen los cinco pesos, o no? ¿No, verdad?

—¡Qué vamos a tener nosotras! —sollozó la hija enjugándose las lágrimas con su rebozo.

—¿No los tienen? ¡Pues a la sección, a ver si allá los consiguen! —terminó bruscamente el secretario tomando su pluma y poniéndose a escribir rápidamente.

Las mujeres, llorando a lágrima viva, fueron sacadas de la oficina por el policía. El salón, turbado por aquella triste escena, recobró su aspecto de costumbre. Instantes después se oía la tos asmática del portero, percibiéndose claramente el rasguear de las plumas de los escribientes, apresurando cada cual la conclusión de su trabajo.

Solo nuestro joven no escribía, sino que meditaba, arrullado por su pensamiento. Sí, aquello era una injusticia, una brutal injusticia. Quitarles a las infelices su cesto de provisiones, y enviarlas en seguida a la cárcel! ¿Había mayor falta de piedad? ¡Y esto lo hacía el secretario en nombre de la ley, que violaba según su conveniencia! ¡Revendedoras! ¿Y qué tenía eso? ¿No había una porción de tenderos y tenderas al por menor, que hacían lo mismo, que negociaban impunemente en mayor escala? ¿No estaba entonces el agio de moda? ¿No traficaban judíos y comisionistas con el sueldo de los empleados, favorecidos por el gobierno, que de propósito no pagaba puntualmente el presupuesto? Eso era mil veces peor, porque empobrecía la nación, arruinaba a todas las familias, precipitaba en la miseria a muchos Infelices. Ellos, los agiotistas, no iban a la cárcel, no irían nunca. Antes bien se les veía en toda clase de consideraciones, se les rendía pleito homenaje; mezclábanse siempre con provecho, en los asuntos financieros de la nación; explotaban a su gusto el desbarajuste económico; se enriquecían de la noche a la mañana, paseando su soberbia en coches espléndidos, viviendo opulentamente, embargando las fincas rústicas y urbanas, creando un malestar indefinido a las masas sociales, que presentían ya la bancarrota del país.

En cambio, los infelices, los desheredados de la fortuna, los que buscaban un miserable lucro en negocios de ínfima cuantía, iban siempre a la cárcel, de donde no salían sin pagar multas exorbitantes para su miserable patrimonio. ¡Cuánta injusticia! ¡Cuánta falta de piedad!

Así, meditando, se acordó de lo que había visto en la oficina desde seis meses, cuando por recomendación de una persona de influjo, había entrado en ella a servir un humilde puesto de amanuense. El jefe era un hombre ignorante, lleno de prosopopeya, que faltaba mucho; el secretario un majadero, que se había eternizado en el puesto y que escribía artículos deplorables para los periódicos; sus compañeros unos pobres diablos, que desde hacía años se habían convertido en ostras de aquella roca oficial; el portero, un viejo inútil, medio asmático y reumático, que se pasaba las horas durmiendo. Y luego las intrigas inevitables, los chismes de unos con otros, aquel trabajo embrutecedor de escribir notas y más notas, miserablemente remunerado; las injusticias, las reprensiones diarias, las miserias de aquella vida monótona sin horizontes, sin ideales, sin un cambio que le hiciera esperar una existencia más de acuerdo con su carácter.

De pronto se puso a escribir febrilmente, secó lo trazado, y se dirigió a la mesa del secretario, el cual continuaba en su tarea de llenar pliegos y más pliegos.

Largo rato se estuvo aguardando con la mano izquierda sepultada en uno de los bolsillos del pantalón y en la derecha una foja de papel de oficio. Al fin el secretario levantó la cabeza, lo miró de arriba abajo con sus oblicuos ojos verdes, y dijo en tono breve:

—¿Qué quería?

—Que me ponga el visto bueno al pie de este recibo. Es de octubre. Como hoy es primero de noviembre y como pienso retirarme de la oficina...

—¡Ah! ¿Se va? —sonrió burlonamente.

—Sí, me voy. No pienso seguir empleado aquí.

—¿Le han nombrado jefe político de algún departamento o le han dado una cartera?

—Tal vez… pudiera suceder... Lo que quiero es que me ponga el visto bueno.

—Está bien. Pero después no venga a pedir otra vez el empleo, porque no se le dará.

—No vendré, esté seguro.

—Así dicen y luego vienen con súplicas y molestias.

—No vendré.

El secretario leyó el recibo, le puso en seguida el visto bueno, y continuó escribiendo sus interminables comunicaciones.

José Ángel tomó enseguida su sombrero, despidiéndose con brevedad de los demás amanuenses, que no salían del asombro; salió a los corredores de la oficina, seguido por el portero, que al enterarse de su resolución, había movido de un lado a otro la cabeza, tercamente, obstinadamente, como desaprobando aquel paso brusco, a pesar de las ganas que tenía de que se fuera.

Ya en la calle, José Ángel se dirigió a la plaza de armas. Eran las diez de la mañana, una alegre mañana de sol, que reía sobre los seniles y amarillentos edificios coloniales, sobre las carcomidas baldosas, rociando de oro los árboles del parque. Frente al palacio del ayuntamiento, una banda de músicos tocaba un aire militar a la cabeza de un batallón, que pasaba revista a los ojos de una porción de desocupados.

Iban y venían los jinetes, caracoleando en sus corceles, excitando la muda admiración de los palurdos, sonando sus espadas en los estribos de metal. Él, arrullado por la fanfarria, acariciado por aquel viento heroico, con las manos en los bolsillos, se detuvo en una de las esquinas a esperar el próximo tranvía, cuyo rumor se iba acercando.

Llegó el vehículo tirado por dos mulas héticas, castigadas por el látigo del conductor, azuzadas por una lluvia de ternos y de insultos. Y habiendo subido a la plataforma algunas personas, en cuenta José Ángel, volvió a chasquear el látigo, volvió el conductor a lanzar blasfemias, volvió el carro a deslizarse trabajosamente por los enmohecidos rieles.

EL CHELE

Cuando ella le llevó el almuerzo —un plato de cocido hecho de prisa— aguardaba él a la reja, agarradas las manos a los barrotes. Era un mocetón membrudo, tirando a rojo, de mandíbulas fuertes, velloso como un perro de aguas, de barba viril. Un macho como pocos.

La hembra se acercó, rimando con las caderas, de amplio paréntesis, la estrofa del amor carnal. Era de mediana estatura, trigueña, rica de carnes, fresca como una sandía. Terciado el pañolón café, haciendo chillar los botines, pasó entre los soldados, despidiendo de su enagua una brisa ardiente y perturbadora, impregnada de perfumes baratos.

—Chico —dijo ronroneando la voz como gata–, aquí está el almuerzo.

—¿Por qué has venido tan tarde? –replicó el reo con una voz entre áspera y dulzona.

—No pude estar antes. Tengo mucho que hacer.

—¡Mentiras! Es que vivís entretenida con ese tinterillo. Ya sé que me seguís engañando. Pero ve, por Dios —e hizo una cruz con la diestra y la besó— que te doy una lección cuando salga de este enchute. Y lo que es a él…

Aquí la cara del Chele hizo un gesto feroz, enarcándose las pobladas cejas de sus ojos atigrados.

—A él —siguió iracundo— lo degüello con éste—. Y a hurtadillas de los soldados sacó un cuchillo, no se sabe de dónde, terriblemente afilado—. Lo degüello, ya lo sabés.

En la faz de la mujer se pintó una mezcla de miedo y de odio. Ésta, de repente, tiró al suelo el almuerzo, alejándose de la reja.

—Oíme, Negra —gimió él, arañando los barrotes—; oíme un momento.

Mas ella, caminando precipitadamente, como a pequeños saltos, ganó la entrada de la guardia.

—Oíme, Negra, oíme, te lo suplico. Parate un poco.

Ella iba a desaparecer, zangoloteando la pulpa de las redondas posaderas; mas de pronto se volvió, gritando con voz irritada, escupiendo las palabras.

—¡No, no vuelvo, entendelo! Quedate en la jeruza para siempre. Ya no quiero más guazangas con reos… ¿Lo oís? Con reos, porque tengo hombre que me dé. Y me da aritos: ¡Velos! Y pañolón: ¡Velo! —y descubrió el busto, agitando al aire el trapo, mientras sus ubres, sudorosas por la emoción, temblaban en la camisa como si fuesen de gelatina–. Y botines… ¡Miralos! —y enseñó el calzado amarillo, sobre el que caía la media azul, mostrando al mismo tiempo algo de la carnosa pantorrilla, con una suave vellosidad de durazno. Luego, volviéndose el fuste desdeñosamente, desapareció.

—¡Templada la Negra! —dijo el cabo cuando se fue, entre las carcajadas de los soldados.

—Y qué… –e hizo una seña de masonería indecente, que produjo otra explosión de risas.

Chico Ramírez, alias El Chele, se volvió más taciturno desde entonces. Arregló su manutención con la mujer de otro presidiario, pasándose las horas fumando cigarrillos de tusa, o viendo obstinadamente al suelo. No pensaba más que en Tomasa, en La Negra, acordándose del día en que se la trajo robada, como dicen, de Cedros.

La muchacha, que era más ardiente que una cabra, cedió a sus primeras proposiciones, viniéndose a Tegucigalpa con él, donde sentó plaza de inspector de policía. Luego lo echaron del puesto, porque un día que estaba de malas pulgas, con la clava le abrió la cabeza a un borracho que le echaba mueras al gobierno, sin querer caminar. Así se encontró sin empleo, viviendo con la amasia en un cuartucho de La Plazuela.

Pero la quería, a pesar de las sopapinas que le daba en sus jumas, antes de sumergirse en sus letargos comatosos, y concibió el plan de llevársela a la Costa Norte, a probar fortuna. Ella, al saberlo, dijo que no, que no y que no.

—¡Ah! –exclamó Chico, furioso—; es que estás emberrinchada con ese maldito estudiante. Pues sabé una cosa: si los hallo juntos, por estas cruces, que los mato a los dos: por éstas. Y me largo en seguida a rodar tierra, mientras te podrís.

Y un día les halló, en el quicio de una puerta, sobiqueándose y besuqueándose. Sacó el cuchillo, echando más jotas que un carretero; pero solo logró darle al mozalbete un rasguño, así de un jeme, porque el tal huyó con piernas de venado. Capturó la policía al Chele, y como el otro sabía de intríngulis de Derecho, dio con él en la penitenciaría, condenado a dos años y meses de cárcel. Más de un año no supo de la Tomasa, de La Negra.

—Ya se endamó con otro —decían los reos, hurgándole, sin que dijese nada, porque sabía que era ciertísimo.

—Las mujeres así, Chele, no pueden vivir sin hombre —le soltaba un veterano del crimen, encanecido en la cárcel, que tenía un rayón desde un ojo hasta el hocico, donde no faltaba la magalla apestosa.

—No pensés en esa gallina —seguía mansamente—; no pensés y consolate. Por cada peso falso, hay cien mujeres que solo falta que les digás: "¡Adiós, cosita!", para llevárselas uno.

Pero el Chele, ni por esas. La amada de un modo animal, a lo bestia en celo, aumentando su pasión la forzosa castidad de la cárcel. La quería siempre, acordándose de todo lo que le había hecho sufrir y gozar. Cuando cumpliese su condena iría a verla, perdonándola. ¿Cómo perder aquel cuerpo que le había hecho vibrar como una guitarra? "Mía o de nadie", pensaba Chico, contando los reales ahorrados.

El día en que cumplió su condena, lloró de gozo. Les dieron la libertad a otros dos reos, y celebraron el acontecimiento en un estanco de La Ronda, bebiéndose la cuarta parte de un garrafón. Iba a salir, dando traspiés, cuando pasó frente a él un joven, en el que reconoció a la luz del farol, a su odiado rival.

¿A dónde iba? A verla, seguramente. Pidió una botella de aguardiente, bebiósela en seis tragos, y, haciendo eses, golpeándose contra las paredes, trató de dar alcance al muchacho. Caminaba frenético, embrutecido. Le alcanzó a los pocos minutos. Sí, era él. ¿Conque la Tomasa —iba pensando, en su cabeza sudorosa, llena de alcohol— prefiere a este tipo amujerado, a este chancletudo sinvergüenza, y desprecia a un hombre como el Chele? Ya vería esta tal; ya vería. Los mato, por Dios que los mato. No lo despacho ya, porque quiero acabar con los dos. Sí, con los dos.

Diluviaba ligeramente. El estudiante, sintiéndose seguido, apresuró el paso; mas El Chele, aunque completamente beodo, le seguía a grandes zancadas. El otro echó a correr, ganando media cuadra, y se metió al cuarto de la Tomasa, de la Negra, que aplanchaba una camisa.

—¿Qué es? —dijo ella con susto.

—Un hombre me viene siguiendo: está bien bolo. Cerrá. (La puerta cerróse violentamente, en los momentos en que llegaba Chico).

—Abran —rugió empujando—. Abrí, maldita, ya te voy a enseñar. Decile a ese maricón que salga, si es hombre. ¡Abrí! ¡Aquí estoy, sinvergüenza! —y vociferaba insultos horribles.

La puerta, débil y carcomida, estaba para ceder a los esfuerzos del borracho, cuando éste, perdiendo la cabeza, rodó pesadamente sobre el empedrado, resbaloso a causa de la lluvia. A la media noche pasó una ronda, y el oficial, viendo aquel hombre tendido, encendió un fósforo. Tenía el rostro horriblemente desencajado, las uñas clavadas en las palmas de las manos, y en la boca medio oculta en la maleza de su barba rojiza, un copo de espuma sanguinolenta. Lo movió enérgicamente. ¡Estaba muerto!

FROYLÁN TURCIOS:
La mejor limosna; La novia de Ludovico; El asesino; Un drama campestre; Juan Ramón Molina; Emilio Zola y José Antonio Domínguez

Poeta, cuentista, novelista, periodista, editor, luchador por la soberanía nacional y diplomático, publicó Almas trágicas, El Vampiro, Mariposas, Renglones, Hojas de otoño, Tierra maternal, Prosas nuevas, Floresta sonora, Cuentos del amor y de la muerte, Flores de almendro, Páginas del ayer y Memorias, y varias revistas, entre ellas, Esfinge y Ariel. Nació el 7 de julio de 1874 en Juticalpa y el 20 de diciembre de 1943 en Costa Rica.

EL ASESINO[10]

I

Lúgubre silencio reinaba en el interior de la choza de paja. En las esquinas—inmóviles sobre pequeños bancos rústicos o sentados en los tapescos—hombres y mujeres dormitaban; y en una tarima de caoba, entre cuatro candelas de sebo, fijas en redondos terrones de barro, yacía muerto.

Era un muchacho moreno sin barba, con el fuerte pescuezo partido por una violenta puñalada. Sobre la frente angosta se veía una recta cortadura, descendiendo hasta el ojo izquierdo, entreabierto y vidrioso.

Lo encontraron ya rígido en el sendero del platanar, entre dos grandes matas de piñuelas; y claramente comprendía que fue asesinado sin que pudiera defenderse por no llevar ninguna arma.

Transcurrieron diez horas desde el instante en que le amortajaron y los presentes no atinaban con el autor del crimen. Cástulo no tenía enemigos. En el valle todos le buscaban por su alegre carácter, siempre dispuesto a la broma. Era un admirable tocador de acordeón y de dulzaina y sabía tonadas picarescas que hacían reír a las muchachas. Todos lo querían por servicial y trabajador. ¿Quién fuera capaz apuñalearlo traicioneramente? En vanos los campesinos se devanaban los sesos, sin presumir quién pudiera ser el matador.

II

Todos los amigos y parientes se encontraban en el velorio. Todos. Sólo faltaba el primo Sebastián. Vivía muy lejos, en la cumbre de la montaña de El Cacao; y quizás hasta que concluyera de tapiscar bajaría a la llanura. Se le compadecía de antemano, pues era el inseparable compañero de Cástulo y aquella desgracia imprevista iba a herirle rudamente. Los dos primos juntaban sus ahorros en una vasija de tierra cocida, que para mayor seguridad sepultaron en el monte. Hacía cinco años que el depósito iba creciendo. Sin malgastar un centavo, privándose a veces hasta del tabaco, reunían

---

[10] El asesino y Un drama campestre son del libro Tierra maternal, Olancho, publicado en 1911.

en el fondo común sus continuos trabajos, con el objeto de levantar una casa en la vega, rodeada de fértiles terrenos, creándose así un seguro patrimonio. Sus familiares los estimulaban en sus proyectos con ese afán tenaz de los rústicos en todo lo que se relaciona con el aumento de caudales.

III

Los veladores continuaban callados. El guaro que se mandó traer a La Conce no venía. Algunos se pusieron a fumar. Un perro entró, echándose a los pies de la fúnebre tarima.

Fuera, la noche serena avanzaba tristemente. Los grillos cantaron entre las malvas y el viento gemía entre los camalotales de la quebrada. La luna —oculta un instante tras una nube plomiza— fulguró en un claro del azul, pálida y errabunda. Grupos de ágiles potros galopaban por la sabana, y en la obscuridad distante brillaban débiles luces en las cocinas de los ranchos.

Voces plañideras se elevaron de la choza mortuoria. Eran la madre y las hermanas del muerto, que, después de un momentáneo sueño, reanudaban sus lamentaciones. Gemían en el cuartucho contiguo, desde el cual apostrofaban al cadáver con ese vocabulario gráfico e infantil con que desahogan sus penas agudas las sencillas gentes de los campos. Enumeraban, una por una, con ingenuos detalles, las cualidades de Cástulo: su honradez, su mansedumbre, su enérgica actividad para el trabajo, su instinto económico, su respeto humilde ante los mandatos maternos. Era una amarga letanía lamentable, un monótono rosario de recuerdos y de pesadumbres, un rudo clamor elegíaco lleno de largos suspiros y de repeticiones interminables.

Luego las quejumbres enronquecidas, en impulso unánime, se convirtieron en iracundas recriminaciones contra el asesino, invocando para él la cólera del Cielo. Se oyeron ásperas y tremendas palabras de venganza y maldición entre el eterno alarido de locura y de horror...

La madre apareció, por fin, en el cuarto lúgubre, vociferando extrañamente. Era una mujer seca y desmelenada, con el mirar alucinante y el rostro descompuesto. Se echó sobre su hijo, apretándolo apasionadamente contra su corazón.

—¡Nor Román! —gritó con sorda voz—. ¡Usted puede hacer venir al criminal! ¡Hágalo venir!

Un viejo alto y flaco, de grave aspecto y luenga barba patriarcal, se levantó de un rincón, aproximándose a la mujer enloquecida.

—Es cosa del demonio lo que me pide, ña Tomasa —exclamó—. Mi alma peligra si atiendo su ruego. Desde el asesinato de mi hermano Tiburcio, hace más de cuarenta años, me he negado siempre.

—¡Se lo pido de rodillas! ¡Compadézcase de la desesperación de una madre! ¡Y que todo el mal que por esto pueda a usted venirle caiga únicamente sobre mi cabeza!

Entonces el viejo se santiguó, retrocediendo tres pasos. Permaneció algunos minutos inmóvil, con los ojos cerrados, sumido en profunda abstracción. Todos le rodearon, mirándole anhelantes.

Fue luego hacia el difunto y le puso boca abajo. Lo levantó por detrás la camisa, y cogiendo un Cristo de madera que pendía de un clavo de la pared, lo recostó sobre la desnuda espalda amarillenta, pronunciando extrañas palabras ininteligibles. Se irguió después con un vago temblor, con las pupilas fijas en el suelo.

—Abra bien la puerta, ña Tomasa, que el asesino avanza hacia aquí... Está aún muy lejos; pero viene corriendo como un venado. Y que los hombres alisten una soga para amarrarlo.

Fue obedecido en el acto. Y mirando al viejo de hinojos, todos se arrodillaron alrededor del cadáver, rezando en voz baja. Permanecieron así largo rato. Se apagó el rumor de las oraciones y reinó un horrible silencio. Las tres hermanas acudieron sin un gemido.

IV

En tanto la noche avanzaba, lenta y misteriosa. Negros nubarrones atenuaban por intervalos el fulgor de la luna, y el viento removía los próximos boscajes. Murmullos indecisos llegaban de los remotos horizontes. Una lechuza pasó chillando sobre la casa y se perdió en la llanura.

Se oyó de pronto, a lo lejos, un grito terrible y taladrante, como el lamento pavoroso de un condenado. Los hombres y las mujeres, persignándose, se miraron con horror y se pusieron a temblar. Un soplo de espanto pasó por los corazones. El perro aulló en el patio tenebrosamente... y se escuchó de nuevo, distinto, el alarido horripilante. Comenzó entonces un dúo siniestro: al grito de angustia, cada vez más cercano, contestaba el odioso aullar del perro en la sombra.

Nadie se atrevía a moverse. Las respiraciones se apagaban, y el terror, un terror capaz de producir la muerte, paralizaba espíritus.

Hubo un supremo silencio. Todos los ruidos, hasta los más leves, enmudecieron. Lívido, dominado por un febril temblor, el viejo levantó la canosa cabeza, murmurando sordamente:

—El asesino va a llegar...

Se escuchó el violento galope de un fuerte animal por los yerbajos y el ruido de una gruesa respiración sibilante.

Dos de las mujeres se desvanecieron de miedo. Los dientes de madre castañetearon...

Súbitamente apareció Sebastián en el umbral, con los ojos llameantes, las ropas ensangrentadas y la lenguda de fuera. Lanzó un gemido cavernoso y cayó de bruces junto al muerto.

UN DRAMA CAMPESTRE

El pequeño Jacobo, el mayor de los hijos del tío Lucas, regresaba de la vega del río en un triste anochecer de marzo. Se oían a lo lejos los cantos de las cigarras y los agudos gritos de los alcaravanes, y un viento cálido arrastraba las hojas secas.

Al volver un recodo surgió ante él la graciosa figura de una muchacha con los brazos desnudos y los cabellos sueltos. Era Rosa, la nieta del viejo mayordomo de la hacienda: guapa moza de quince años, fresca y sonrosada, olorosa a miel silvestre.

Jacobo corrió a su encuentro y se enlazaron como dos jóvenes animales en celo. Se tumbaron sobre los yerbajos grises y, sin hablar una palabra, permanecieron quietos largo tiempo con las caras juntas y los ojos fijos en la luna, que ascendía, blanca y redonda, del remoto confín del horizonte.

Cerca se escuchaba el rumor de las corrientes del Guayape y de los altos saucedales de la orilla.

Sobre sus cabezas revolaban grupos de pájaros soñolientos y a su alrededor era continuo el zumbar de los insectos. De improviso reinó un gran silencio. Ni un murmullo, ni un sonido. Nada. La naturaleza parecía muerta.

Los dos muchachos, envueltos en el solemne misterio de la noche y en la profunda serenidad de los campos, se miraron sin sonreír y sus cuerpos se estrecharon más aún.

—Algún peligro nos amenaza —dijo Jacobo, incorporándose. Rosa permaneció inmóvil.

En el sendero blanquecino resonó el trotar de un caballo.

—Escóndete, Jacobo —exclamó la joven—. Es el patrón de la hacienda. Me persigue desde hace días y te odia.

Jacobo dio algunos pasos a la izquierda, metiéndose en el monte. Rosa intentó hacer lo mismo por otro lado. Pero no tuvo tiempo. Un hombre montado en un potro negro la detuvo. Se bajó de la bestia rápidamente y antes de que ella pudiese huir se colocó a su lado.

—Una cita con el mocozuelo del tío Lucas, ¿no es así? —gruñó sordamente—. Ya le daré una paliza para que no se entrometa en mis asuntos.

Rosa temblada ante el hombretón barbudo y repugnante. Él puso en el suelo la escopeta que traía atravesada a las espaldas y añadió, riendo con una risa canallesca:

—¿Conque la mocita no me quiere, eh? ¿Entre su patrón y ese vagabundo prefiere al vagabundo?

Ella callaba, muda de terror.

—Vamos, Rosita, un abrazo...

Y avanzó hacia la joven. Esta retrocedió diciendo:

—Deténgase, señor Pablo. Bien que no puedo quererle porque amo Jacobo.

El hombre se lanzó entonces sobre ella y tras una breve lucha la derribó sobre el camino.

Con sus gruesas manos brutales le rasgaba, y ella se defendía vigorosamente, sin una queja.

—¡Serás mía, de agrado o por fuerza! —rugió el salvaje enloquecido por el deseo.

En ese momento Jacobo salió de la espesura y arrastrándose como gato llegó al sitio en donde se hallaba la escopeta. Cogió ésta y de dos ágiles saltos cayó sobre el hombre encarnizado sobre la muchacha. Le dio dos tremendos golpes la cabeza con la culata y retrocedió cuatro pasos...

El patrón se levantó tambaleante y ciego de ira se fue sobre Jacobo.

Pero éste se echó a la cara la escopeta y le derribó de un tiro en la frente.

Abrazados y trémulos, los amantes se alejaron por la vega del río.

Ahora oían de nuevo el rumor lejano de las aguas, y los extraños ruidos de la noche, y, como un trueno interior, la palpitación profunda de sus corazones.

LA MEJOR LIMOSNA

I

Horrendo espanto produjo en la región el mísero leproso. Apareció súbitamente, calcinado y carcomido, envuelto en sus harapos húmedos de sangre, con su ácido olor a podredumbre. Rechazado a latigazos de las aldeas y viviendas campesinas; perseguido brutalmente, como perro hidrófobo, por jaurías de crueles muchachos, se arrastraba, moribundo de hambre y de sed, bajo los soles de fuego, sobre los ardientes arenales, con los podridos pies llenos de gusanos.

Así anduvo meses y meses, vil carroña humana hartándose de estiércoles y abrevándose en los fangales de los cerdos, cada día más horrible, más execrable, más ignominioso.

II

El siniestro Manco Mena, recién salido de la cárcel donde purgó su vigésimo asesinato, constituía otro motivo de terror en la comarca, azotada de pronto por furiosos temporales. Llovía sin cesar a torrentes; frenéticos huracanes barrían los platanares, y las olas atlánticas reventaban sobre la playa con ásperos estruendos.

En una de aquellas pavorosas noches el temible criminal leía en su cuarto, a la luz de una lámpara, un viejo libro de trágicas aventuras, cuando sonaron en su puerta tres violentos golpes.

De un puntapié zafó la gruesa tranca, apareciendo en el umbral con el pesado revólver en la diestra.

En la faja de claridad que se alargó hacia afuera vio al leproso destilando cieno, con los ojos como ascuas en las cuencas áridas, el mentón en carne viva, las manos implorantes.

—¡Una limosna ! —gritó—. ¡Tengo hambre ! ¡Me muero de hambre!

Sobrehumana piedad asaltó el corazón del bandolero.

—¡Tengo hambre! ¡Me muero de hambre!

El Manco le tendió muerto de un tiro, exclamando: "Esta es la mejor limosna que puedo darte".

LA NOVIA DE LUDOVICO[11]

I

Una amistad íntima me había unido desde la infancia a Ludovico. Fuimos condiscípulos en el colegio del doctor Bernal, y durante aquellos años monótonos de internado vivíamos siempre juntos, llegando entre nuestros compañeros a ser citado nuestro afecto como algo único y extraordinario. En efecto, creo difícil encontrar una amistad más sincera, más honda que la nuestra, y esto era debido, sin duda alguna, al raro contraste de nuestros temperamentos, a la desigualdad de caracteres y la uniformidad casi absoluta de nuestras inteligencias.

A los veinte años, Ludovico era un hermoso tipo romántico, de mediana estatura, delgado, un poco pálido, de grandes ojos negros y frente soñadora, coronada de sedosos cabellos. Era muy simpático, correcto en el vestir, con un aire de elegancia que lo distinguía.

Apasionado por las mujeres hermosas, fue siempre, sin embargo, ante ellas, tímido y discreto. De temperamento melancólico, de imaginación ardiente, sensitivo, ingenuo, mi amigo era un raro ejemplar de esas naturalezas vibrantes y refinadas, producto de las razas en decadencia. Su espíritu cristalino, delicado, susceptible, guardaba relación íntima con su cerebro poblado de visiones. Hacía versos musicales y hondos. Su poesía favorita era la fantástica, la doliente, la poesía crepuscular, impregnada de vagas sombras misteriosas, de nieblas y fugitivos fantasmas. Su jardín estético estaba poblado de rosas fúnebres, de amarillas flores de cementerio. No era el poeta de la vida, brillante y revolucionario, que ama el combate, el vino y el amor, las auroras radiosas y los soles espléndidos, sino el poeta de la Muerte, taciturno y visionario, amador de los azules ocasos, de los placeres espirituales, de las noches de luna y de las mujeres tristes. Vivía la vida del pensamiento, sumergido en la lectura; y de allí el aspecto severo de su semblante, su aire grave, su prematura experiencia, que no tenía nada de mundana.

---

[11] La novia de Ludovico, Drama campestre y La mejor limosna son del libro Cuentos del Amor y de la Muerte de 1921.

Fue algunos días después de nuestra salida del colegio cuando resolvimos vivir juntos. Los dos éramos huérfanos, solos en el mundo, con unos cuantos parientes lejanos que vivían en pueblos remotos. Alquilamos una pequeña casa, compuesta de un salón y dos cuartos, con un jardín poblado de grandes árboles. Era aquella una vivienda lóbrega, obscura, llena de misterio. En los días invernales semejaba un gran sepulcro silencioso. Sin embargo, Ludovico parecía feliz en aquella morada solitaria. Sentado en su escritorio, cerca de una de las grandes ventanas de su cuarto, que daba al jardín, pasaba horas enteras en la meditación y el estudio. Yo, ocupado durante el día en una oficina de comercio, apenas veía y hablaba a mi amigo en las horas de la noche. Nuestras veladas tenían una intimidad fraternal. Leíamos algunos trozos de literatura contemporánea o charlábamos de nuestros proyectos para el porvenir, mientras fuera gemía el viento, haciendo temblar las maderas de las puertas.

Una tarde observé que mi amigo Ludovico —contra sus hábitos comunes de quietud— se paseaba aceleradamente por su habitación, como presa de un violento dolor.

—¿Qué tienes? —le pregunté.

—¿Lo creerás? —me dijo—. Estoy celoso. Amo y soy amado; pero me muero de celos. Luisa —ya sabes— me ha enloquecido. Me ha jurado cien veces adoración hasta la muerte; pero yo ambiciono más: que me ame aún más allá de la muerte. Ella tiene un enamorado tenaz, un primo que es su sombra. Hace un momento la he visto en el balcón de su casa acompañada de ese odioso rival, y un negro presentimiento me dice que ese hombre será su verdadero dueño.

—Sí, Fernando —añadió en voz baja—; yo soy un moribundo; no veré la próxima primavera. Un negro mal, una vieja enfermedad del corazón, está minando mi vida. Muy pronto desapareceré bajo la tierra.

Yo no volvía de mi asombro. ¿Ludovico enamorado? Recordé entonces que él tenía una discípula, la señorita Luisa Ollivant, a quien enseñaba idiomas.

Era una encantadora joven de diez y seis años, blanca, esbelta, deliciosa. Su madre —que apreciaba y quería a Ludovico como si fuera su propio hijo— los había dejado amarse, pues de este modo se explica la libertad de que gozaban y que yo observado desde hacía algunas semanas. Pero lo que verdaderamente me impresionó fue la última confidencia de mi amigo sobre su muerte próxima. No cabía en mi ánimo aquella negra idea de su desaparición eterna, de su partida hacia el misterioso país sepulcral. Entonces asaltaron mi memoria detalles a los que no había dado importancia alguna: los insomnios de mi pobre hermano, su aspecto macilento, su color espectral, sus movimientos febriles y el extraño brillo de ojos, en los que observé una luz funeraria. Sí; Ludovico moriría antes de que llegara la primavera.

Presa de una emoción que me ahogaba, no pude decirle una frase de consuelo: y me retiré a mi cuarto, en donde lloré como un niño.

II

La salud de mi amigo fue empeorando, hasta el punto de que se vio precisado a guardar cama. De nada servían la ciencia y los cuidados del médico.

Luisa y su madre lo asistían con verdadera abnegación. La pobre niña sufría horriblemente: amaba a Ludovico, y desesperada lo veía desaparecer. Sus bellos ojos estaban casi siempre llorosos y la risa huyó de su boca. Era, ciertamente, una criatura espiritual y sentidora, de alma triste y fantasía llena de sueños. En las interminables veladas alrededor del lecho de moribundo, Luisa y yo conversábamos en voz baja. El motivo de nuestras pláticas a media voz era la enfermedad Ludovico y todo lo doloroso del próximo fin que esperábamos.

Cierta noche, como las once, en que el rumor de nuestras conversaciones se había hecho más prolongado que de costumbre, sentimos un sollozo que provenía del lecho de mi amigo. Acudimos inmediatamente y encontramos a Ludovico, lívido, con los ojos inmensamente abiertos, de los que brotaban gruesas lágrimas.

—Me haces mucho daño —dijo.

Y se volvió hacia la pared..

Comprendimos que estaba celoso, y desde aquella noche permanecimos separados y mudos.

III

La antevíspera de morir Ludovico pude comprender hasta qué grado llegaba su pasión por Luisa. Miraba la joven el vasto jardín través los cristales, distraída, inconsciente. El enfermo, sin hacer ruido, se volvió hacia ella y se quedó mirándola, con una mirada terrible, inexpresable, espantosa; con una mirada en la que se mezclaba la ternura más ardiente al dolor más hondo y —¿por qué no decirlo?— al odio más profundo. Sus ojos tomaron una expresión siniestra y se revolvieron en sus órbitas como si quisieran saltar. Después se cerraron y la cabeza del enfermo cayó como desvanecida sobra la almohada.

En la tarde de ese mismo día, aprovechando un momento en que la joven y su descansaban, me llamó mi amigo, y haciendo que me sentara en su mismo lecho, me dijo lo siguiente, con voz temblorosa:

—Fernando, me siento morir, esto se acaba. Dime, ¿tú amas a Luisa?

—¿Yo? Absolutamente.

—Júralo por la sangre del Cristo. Jura que no la amas y que ha de ser sagrada para ti la novia de tu hermano muerto.

—Lo juro —exclamé conmovido.

—¡Gracias! Me has quitado un gran peso del corazón. Ahora, óyeme: yo quisiera matarla, llevarla a la tumba conmigo. Me desespera la idea de que pueda ser de otro. ¡Es tan bella y la adoro tanto! Aquí tengo —continuó, mostrándome un pequeño cuaderno forrado en seda negra— descritas las violentas impresiones de este amor extraordinario que —recuérdalo siempre— vencerá a la Muerte. Además, allí dejo consignado mi supremo deseo de que esa niña muera virgen y casta. Guardarás ese cuaderno después que yo ya no exista, y si algún hombre ocupa un día mi lugar en el corazón de Luisa, entrégaselo de mi parte. Mi espíritu se encargará de cumplir la terrible promesa que en él dejo expresada.

Dos días después murió. Yo le vestí su traje negro, y después de besar su frente por la última vez, y acompañar piadosamente sus restos al cementerio, me encerré en mi habitación, en donde permanecí durante nueve días, acompañado de los crueles recuerdos de mi amigo. Había recogido el cuaderno, según su deseo, y lo guardé, sin leerlo, en uno de cajones de mi mesa de noche.

Luisa parecía inconsolable. Lloraba a todas horas y estaba muy ojerosa. Yo iba con frecuencia a visitarla... y ¡cómo decir que a los tres meses de muerto Ludovico, la remembranza, el cariño que profesábamos al difunto, ciertas intimidades familiares... y sobre todo la dulce belleza, la fresca gracia de la joven, el encanto irresistible que emanaba de su persona, de su boca, de sus ojos, me habían hecho olvidar mi juramento para entregarme por entero a las sensaciones deliciosas de un amor correspondido.

En medio de los arrebatos de aquella avasalladora sentía un remordimiento vago, una inquietud; ¡ay!, tan leves ante el amor frenético que encendía mi sangre.

Yo no había contado Luisa nada de lo que mi amigo me dijo la antevíspera de morir, ni mi juramento; ni le di a entender la existencia del extraño cuaderno. Quizá si ella hubiera sabido estas cosas no hubiese entregado su alma con tanta sinceridad.

Debo confesar que aquel cuaderno fúnebre me causaba un horror inexplicable. ¡Cuántas veces me había propuesto leerlo, y en el momento de soltar las cintas que le ataban, mis manos trémulas retrocedían presas de una agitación irresistible! Hacía algunas noches que mi sueño era intranquilo y lleno de visiones lúgubres que me obligaban a despertar sobresaltado. Y ¡caso particular! La primera idea que se me ocurría, ya despierto, era la del manuscrito misterioso, que, según la voluntad del muerto, debía entregar a Luisa, lo que, en verdad, no podía hacer; llegando a formar una obsesión tan tremenda en mi ánimo, que ya no se separaba un segundo de mi pensamiento ni de mi espíritu.

A todas horas y en todas partes veía aquel pequeño libro forrado en negra seda, provocándome a que me enterara de su contenido y rechazándome cuando mis manos llegaban tocarlo. Me parecía que de la lectura de aquellas páginas me vendría una irremediable desgracia; que mi ignorancia de aquel secreto terrible, de aquella amenaza muerte, conservaría mi ser en una relativa tranquilidad, hasta donde esto fuera posible, después de quebrantar el juramento hecho al muerto.

IV

Una noche de noviembre gozaba yo de la delicia de un buen calor, arrellanado en un gran sillón, oyendo a Luisa ejecutar en el piano la música fantástica de Wágner, mientras fuera caía la lluvia a torrentes y se quejaba el viento errante llamando los cristales. Vestía ella un traje blanco que le sentaba admirablemente, dejando ver el nacimiento del seno delicado y la garganta perfecta.

Aquella linda joven embriagaba como un perfume: desprendía de toda ella un aroma de misterio, una poesía suave y lánguida, un no sé qué vago y poderoso que inspiraba una sensación sexual, a la que se mezclaba ese respeto místico que nos inspiran ciertas imágenes que admiramos de niños en los templos cristianos. No es, pues, extraño, que la sangre de mis veintidós años se encendiera a la vista de tantas gracias, y que en un arrebato de locura, viéndome solo con ella, me inclinara sobre el piano, y aprovechando un momento feliz, intentara besar su boca virginal. ¡Ah! ¡Nunca lo hubiera pensado! Casi en el mismo instante sentí un dolor agudísimo, en el lado izquierdo del pecho, como si una mano de hierro estrujara mi corazón; y al enderezarme, vi, sí, vi, en el espejo que tenía delante, el rostro lívido de Ludovico; vi sus negros ojos que me miraban iracundos, amenazadores, espectrales. Aunque la visión fue tan fugaz, pude apreciar, en todos sus detalles, el dolor de aquel semblante para mí tan conocido. Debí ponerme densamente pálido; y mis manos temblaron, como si fuera víctima de un ataque de epilepsia.

Afortunadamente, Luisa no advirtió mi turbación, dominada como se hallaba por la sorpresa que le causó mi conducta.

Algunos momentos después me retiraba de su casa. Al entrar en mi cuarto, luego de atravesar la habitación que ocupó Ludovico y cuya fría humedad me hizo estremecer, noté, con asombro mezclado de espanto, que sobre un retrato de Luisa, con que ella me había obsequiado, estaba el cuaderno fúnebre, objeto de mis continuas preocupaciones. ¿Quién podía haberlo sustraído del cajón en donde lo guardaba? En la casa no había un solo criado, pues la persona encargada de su arreglo y limpieza llegaba todas las mañanas, retirándose así que concluía su trabajo. Saqué de mi bolsillo las llaves de los cajones, y las apliqué a éstos. Todos estaban bien cerrados, y aquellas llaves, de forma especial, presentaban una seguridad absoluta para el caso de que hubieran tratado de abrir los depósitos con otras llaves comunes. Además, la cerradura estaba intacta, sin señal de violencia. Espantado de aquel suceso y decidido firmemente a concluir con el cuaderno perturbador, encendí un gran brasero, y tomando con mano audaz el libro fatídico, desanudé las cintas que lo ataban y empecé a arrojar, una por una, sus hojas en la llama, que bien pronto fue creciendo hasta llenar de resplandores fugaces y sombras fantásticas la habitación. Veía, con una especie de placer criminal, cómo el fuego iba convirtiendo en polvo aquel manuscrito que tantos terrores me había causado. Los menudos caracteres de la letra de mi difunto amigo blanqueaban vagamente en el fondo negro de las vibrantes cenizas, y estaba ya para terminar mi obra destructora, y gozaba de antemano viéndome al fin libre aquella tenaz obsesión, cuando sentí en el pecho, al lado izquierdo, el mismo dolor agudo, terrible, que me atacó hacía media hora, al querer besar el lindo rostro de Luisa. Arrojé al fuego las últimas páginas y mientras crujían lentamente, el dolor se me hizo tan espantoso que creí morir y lancé algunos inconscientes gritos de angustia; pero al extinguirse la llama, se calmó como por encanto.

Desde aquella fecha no podía demostrar mi amor a Luisa con alguna de esas atenciones —tan insignificantes en el fondo, entre dos enamorados—, sin sentir la sensación violenta que ya dos veces me había enloquecido; pero más apagada que en los anteriores accesos. Llegó a tal extremo aquella insoportable molestia, que me vi obligado a privarme hasta de estrechar la mano de la pobre niña, que sufría mucho por este cambio, juzgándolo hijo de la indiferencia.

Pero, ¡cuán equivocada estaba! La pasión que me inspiró se hacía cada vez más imperiosa, quizá por efecto de todos los excepcionales obstáculos que se levantaban en el camino de mi felicidad. Comprendía que Ludovico me la disputaba aún más allá del sepulcro, pues no era sino su mano invisible la que me oprimía el corazón cada vez que demostraba mi amor a la que era, desde las últimas semanas, mi prometida. De seguro que el cuaderno felizmente quemado contenía todas las horribles amenazas que un amor imposible hizo al hombre desconocido que algún día pudiera ser dueño del objeto idolatrado. Y al pensar en la obstinación celosa del alma del difunto, me llenaba de cólera, y olvidándome de que ya una vez había sido perjuro, me juraba a mí mismo hacer mía aquella niña encantadora, por la que tan sobrehumana lucha se había entablado entre nuestros espíritus. ¿De quién sería la victoria? Lo ignoraba; pero tan decidido me sentía a llevar a cabo mis resoluciones, que a pesar de los frecuentes dolores que me asediaron cuando estaba cerca de Luisa, nuestro matrimonio se verificó quince días después.

Yo había hecho arreglar convenientemente la antigua casa que habitaba para recibir en ella a mi esposa. Mudé los tapices y las alfombras, cambiando los muebles viejos por otros nuevos y elegantes.

En la estancia que ocupó Ludovico arreglé la alcoba nupcial, por un capricho maligno que me hacía desear encontrarme con Luisa, en la primera noche de amor, en la misma habitación en que expiró aquel amigo convertido ahora en enemigo de mi felicidad. Así, pues, hice colocar la gran cama de caoba comprada la víspera, en el mismo lugar en que expiró Ludovico.

V

Cuando penetré en aquella estancia, en la alta noche, llevando abrazada a bella joven con quien me uniera el día anterior, sentí que la suprema ventura invadió mi alma. Mientras Luisa se metía en el lecho, yo hojeaba impaciente un álbum de acuarelas holandesas. Pero cuando quise reunirme a mi amada, sentí, hondo, triste, lastimero, un sollozo que salía del mismo lecho nupcial. Era exactamente el mismo con que la antevíspera de morir nos demostró Ludovico el sufrimiento que le causábamos oyéndonos hablar en voz baja. Para que no me quedara la menor duda, el sollozo volvió a oírse, más prolongado, más suplicante. En ese momento, viendo el rostro risueño de Luisa —para quien estos rumores no tenían efecto—, pues en ninguna ocasión la presencia del espíritu de su primer amor se había hecho sentir cerca ella— al verla, digo, tan seductora, tan provocativa, salté en la cama, todo trémulo; pero retrocedí casi al mismo tiempo, lanzando un grito que hizo desmayarse a la joven... Acostado en el sitio que correspondía en el tálamo, vi a Ludovico, en la misma actitud en que lo contemplé la última vez sobre túmulo... Sólo sus grandes ojos negros me miraron con una expresión feroz, de triunfo, de burla, de odio, como si quisiera arrancarme el alma. Sentí que me volvía loco de terror, que mis dientes rechinaron, que rodaba por la alfombra como herido por un rayo.

VI

A la mañana siguiente aún no había recobrado la razón. Estuve muriéndome, durante mucho tiempo, y cuando me levanté apenas pude reconocerme. Tenía el aspecto de un anciano y los cabellos completamente blancos.

El dolor sobre el corazón, profundo, terrible, continuo, me hizo desesperar de la vida. Observé que Luisa me cuidaba con toda la solicitud de su ternura, con una especie de lástima compasiva al verme en aquel estado. Ella nada sabía de aquellas cosas extraordinarias, de aquellos fenómenos fatídicos de que yo había sido víctima.

Resolví, en cuanto recobré algunas fuerzas, alejarme de mi esposa. Tan pronto como puse en práctica mi idea, el dolor que me desesperaba fue cediendo, hasta desaparecer por completo.

Me radiqué en un pueblo lejano y obscuro, en casa de mis parientes, y allí recobré todas mis perdidas energías, hasta el grado de que a vuelta de dos años, hallándome con valor y con fuerzas para cualquiera empresa temeraria y llegando a mis oídos la fama de la hermosura y del amor que me profesaba mi esposa, decidí ir a reunirme con ella, haciendo un supremo esfuerzo por reconquistar mi felicidad.

La víspera de mi viaje, después de acomodar en una maleta mis trajes y mis libros, me acosté cansado y pronto me dormí, para luego ser presa de una espantosa pesadilla... Vi en sueños a Ludovico atravesar un negro espacio, llevando en sus brazos a Luisa, ya muerta... Me desperté de improviso, creyendo oír mi nombre pronunciado por una voz doliente y amorosa.

Bajo la impresión de este cruel ensueño, renuncié a mi viaje.

Algunos días después recibí una carta enlutada, en la que un amigo me daba la noticia de la muerte de Luisa.

“Estaba, en el instante de morir, con los bellos ojos abiertos, intensamente pálida; y te llamaba con voz triste y desfallecida. La vistieron con el traje nupcial”.

Comparé las fechas. Había muerto la misma noche y a la misma hora en que oí mi nombre en sueños. Era su dulce voz la que me llamaba.

(1921).

JUAN RAMÓN MOLINA[12]

Acaba de penetrar en el misterio solemne de la muerte un raro espíritu, que se lleva algo de mi propio ser y de mi pensamiento...

...En verdad que mi afecto por este fraternal compañero era más profundo de lo que antes pensara y que su partida hacia el país de la sombra ha impresionado hondamente mi corazón.

La palabra no puede reflejar el matiz de ciertas emociones. Los estados íntimos del alma humana no podrán grabarse en un trozo de papel. El sutil estremecimiento, la conmoción recóndita se escapan, se esfuman al querer darles forma; y por eso hoy mi frase incolora no puede encerrar la tristeza lacerante que me domina, pensando en el gran poeta difunto. Era un ser atormentado por las hostiles fuerzas de la vida, que nació bajo un signo funesto, para mirar las cosas grandes y resplandecientes. Su cerebración singular, que hizo de él uno de los mayores poetas de habla castellana, absorbió los tósigos de las más desconsoladoras filosofías y las heces de los más negros fastidios.

Apenas si de su sonora selva de amor brotó, en alguna mañana de azur, un clavel de coral o un lirio de nieve. Las más agudas espinas se clavaron pertinazmente en sus plantas en el árido sendero y conoció como ninguno la desolación de los hombres vencidos en la lucha diaria. Nació mi amigo, indudablemente, en un día fatal. Le persiguió un hado adverso y su existencia fué de contrariedad y desventura. De un carácter reservado y taciturno, orgulloso por la seguridad de su valer, mostrábase hermético y frío, inaccesible al trato familiar. Eran en él extraordinarios un ademán cordial o una expresión cariñosa. Pues su temperamento grave, poco expansivo, no le permitía extremarse. Por eso no podré jamás olvidar las continuas demostraciones de su fraternidad.

Fué en una lejana tarde, en un paseo crepuscular por la mágica bahía de Río de Janeiro, que nos juramos una noble y sincera amistad. Recuerdo que él me insinuó ese deseo de una afección fuerte y alta, tendiente a todo lo que se revistiera de poesía y de gloria.

[12] Juan Ramón Molina, Emilio Zola y José Antonio Domínguez son del libro Páginas del ayer publicado en 1932.

—Seamos dos hermanos ligados por la inteligencia y por el corazón. Que sean mutuos nuestros dolores y nuestras esperanzas. Unámonos para luchar y vencer y tendamos hacia todas las cumbres las alas unánimes.

Y desde aquella hora fuimos amigos, en el sentido profundo de esta frase. Nada empañó nunca aquel afecto que el tiempo fortalecía engrandeciéndolo. He aquí dos párrafos de una de sus últimas cartas:

"Es bueno que sepas, ahora que estás lejos, que te quiero, no como amigo, sino como hermano, como hermano de veras; hermano por la lira, por el arte, por el corazón, y hasta por la miserable gloria que hemos conquistado a la par. Si alguna vez nos hemos visto mal, por esa equivocación inherente a la naturaleza humana, cuando nuestro deber era juntarnos para ser más fuertes y salir victoriosos, ya que poseemos el mismo don de dolor, idéntica visión de arte y un talento igual, aquellas pequeñeces han sido olvidadas para siempre, cediendo el lugar a un cariño que sólo matará la muerte".

"Tal vez antes no tuvimos del todo buenas relaciones, a causa de haber creído, en muy mala hora por cierto, que el uno podía estorbar al otro. Hombres formados ya, golpeados por la vida, desgraciados por diferentes motivos, aunque ambos víctimas de cierta Providencia fatal que persigue a las almas de selección, de un modo o de otro, hemos comprendido por fin que somos mitades de una sola entidad, que el uno completa al otro, que nuestros nombres vivirán unidos, y que resumimos una época literaria de nuestra patria, nada menos que los últimos cincuenta años. Recuerdo que una vez, moribundo de un negro mal, escribí una carta que nunca conociste, nombrándote testamentario de mis producciones. Esto te demostrará que siempre te he querido".

Yo conocí a fondo su extraño mundo interior, y sus fuertes torres de ensueño, y las mandrágoras de su fantasía. Azúcares y sulfatos mezclábanse en los abismos de su yo; pero las dulces cosas eran tenues y se desvanecían y quedaba siempre su alma náufraga en el amargo mar de la desilusión.

Conocí, mejor que nadie, su concepto doloroso de la vida, su inquietud y su melancolía; y así pude apreciar su tedio incurable. Y de improviso llega a mí la noticia de su muerte, rápida como un rayo... Nada sé aún de sus postreros momentos. Escribo estas líneas fugaces abrumado de pena.

Cumpliendo su deseo, yo haré, al regresar a Honduras, una edición de su obra de arte, iniciándola con un estudio acerca de su personalidad. En él brillará, una vez más, el insólito fulgor de su cerebro y el vibrante metal de su producción. Haré conocer los cánones de su estética y su visión del arte futuro. Hoy sólo repetiré que fué un prosista sobrio, elegante y vigoroso y un poeta de primer orden, que dominó magistralmente su maravilloso instrumento.

Poseyó la fuerza y la gracia. Y así voló como las águilas y cantó como los ruiseñores. En su lira vibraban el dolor y el amor, y era épica y bucólica, y sabía de los epitalamios y de los responsos. ¿Qué secreto guardó para él la musa heroica que viste armadura y casco broncíneo? ¿Qué caricia le negó la musa amorosa de los ojos azules y de la risa de oro?

Él cortó las más brillantes rosas en los jardines encantados de la fantasía; e hizo versos de una música profunda y de un férreo pensamiento. Versos magníficos, que honrarían a cualquier literatura y darían gloria a cualquier país. Versos de bronce y de terciopelo, que son como sutiles melodías imponderables, como largos lirios marmóreos, como luminosas cintas multicolores. Sus poemas de serena hermosura perpetuarán su memoria y los vientos del porvenir impulsarán su nombre hacia todos los horizontes.

Juan Ramón amaba las cosas trascendentales que llevan en sí un latido profundo de la humanidad. Tenía una vasta concepción de los misterios y sobrehumanas inquietudes que agitan las testas de los grandes pensadores, y gustábale sumergir su espíritu en el insondable mar de las abstracciones y de las quimeras. Los más arduos problemas científicos interesábanle extraordinariamente. Nutría su cerebro con lecturas selectas y pensaba que la ciencia y el arte deben unirse para producir obras definitivas y perdurables.

De aquí su complejo saber y la rica variedad de su léxico. Labraba su estilo como se pule un medallón heráldico, con perseverancia de orfebre, lenta, fría, parsimoniosamente. Y recordaba su trabajo el de Flaubert, obcecado y pertinaz sobre las páginas inmortales. Esto en las prosas y poesías de su predilección, pues con frecuencia daba a la imprenta manuscritos que sólo una vez había corregido. Así sucedió con los artículos que iban a las columnas de los diarios, a veces sin firma, triste labor anónima en la incesante persecución de la vil moneda, que todo lo bastardea y empequeñece, hasta el arte. Su esfuerzo más personal y potente está en sus poemas, fulgurantes joyeles exornados de mágicas piedras preciosas.

En ellos agotó la estupenda riqueza de su numen, en increíbles labores de lapidario que persigue lo infinito en una forma de absoluta belleza. Su palpitante inspiración más bien tendía a La Noche de Miguel Ángel que a las minúsculas maravillas de Cellini. Los temas de sus intensas exaltaciones cerebrales son siempre grandes y viriles y aspiran a abarcar cosas fabulosas y magníficas: no ya un gran trozo de mar, sino todo el piélago sonoro; el deslumbramiento de una aurora boreal; el viento veloz que riza las selvas; el pesado galope de los elefantes; el rugir de los leones y de los huracanes; las voces todas del cielo y de la tierra y los sublimes y trágicos espectáculos que paralizan el alma y ponen rápidos escalofríos sobre la piel de los hombres.

Aletazos de águila eran entonces sus versos que rubricaban el espacio con ondulaciones resplandecientes. Ansiaba conocerlo todo y compenetrarse con las eternas fuerzas ocultas que rigen sabiamente los destinos humanos. Tendía hacia la altura el alma exaltada, ansioso de recoger un átomo de lo invisible. Las miradas de sus serenos ojos verdes se anegaban en la contemplación de los azules firmamentos, interrogativos y meditabundos.

Era un ser ávido de sabiduría sideral y ciencia terrena, que buscaba, en largas noches de estudio, el vasto enigma del cosmos, o examinaba los élitros de un insecto y el cáliz de una flor; y que se avenía con los secretos de las esfinges. Por eso le interesaban primordialmente todas las formas móviles o inermes de la Naturaleza, procurando obtener de cada una de ellas un sentido simple y concreto que no estuviera reñido con la lógica de los hechos humanos. Hace apenas dos meses paseábamos por los alrededores de San Salvador, en una tarde tórrida. Hablábamos de las cosas vistas, cambiando impresiones sobre los acontecimientos y sobre nuestro porvenir.

De pronto interrumpióse el rumbo de sus alegres ideas y me habló del presentimiento de su próxima muerte.

—No creo en nada —me dijo—. Mi panteísmo me llevó en una época a una región ideológica cuya memoria me hace sonreír. No hay nada. Todo es polvo. Y ya siento ondular sobre mi cuerpo el gusano que me roerá en el sepulcro. ¿Recuerdas el gusano omnipotente de que habla Poe? Pues en ciertas noches su frialdad roza mi corazón... Sin embargo, si hay un más allá en donde el espíritu se magnifica en una radiante atmósfera de perfumes, cuando yo muera buscaré tu espíritu y le haré un signo de reconocimiento.

¡Duerme en paz, hermano en la quimera y en la lira! ¡Duerme lejos de tus pinares sonoros! Descansa de la carga abrumadora de la existencia, de tu amargo tedio, de tu mal mental, del dolor de vivir y de pensar, bajo tus laureles noblemente ganados, húmedos de sangre y de lágrimas... Mi espíritu no ha recibido del tuyo el signo de ultratumba... No lo ha recibido... Ni lo recibirá jamás.

En Guatemala, el día de difuntos de mil novecientos ocho.

EMILIO ZOLA

En un féretro de mármol negro, o en una caja de roble o de sándalo, duerme en el Panteón el formidable pensador cuyo verbo milagroso resonó como un clarín profético en el corazón de la Humanidad. Duerme Zola junto a Víctor Hugo.

Y tal vecindad imponente, y tal póstumo homenaje patrio, no añaden una línea a su grandeza. Porque él ascendió, como una joven águila, a las cumbres divinas del pensamiento, y sondeó el mar profundo del espíritu humano, y conoció el amor y el dolor, en el obscuro antro dantesco. Este atleta intelectual era pesado y ágil, severo y violento: múltiple en su fuerza, duro como el granito, flexible como el acero. De su pluma admirable brotaron el arrullo y el cántico, y el relámpago y el trueno y el huracán. Con su hacha demoledora devastó negras montañas de odios y de prejuicios, y su mano piadosa roturó la tierra estéril y sembró en el erial el fecundo grano de la Verdad. Varón magnánimo, antes que un escritor fué un apóstol y un héroe.

Su trascendente obra social es más alta que su intensa labor literaria. Sus actos son más hermosos que sus palabras. Altanero y frío ante el insulto, piadoso con el vencido, humilde con el mísero, fué su vida de combate y de análisis, de sombras y de lumbres, metódica en el hogar, impregnada de ensueño y de bondad. Acosado por millones de enemigos, empuñó la pluma ecuánime como el guerrero empuña la espada, derrotándolos con la metálica rudeza de su dicterio, que era como un rápido puñal o como una gota de plomo derretido. Tal así como un león soberbio acosado por una jauría en el fondo de una selva africana, pasó en los meses memorables del affaire; y nunca más brillante victoria fué alcanzada con más arrojo y tenacidad. Porque ese triunfo era el de la razón y el derecho, miserablemente pisoteados por una turba de fanáticos que enarbolaban la bandera del rencor y del escándalo.

Conocida es su noble actitud en ese oprobioso asunto, en el que se exhibieron lamentablemente tantos espíritus ruines. Una gran parte de la prensa del mundo arrojó a los cuatro vientos los soeces epigramas, y las sangrientas caricaturas, y las viles calumnias de que fué objeto. El epíteto venenoso llegó a su apogeo. La frase osciló como un látigo y tuvo contorsiones de víbora. Pero tales armas fueron inútiles contra aquel vigoroso paladín homérico que derribaba por centenares a sus adversarios con el golpe seco de su puño acerado.

Zola poseyó el soplo profético. Tuvo la amplia y luminosa visión del futuro. Tras el paisaje sin matiz y la lontananza incolora, vió la línea azul de los nuevos horizontes de la Humanidad. Marcó en sus profundos libros trascendentales los anchos derroteros de la civilización, señalando las cumbres y los abismos.

Su obra es como una pirámide majestuosa ante la cual tendrán que descubrirse las generaciones del mañana. Obra de altruismo levantada por un cíclope del pensamiento contemporáneo sobre la base inconmovible de una virtud sin ejemplo.

Zola fué un creador y un luchador. Un literato y un hombre de acción. Puso su potente cerebro y su corazón singular al servicio de sus semejantes, e impulsado por una energía sobrehumana, salvó estoicamente todos los obstáculos que sus enemigos opusieron a su paso.

Y la Francia de ayer, que le apostrofó cruelmente e insultó su cadáver, le ha llevado en hombros al Panteón, en un grave silencio expiatorio.

Francia será siempre la gran patria generosa cuyo espíritu excelso pasmará de asombro al mundo. Podrá equivocarse en un momento histórico. Podrá incurrir en error en una hora de perturbación social. Pero, tras el análisis sereno y el grito de protesta, ella reconocerá la injusticia y el error, y sobre el hacinamiento de embustes y de mentiras hará brillar la Verdad, levantando a la víctima inocente y coronándola de resplandores.

Y es que la Verdad se impone siempre, ya sea en el corazón de un hombre o en la conciencia de un pueblo. Y cuando ese pueblo es Francia, la rectificación reviste todo el carácter de una apoteosis.

Saludemos, con motivo de este hermoso triunfo de la Justicia, la excelsitud del espíritu francés, el primero en la absoluta comprensión de los derechos humanos y en los audaces vuelos del Ideal. Los libros de Zola son gráficas documentaciones que el historiador del siglo futuro revisará lentamente para orientarse en el estudio de una época.

Son fragmentos palpitantes de la vida, tal como ella penetra por nuestros poros y se estremece en nuestras recónditas emociones. Su pluma pinta y cincela, y, frecuentemente, se moja en lágrimas y en sangre, asombrándonos con esas insuperables exposiciones de las míseras clases proletarias que mueren de hambre y sed de justicia.

Hay páginas en esos volúmenes que obsesionan tenazmente por el supremo vigor del colorido, por la exactitud matemática de la observación y por la sutil psicología del detalle. Las cosas grandes y las cosas minúsculas aparecen en las placas fotográficas de sus descripciones con tan sobria realidad que el lector queda deslumbrado.

El estilo cabrillea, la frase parece una lentejuela de plata herida por un rayo solar, y de su fondo brota el paisaje potente y preciso, como la chispa de la faceta del diamante. Sus palabras son estuches que contienen fulgidas piedras preciosas, pomos de lapislázuli colmados de perfumes embriagadores; y, a veces, cápsulas plenas de pólvora o cálices de mandrágoras. Pero sus vocablos —ya encierren azúcares o sulfatos, olores sutiles o acres aromas— tienen alma. Poderoso estilo éste, revelador de una soberana potencia cerebral y de un profundo refinamiento estético, que aunado con la grandiosa concepción de la imagen y del símbolo, y con el espíritu de verdad y lógico razonamiento, hizo de Zola un artista supremo, apto maravillosamente para medirse con los máximos maestros de las literaturas universales.

Duerme ya, en la fría cripta marmórea, como un dios en reposo, el más grande luchador y el más fuerte novelista de los últimos tiempos. Bajo la amplia rotonda magnífica del Panteón descansa el noble y valiente paladín, gloria de la Humanidad. En vida le vencieron en ocasiones la ignorancia y el fanatismo; pero, como todas las almas insignes saturadas de infinito, ha triunfado en la Muerte. Emilio Zola es un sol que ilumina las conciencias y que no tendrá ocaso en los horizontes de la Historia. Su figura portentosa irá creciendo a través de los siglos.

JOSÉ ANTONIO DOMÍNGUEZ

I

Jamás el infortunio se encarnizó sobre un alma con mayor vehemencia. Un aleve destino implacable entenebreció su visión de la vida y le hizo desear la muerte. Sin fe, sin ideales, presa de un tedio tenaz, sin gozar siquiera de la suave melancolía de un recuerdo de amor; árido de espíritu, sin un deseo físico, sin vislumbrar una esperanza, era, en la época última de su existir inconsolable, algo así como un cadáver que se moviera por el poder de un secreto galvanismo.

Él, que a nadie amaba, no creía en el afecto de nadie. Juzgábase, con toda verdad, un ser lamentable venido al mundo sólo para conocer el sufrimiento. Su cerebro poblábase de crueles visiones y todo ante sus ojos revestíase de una forma dolorosa. Refractario, por educación y por idiosincrasia, a toda vulgar expresión de placer, refugiábase, desesperadamente, en su mundo interior, desolado como una estepa, frío como una lápida.

Yo le vi languidecer durante un año, inmovilizado casi siempre sobre su lecho, con los ojos cerrados, como un muerto en su ataúd.

En vano mi juventud impetuosa y ardiente procuró levantar su Ánimo hacia las cosas hermosas y brillantes de la vida. Lograba, en ocasiones, hacerle vibrar un minuto, en que su ser lúgubre se expandía extrañamente. Era entonces como un pequeñuelo a quien un juguete extravagante enloquece de gozo. Pero aquellas ráfagas de ilusión tenían el brillo de un relámpago o la llama fugaz de los fuegos fatuos.

Caía, en seguida, en un silencio obstinado y atormentador; y su natural desconfianza convertíase en hostilidad hacia los seres y las cosas. Era un condenado del dolor, que dudó de todo, y para quien la vida no fué sino un castigo tan duro y terrible como inmerecido. La existencia, aún para los seres más infelices, tiene, a veces, sonrisas inesperadas y arcanas alegrías. Ved al triste, en un día dulce, descansar sobre el césped de oro, y perfumar sus labios con el beso de una fresca boca. Mírasele sonreír un día, con el alma plena de música, con la sangre cálida de amoroso deseo... Pero para

Domínguez la vida fué una túnica ardiente erizada de cactus venenosos...: un desierto calcinante y monótono, blanco de sol, blanco de arenas.

¿Encontró en él, alguna vez, la frescura de las verdes palmas y el agua de los oasis? Jamás. ¿Vió siquiera, en un fulgurante espejismo, la visión de la tierra prometida? Jamás. Apenas, si en un visionario claror de luna, miró dibujarse en su fantasía, en que habitaba la Quimera, la silueta inmóvil y misteriosa de la Esfinge.

II

¿De qué profunda raíz de mi ser, de qué arcano pliegue de mi espíritu, surge esa piedad intensa y misteriosa que me atrae hacia los poetas suicidas ? ¿Será un fatal impulso o una atracción morbosa?

Gerardo de Nerval fué el primero que perturbó mi ánimo en una tarde sombría en que, a través de algunas hondas páginas musicales de Gauthier, vi pasar la sombra del extravagante y maravilloso artista que se ahorcó con una liga de la reina de Saba. En una negra noche del crudo invierno del 99, leímos juntos, Domínguez y yo, algunos raros poemas, entre ellos Belkiss, del genial lusitano Eugenio de Castro.

—Creo —me dijo con su voz opaca el taciturno compañero que a Nerval lo mató su trágica obsesión amorosa por la grácil reina muerta hace miles de años.

—Pudiera ser... —le contesté—. En ciertos espíritus refinados ejerce una fatal fascinación el recuerdo de algunas incomparables beldades que la Historia o la Leyenda rodean de un prestigio alucinante. Es ésta una de las múltiples formas de lo Imposible, sin el cual, en las almas selectas no podría existir la ilusión. Sin que yo trate, en manera alguna, de penetrar en el vasto círculo de los grandes espíritus, he sentido, en ocasiones, una ternura dolorosa por Salomé, la seductora victimaria de San Juan. La he visto bailar, incendiada de pedrerías, desnuda y divina, con los ojos lánguidos y la boca húmeda y roja como una herida. Jamás visión más cálida y pecaminosa ha cruzado por el espíritu de un poeta...

—Conozco ya en otras almas esas atracciones singulares que no son sino formas de nuevas tristezas. Sin embargo, yo desearía una atracción así... Desearía enamorarme de una beldad del sepulcro...

Pero, ¿qué digo? La misma muerte me atrae, y es muy posible que si ella no viene muy pronto a buscarme, yo iré a su encuentro...

En la primavera de 1904, cuando yo, ¡cómo no decirlo!, me sentía embriagado de una ventura sobrenatural, visité la tumba de Domínguez. Dos horas permanecí sentado sobre el tronco de un árbol, a un lado de la tierra que cubre al compañero infeliz. El cielo, de un pálido lapislázuli, refulgía intensamente. La tarde magnífica empezaba a caer. Grandes nubes sangrientas flotaban en el horizonte. Y grupos monótonos de pájaros parleros cruzaban sobre el viejo cementerio cubierto de hojarascas y de cardos. Todo vibraba y reía en la vasta naturaleza. En mi alma cantaban celestiales ruiseñores y en mi fantasía todas las imágenes revistiéronse de un insólito esplendor.

Pero de improviso una pavorosa piedad invadió amargamente mi corazón, recordando al triste amigo en quien se clavaron implacables los más agudos cactus de la tierra. Rememoré nuestras horas íntimas en que su alma hermética se volvió para mí fraternal. Y pensé en su tremenda desventura, en la negra desolación de su ser, en sus días últimos espantables y tétricos. Medité en el armonioso vuelo de sus versos y en las frías brumas de su pensamiento y de su corazón.

RAFAEL HELIODORO VALLE:
El rosal del Ermitaño; El pie Votivo; El viático; Campanas de mi catedral; Los gorriones del monasterio; La anciana de las hostias; Un cuervo fantasmal y Mayúsculas devotas; el Cristo de los ojos humanos

Uno de los mayores intelectuales hondureños de todos los tiempos. Fue poeta, narrador, historiador, columnista de periódicos y diplomático. Escribió El rosal del ermitaño, Como la luz del día, El perfume de la tierra natal, Ánfora sedienta, Anecdotario de mi abuelo, Tierras de pan llevar, José del Valle, Ramón Rosa, Tres pensadores de América: Bolívar, Bello y Martí; Oro de Honduras, Hernán Cortés y Cristóbal de Olid, entre muchas otras. Nació el 3 de julio de 1891 y murió en 29 de julio de 1959 en México.

EL ROSAL DEL ERMITAÑO[13]

Una mayúscula bordada con serpientes y en su caligrafía que se enreden los pétalos de la penitencia; así fue la vida del prior de agustinos, Ramón de la Trinidad, en cuyos sermones triunfaba el brillo de los vasos sagrados.

Gastó carrozas como los condestables; dijo blasfemias a la hora de exponer la custodia; y, como Cellini en las encrucijadas de Florencia, hundió su estoque en las nucas de los enemigos para arrepentirse cincelando senos de ninfas. Cuando se encolerizaba era tan gentil como de rodillas ante el confesionario.

Años después, con canas y úlceras, mandó fundir su estoque para tener un cilicio adornado de joyeles: aristocracia del crimen, devoción del orfebre. Y sus meditaciones, más firmes que sus actos, lo llevaron en alas de seda hasta los fastigios de la Teología; y su palidez era más perfecta que su camándula.

Pero su obra de hastío y de soberbia, quedó en un rosal que sembró en el patio donde lo sepultaron. Era un rosal que daba rosas de esas que se guardan entre los libros viejos y se destiñen bajo los crucifijos célebres.

---

[13] Lo ocho relatos de R. H. Valle que aquí publicamos son de su libro EL ROSAL DEL ERMITAÑO de 1911.

EL PIE VOTIVO

Con la alborada, el viejo se fué para Esquipulas, a cumplir la promesa que hizo cuando estaba herido a prófugo. La bala nunca se la extrajeron, y todos los años, al llegar enero, su pie tenía la hermosura de los de los inválidos que dan quejidos al ponerse las muletas.

Iba contento entre los peregrinos, cantando al llegar a las posadas, siempre adelante con su caballo para señalar la tierra abierta de la romería. En el fervor y la honradez se le creyera un paladín enfermo de los que iban a la Tierra Santa para curarse con sólo sentir la salida del sol por las colinas milagrosas. Y cuando lo vi erguirse en los estribos, fué como el abrirse de los Santos Evangelios en la página que trasciende a los cándidos perfumes que encargaban los Reyes.

El día que llegó al santuario me escribía: "Esto es divino. Hoy he adorado al Señor". Y sus palabras me parecieron dignas de figurar en el exergo de una medalla votiva y más buenas que el oro de los latines tradicionales y el efluvio de las primeras corolas del adviento.

Ahora que no se queja de su llaga, su pie debe ser un amuleto en el sanatorio de los cielos; aquel su pie que aplastaba víboras, como los de los arcángeles, y que merecía ser lavado, el Jueves Santo, en una capilla real.

EL VIÁTICO

El copón es de oro en el temblor de la mañana. Pasan los cirios que arrojan sus oraciones azuladas. Y el párroco, suntuoso de Catolicismo, entre la pluvial sostiene el hostiario, con las manos morenas.

La mañana es una ofrenda del Mes de María: canción en las fuentes y aroma en los altares. La mañana es una absolución de la primavera. Y el soñador, de las miradas temerosas, siente que en torno suyo se aclara la obscuridad que lo envolvía. La mañana es un santo sacramento para el poeta humilde que sólo bebe agua pura en el hueco de las manos.

En la calle tintinea la campanilla del viático, y las mujeres van, vestidas de negro y contritas, como en un claro oscuro. De vez en cuando el rezo se extingue en la onda del fervor y casi se siente el paso de las alas que borran los pecados del mundo.

Las gentes salen a las puertas para arrodillarse. Una abuela canta letanías de antaño. Y el soñador de las miradas temerosas recibe el viático azul de la mañana en el copón ascendente del sol.

CAMPANAS DE MI CATEDRAL

No sé en qué país de los que conoce mi fantasía, al llegar algunos crepúsculos, oí un repique de campanas temerosas en el alba. Era una música más pura que la del órgano en las misas pontificales; y más penetrante, por remota, que los versos recitados al son del salterio. Eran las campanas de mi catedral.

¿Con qué bronce tan noble las hicieron? ¿En qué fuego las puso el orfebre, mientras el maestro de capilla tañía su violín para obtener el timbre de cristal sagrado u oro eximio? ¿Qué obispo de mano ensortijada las bendijo en una de esas fiestas eclesiásticas que son como jubileos de fin de siglo?

Cuando la luz dora las hornacinas, se difunde en el baptisterio, santifica las casullas bordadas; cuando los árboles del patio se adormecen en el aire anochecido, la campana del reloj dice la ternura con que rodaban las lágrimas de Clara de Santa Cruz, la novia que se murió de amor. Ella arrojó el anillo de bodas al terrible metal que se fundía; y yo he visto sus topacios de sufrimiento en las cuencas hondas de los cielos del ángelus.

Decid vuestro evangelio de belleza, al sol de la noche y a la estrella de la mañana. Las cosas místicas se abren en mi torre de marfil. Os debo el Poema. Campanas de mi catedral, campanas mías.

LOS GORRIONES DEL MONASTERIO

Cristóbal de Mendoza y Mendo antes de ir al refactor se asomaba a la reja de su celda, y en el aire de la mañana se abrían las florecillas azuladas de su oración. Entonces los gorriones que vivían en la torre del monasterio, volaban hacia las manos del cenobita, a comer los frutos de aquella huerta en que los monjes, con delectación íntegra, acentuaban la santidad de las cosechas.

Con sus manos languidecientes, el Padre Cristóbal evocaba las escenas de los antiguos textos, cuando el santo de las rocas era visitado por el cuervo que traía la rama de laurel y por el chacal que en el hocico ofrendaba la frescura de los dátiles prietos. Acariciando la bandada, moviendo la tierra para transfigurar con una flora de evangeliario y de oasis, el señor Rector del convento de Tepotzotlán, llegó a tener una testa reverenda que pedía la mitra y que reclamaba el pelimsesto para entrar en las “Vidas de los Santos”.

A los 95 años dormía en las esteras ásperas, se daba azotes en el calabazo penitenciario, ponía la frente en las baldosas, bendecía los desposorios de los pájaros ante el altar del firmamento.

Pedía al Señor la mies garzul que es para la boca del malvado y para el mantel de la misa. Pedía la pureza de las alturas para su mentalidad y en su ánfora de arcilla exangüe se compendiaba el aroma de primavera de los salmos.

LA ANCIANA DE LAS HOSTIAS

Me acuerdo de la más anciana señora que vi en la infancia. Ella tenía el don de trabajar la harina de las hostias, con una sabiduría de abadesa. Se llenaba de gracia al dar forma a las obleas blancas, y alzándose los anteojos nobles, creía en Padre, Hijo y Espíritu Santo.

Había sido amiga de los últimos monjes del Convento San Francisco, de Tegucigalpa, y como recuerdo de aquellos pálidos varones conservaba una flauta. Quizá de ellos aprendió a dormir sobre un banco de madera, a poner las naranjas en el sol del ventanillo y a cultivar en arena viva el cándido jardín de la paciencia.

Perdió la cuenta de sus años y murió cuando quiso. El compañero de su senectud era un gato holgazán que por poco muere a manos de los ratones. Los ojos del gato eran de un color de piedra preciosa que no he visto en este mundo, y la anciana pasaba horas enteras admirándolos, desde la butaca de cuero amarillo.

La señora Francisca debe estar en los cielos, aunque era muy regañona y no le gustaba que los niños la viéramos. Sus menesteres se repartían entre el chocolate crepuscular, el mimo al gato y la fábrica de las hostias. Un día, por un balcón abierto, la vi bordando un escapulario, obra póstuma que empezó en seda pero quedó inconclusa.

UN CUERVO FANTASMAL

Año de 1602. En el camino de Veracruz a México había un mesón de puertas magnánimas, con su verjel detrás de los patios; y cuando el gallo de Castilla se paseaba como un señor feudal, fluía de la atmósfera el aroma de las colinas que se coronaban de misterio ante la lontananza de esplendor.

Bajo aquellos aleros se hospedaban los monjes mendicantes, los paladines que dejaban las proezas en Flandes por la molicie de los edenes cálidos, los arrieros que conducían sal y azogue, los vagabundos que contaban historias hasta que la luz se moría en los candiles...

¡Qué descanso sedante en la hostelería hospitalaria, después de recorrer a lomo de mula, montañas sin fin, entre el vaho de horno de los resisteros, y sin divisar una casona con pan, jergón y luminaria! El mesón era una morada de Dios en que habían puesto la poesía del bienestar y el encanto de los recodos geórgicos. El vino se escanciaba en los cántaros; el pavo lucía en la nitidez de los manteles; el queso daba su ingenua flor; y en la compotera ofrecían su miel pastoral el plátano secado al sol y la piña odorante...

Por los aposentos iba y venía un cuervo. Era un pájaro de ciento cincuenta años, al que los abuelos habían recortado la lengua para enseñarle a preguntar los nombres de los huéspedes. Un pájaro inmemorial; algo así como un símbolo cincelado en acero, como un personaje de fauna peregrina, cuyo desdén y andar eran los de un gentil hombre. Trataba de "tú" a los obispos, los cómicos y los bachilleres; miraba con desprecio a los que lo halagaban; y, según las viejas del vecindario, empezaba a entristecerse cuando maduraban las frutas y al ver las niñas de quince años se ponía sibilinario y avizor.

—¿Cómo te llamas?

Si por broma le respondían, el animalucho se trastornaba de gozo cual si lo embriagase el propio vino. Y así rasgaba el silencio de las horas, con una crueldad de ídolo tornasol que fuera dueño de una voz arrancada a las entrañas de la media noche, a las tinieblas del enigma.

Cierta vez llegó al mesón un bélico sujeto, que sólo por sus modales denunciaba ser un guerrero de alcurnia. Don Juan de Celis y Dávalos era un cetrino veterano de los que, —según el cronista—, peleaban gentilmente, y al verlo tender un ducado con la diestra, merecía una diana de clarines.

La santa morada en aquel atardecer, como que sabía que entre sus cuatro paredes estaba un paladín: la copa que sólo conocía los labios de los grandes huéspedes, se portó con elegancia como cuando la del Olimpo iba a dar ambrosía a Júpiter; y en la mesa de nogal desplegaron, en forma de banderas vencidas, los manteles con encajería que únicamente albeaba a la llegada de un obispo.

Pasada la tertulia, don Juan, —a quien en su casa llamaban Juancito—, se retiró a su dormitorio, y después de musitar sus oraciones, apagó la vela. Entraba por una hendidura del aposento el soplo de la noche bucólica, y, mientras en el corral mascaban los trotones, se esparcía en lo obscuro el maleficio letal de los sueños.

Don Juan se hallaba semidormido, cuando sintió que una voz le interrogaba por su nombre. Creyó el campeón que lo engañaba el oído; pero de nuevo resonó, pausada y tétrica, la pregunta:

—¿Cómo te llamas?

Aquel varón de hazañas, que no había conocido el miedo en el vivac, tuvo hielo en la sangre; sus cabellos se electrizaron de pánico; una garra invisible le asía por el cuello; y esperó...

—¿Cómo te llamas?

—Juancito, señor. ¿Para qué me quería?

Y olvidándose de su espada, al sentir el paso del fantasma, salió del aposento, dando gritos. Se despertó su vecino, habló la dueña, se levantaron todos los pasajeros, hubo escándalo entre las gallinas, se azoraron los patos, ladró el mastín...

Don Juan, medio desnudo, a pesar de que los viejos del mesón se reían, pidió antorchas para buscar al aparecido.

El cuervo, acurrucado en el rincón, mostraba su plumaje de tornasoles milenarios. Una maravilla astral magnificaba el firmamento y en el aire del monte languidecía el aroma de los rosales donceles.

MAYÚSCULAS DEVOTAS; EL CRISTO DE LOS OJOS HUMANOS

Entré a la iglesia abandonada, una de esas iglesias cuyo misterio se engrandece con el rayo de luz que cae en los retablos y la lámpara de aceite que un monje dejara escondida por descuido. Desde la penumbra en que se adormecían las rosas secas y las molduras doradas, vI al Nazareno del vestido violáceo, con la melena trágica y los ojos que todavía me dan miedo.

Eran unos ojos que compendiaban la media luz del santuario: las pupilas del color del martirio y las pestañas más suaves que los nidos de las luciérnagas. Acaso para vivir en un lento suplicio de arte, el santero se arrancó sus ojos significando su dolor de Cristo anónimo. Acaso no eran esos los ojos difuntos del Señor cuando apenas podía con la cruz; pero eran honradamente humanos, carne en cenizas, mísero ideal.

LUIS ANDRÉS ZÚÑIGA:
El Banquete y Rubén Darío[14]

Nació el 30 de abril de 1878 en Comayagüela . Falleció en la misma ciudad el 22 de junio de 1964. Director de las publicaciones La Semas Ilustrada, Germinal y Ateneo de Honduras. También colaboró en la Revista El Mundo de Rubén Darío. Autor de Las Fábulas, El Banquete, Remy de Gourmont, Mi vida en París, Águilas Conquistadoras y Los Conspiradores.

---

[14] **Ambas del libro El Banquete publicado en 1920.**

EL BANQUETE

Entre la muchedumbre, heterogénea y bulliciosa, que llenaba la dilatada avenida, descollaba una suntuosa litera conducida por veinte esclavos etíopes, la cual se deslizaba tan rápidamente como si fuese una nave que avanzara por la superficie uniforme de un mar tranquilo, impulsada por los esfuerzos unánimes del viento y de los remos. En ella iba Cayo Eumolpo, que regresaba del anfiteatro, donde Nerón acababa de dar al belicoso pueblo de Roma un espectáculo soberbio de carnicería.

Cayo iba gratamente impresionado por todo lo que había visto; pero lo que ocupaba totalmente su memoria era el recuerdo del valor frío que mostraron dos bandidos galos, al querer defenderse de las zarpas de un tigre de un gran tigre de Ircania, y la púdica actitud y la hermosura de tres doncellas cristianas que habían sido expuestas desnudas, y entregadas a la voracidad de dos panteras nerviosas y delgadas, de vientre consumido y de fauces muy rojas, que habían sido traídas recientemente de una de las remota selvas africanas.

La litera no se detuvo hasta que hubo llegado a un elevado palacio rodeado de jardines, cuya fachada era de mármol, pentélico, y en cuyo pórtico había esta inscripción: "El poderoso Cayo Eumolpo recibe hoy a sus amigos".

Eumolpo era un viejo acaudalado y vanidoso, que hacía alarde de su poder y que se complacía en gastar sus rentas en costosos viajes y en orgiásticos, festines; y aquel era un día destinado a poner a prueba su munificencia, dando un banquete suntuoso al poeta, Petróneo, a quien tenía abrumado con sus bajas adulaciones y sus inmoderados obsequios. Eumolpo no era patricio, pero tampoco pertenecía a la plebe; su abolengo procedía de aquella clase media de los caballeros que en tiempos de César formó el partido moderado y que al cabo logró adquirir gran notoriedad, merced a los prestigios de Cicerón y los Gracos.

De su padre, caballero oriundo de Epiro, apenas había heredado la modesta fortuna de quinientos mil sextercios; pero él, con múltiples economías y con mezquinas usuras, había logrado adquirir riquezas tan cuantiosas, que logró hacerse visible en la banca, codearse con algunos personajes de la literatura y el foro, y hasta ser amigo de muchas familias encumbradas de la aristocracia.

Eumolpo había regresado con tanta precipitación del anfiteatro, porque ya se acercaba la hora del banquete, y temía estar ausente cuando los convidados llegasen, y sobre todo, cuando llegase Petronio, cuya asistencia al festín se haría pública en Roma, y sería para el anfitrión un honor inusitado.

Según pensaba Eumolpo, Petronio, el varón más exime de Italia, más grande que Esquilo y Sófocles, y solo comparado con el viejo Homero, personaje cuyo nombre había oído pronunciar al mismo Petronio con religioso respeto. Pero el orgulloso poeta no lo veía con buenos ojos, por su baja intelectualidad y sus impertinentes jactancias; no hacía caudal de su valía, y los trataba como un simple liberto. Y si es cierto que a veces toleraba su presencia, lo hacía por gratitud, pues aquel "odre rosado,", como él lo llamaba, había salvado a su padre en una batalla del artero puñal de un macedonio; además, la bella Porcia, esposa de Eumolpo, no le era del todo indiferente, y necesitaba tenerlo grato para vencer sin muchos obstáculos aquella delicada fortaleza; y. por último, contribuía a no parecerle tan despreciable el rico Cayo, el hecho de que se vestía con refinada elegancia y poseía unas valiosas colecciones de pinturas de Zeuxis y de bocetos de Protógenes, y dieciocho estatuas magníficas de mármol rosa, que había adquirido en su último viaje a Grecia, por treinta mil monedas de oro.

Como era natural, el exquisito Arbitro de las Elegancias, contestó con un frío desaire a la invitación reiterada de Eumolpo; pero como no quería romper con él, a la hora del banquete, y desde el palacio imperial, se dignó dirigirle con un esclavo este pequeño mensaje: "Petronio a Cayo Eumolpo: salud! El Emperador desea que coma hoy en su compañía, para discutir la fecha de su proyectado viaje a Grecia; por esta simple razón, declino tu invitación tan amable. Pero que la dulce Porcia, cuya sonrisa es más valiosa que todas las gracias de Venus, me consagre un recuerdo y haga entre vosotros mis veces".

Eumolpo devoró aquel nuevo desdén de Petronio, y apurando un vaso de vino de Capri, se dirigió al sitio del festín, donde ya estaban en traje de banquete y en compañía de Porcia todos los convidados.

El anfitrión fué recibido con un adulador murmullo de los comensales, mientras caían rosas del artesonado, y una orquesta invisible llenaba la atmósfera de la suntuosa sala, de incomparables armonías. Luego que cesó el murmullo, adelantóse el retórico Claudio Carvilio, y dijo con voz firme y melosa:

—¡Salud, divino Eumolpo! ¡Los aquí congregados, en nombre de los dioses, te saludan!

Eumolpo se limitó a contestar con una ligera inclinación y una sonrisa. Carvilio era un retórico envidioso y mediano, que no había nunca logrado vencer su ingénita cobardía para externar opiniones francas y categóricas, y que había deslizado oscuramente su existencia por las bibliotecas de Roma, durante cincuenta años, siempre con el corazón lleno de hiel y la cabeza vacía. Pero él se cuidaba mucho de descubrir sus sordas envidias y sus bajas rivalidades, y cuando se encontraba con algún personaje como Eumolpo, rico y nulo, aparentaba sinceridad y circunspección, y no era avaro de los más inmoderados elogios.

Eumolpo presidía el banquete, recostado sobre unos almohadones de seda verde; a sus lados seguían Porcia y sus dos sobrinas; Claudio Carvilio, el retórico; el filósofo Galo Asinio, el historiador Ventidio Basso, el filósofo epicúreo Cayo Balbo; la flautista griega Lesbia.

Y. entre cuatro bailarinas napolitanas, el poeta Aulo Celio, joven quirite, medio tribuno y medio guerrero, que había ido a estudiar oratoria a una escuela de Grecia, y que sólo había aprendido a comer ostras frescas y a beber buenos vinos.

Mientras unos esclavos egipcios lavaban los pies y limpiaban las uñas a los convidados, éstos bebían un exquisito falerno que otros esclavas ofrecían en delgadísimas copas. Todos bebían inmoderadamente, como si fuesen esponjas; el único que se mostraba sobrio era Vulcacio, joven angustano que parecía agobiado por un gran sufrimiento, pues permanecía pensativo mustio, y sin la estrepitosa verbosidad que le caracterizaba.

El primer servicio estaba formado de manjares apetitosos y suculentos. Unos esclavos rubios y vigorosos que entraban cantando, llevaron primero en unas cacerolas doradas, unos pulpos pequeños y blandos; luego, pompilios y boopes, gordas anchoas, barbos cubiertos de calamares, morcillas, almejas, salchichas y ostras, y mollejas muy bien condimentadas.

Otros esclavos llevaban panecillos de formas caprichosas en unos cestos azules; pequeños odres de vino de Chipre y sabrosos dátiles de Siria y de Thebaida.

Todos comían y bebían sin ninguna clase de escrúpulos; el filólogo Asinio no pudo ocultar su predilección por los barbos, y hasta se atrevió a tomar del plato de su vecino; el retórico Carvilio vació tres pequeños odres y apuró cinco vasos de vino, sin respetar la presencia del grave Ventidio, y sin hacer un solo gesto.

Todos los ánimos estaban llenos de una sana alegría; todos estaban joviales y expansivos, mientras del techo seguían cayendo rosas y la orquesta hacía más suaves y voluptuosas sus inacabables armonías.

Sumergidos estaban en este mar de delicias, cuando el filósofo Balbo, con la mirada fija en una copa vacía y con el gesto de quien va a explicar la fórmula de un trascendental problema, dijo:

—¡Cuán atrayente es la música! Esas deliciosas armonías de tu orquesta, oh, Eumolpo, que simulan los rumores argentinos de una cascada de perlas que cayera sobre un delgado cristal, llenan mi corazón de una embriaguez inefable.

—Demasiado poeta estás hoy para tus años, mi buen Balbo —dijo Eumolpo—; se conoce que mi orquesta ha ablandado con exceso tu corazón, que tu endulzas continuamente con las máximas de las más dulce de las filosofías. Aún no....

Pero no concluyó la frase, porque Porcia, suponiendo que iba a decir, como de costumbre, algunos disparatas, le indicó con los ojos que se callara. Entonces dijo Ventidio:

—No anda descaminado nuestro amigo Balbo al encarecer las excelencias de la música y al atribuirle seducciones tan extraordinarias. Su naturaleza misteriosa fue ya estudiada en las edades pretéritas: y algunos autores antiguos afirman que posee propiedades curativas para la gota ciática y las mordeduras de víbora. Cayo necesitaba de las melodías de una flauta para desarrollar su tumultuosa elocuencia; los graves lacedemonios, según lo afirma Tucídides, no entraban al combate si no iban rodeados de delicados artistas que exaltaran el ardor bélico con armoniosas sonatas; los cretas eran reclutados con música y se lanzaban a la pelea entre los acordes de numerosas arpas; y Halyates, rey de Lidia, no dio jamás una batalla sin estar rodeado de las voluptuosas armonías con que solía endulzar sus báquicos festines.

—Si —dijo Balbo, ya arrepentido de haber propuesto ante tema en que tan erudito se mostraba Ventidio—: la música es una amiga siempre buena, que ahuyenta las tristezas, acrecenta las alegrías y predispone el ánimo al amor y a la amistad.

Entonces Eumolpo, mientras se comía unos dátiles, dijo:

—¿Y qué es la amistad? Porque yo todavía ignoro el mecanismo de ese sentimiento que, según lo he oído a Séneca, es extremadamente complejo.

Porcia, que ya estaba fastidiada de esos temas obligados de todos los banquetes, animando su semblante con una amable sonrisa, se apresuró a decir con acento entre enojado y cariñoso:

—Pero buscad otro tema, que ese está muy gastado: ese sentimiento todos lo conocemos y todos lo hemos definido ya, con más o menos acierto. ¿No es así, Ventidio?

—No obstante, es un tema siempre nuevo, hermosa Porcia —dijo Balbo. ¿Cómo va a perder su novedad esa seductora atracción de las inteligencias y las voluntades? Porque la amistad es la homogeneidad de afectos, la coincidencia de ideas, que nos hacen amar a aquellos seres de quienes somos amablemente comprendidos. Amar es cosa del sabio, decían los antiguos; y la amistad es amor, pero amor sin tempestades ni caídas, y que se desliza sin esfuerzo, como una corriente limpia y mansa. Sólo son amigos los que son libres y ponen el bien supremo en su común libertad, decía sabiamente Epieteto; y es que la sincera amistad es propia de los corazones elevados, de los seres que se han libertado de estériles preocupaciones y que viven en una atmósfera pura, cautivándose diariamente con mutuas complacencias y guardando entre sus corazones y sus labios una perpetua armonía.

—No dudo de lo que expresan esos sabios conceptos —dijo el viejo Carvilio—: pero no negará nuestro amigo Balbo, que no siempre anda la amistad por el mundo así como él tan honradamente la entiende. Pocos son los varones que, como Eumolpo, sin ninguna clases de restricciones ni escrúpulos, entregan su virtuoso corazón a sus amigos. Amistad: esa seductora palabra no siempre vuela hasta el corazón, sino que moja sus plumas y se queda habitando en los labios. ¿Qué fuera de nosotros si entregásemos sin limitaciones nuestro corazón y nuestra bolsa a los amigos, e hiciéramos depender nuestra prosperidad y nuestra alegría de su diligencia y sus bondades? Ah, nuestros mejores amigos somos nosotros mismos, generoso Balbo; esta es una verdad irrefutable y muy antigua. En este momento llega a mi memoria una fábula del lydio Esopo, en la cual se trata ingeniosamente de este sentimiento tan noble.

"Una alondra hizo su nido en un frondoso trigal; en él tenía a varios hijos suyos sobre colchones de plumas y bajo la inquieta sombra de unas espigas doradas. Un día, antes de salir en busca de semillas y gusanos para sus pequeñuelos, les advirtió a éstos que observasen bien lo que ocurriese en su ausencia y que le refirieran detalladamente a su regreso lo que hubieran visto u oído. Partió la alondra, y poco después llegó el dueño de los trigos, quien, llamando a un hijo suyo, le dijo:

—Ya los trigos están maduros y sólo esperan la hoz; mañana, en cuanto nazca la aurora, irás en busca de nuestros amigos para que vengan a ayudarnos a segar nuestro campo.

Y se alejó después de haber hablado de aquella manera. Llega en seguida la alondra; los polluelos acuden apresuradamente, y piando en su derredor, le imploran que los lleve, que busque pronto otro asilo, pues el dueño del campo ha enviado a rogar a sus amigos que vengan al amanecer para hacer la siega de los trigos. La alondra se puso a reír, y acariciándoles, les dijo:

—Estad tranquilos. pequeñuelos, que si el amo cuenta con sus amigos para segar el trigo, no se realizará mañana la siega.

A la siguiente mañana salió la alondra en busca de comida para sus hijos. El amo espera a los amigos que había hecho llamar; el sol pasa el orto, declina y nadie llega.

—Impaciente entonces, a fe, hijo mío —dijo—, que los amigos son gente perezosa. ¿Por qué no acudimos a nuestros deudos y vecinos, rogándoles que vengan mañana a ayudarnos?

Nuevo terror para los polluelos; al regresar su madre le repitieron puntualmente lo que habían oído. Esta se puso a reír nuevamente, y les dijo:

—No tengáis cuidado, hijos míos, que los parientes y vecinos no se dan prisa ni hacen un favor inmediatamente. Sin embargo —añadió—, continuad prestando atención a todo lo que digan.

A la siguiente mañana marcha, como las anteriores, en busca de alimento. Los parientes invitados para venir a trabajar, no llegan; y el amo, más impaciente que antes, llama a su hijo y le dice:

—¡Loco es el que cuenta con amigos y parientes! Trae aquí mañana al amanecer dos hoces, una para mí y otra para ti, y haremos la siega con nuestras propias manos.

En cuanto lo supo la alondra, sacudió sus alas y dijo:

—Ahora sí, hijos míos; ha llegado el momento de marcharnos. Podemos estar seguros de que harán lo que han dicho, pues ahora el negocio está en sus manos y no depende de los esfuerzos de otro.

Y cargando con los pequeñuelos, se internó rápidamente en un bosque vecino".

—¿Qué os parece esta fábula, dulce Balbo? —dijo Carvilio.

A replicar iba el filósofo, cuando cuatro blancos grupos de esclavos, entrando por cuatro de las puertas laterales, llegaron a reponer las viandas ya consumidas, con otras más suculentas y sabrosas. Eran esclavos capadocios, de brillantes cabelleras y firmes ojos azules, que vestían nevadas túnicas de lana ceñidas con gruesos torzales de seda, y que llevaban collares de amatistas y rubíes, y ostentaban guirnaldas de nardos y jacintos en sus brazos perfumados y desnudos. Como por arte de encantamiento, sus manos ágiles y doctas sustituyeron los numerosos platos vacíos con blancas parrillas de plata, repletas de manjares exquisitos y exóticos, preparados por un cocinero de habilidades maravillosas. Allí, gallinas de Numidia, deshuesadas y rellenas de suavísimas pastas; allí, osezno muy blando, cubierto de apetitosas salsas y despidiendo un humo perfumado y enervante; allí, perdices y faisanes que parecían intactos, con sus pupilas de azúcar, medio abiertas; allí, onocrótalos y pavos, y cisnes muy gordos, que acaso fueron cazados entre las pálidas aguas de algún estanque normando; allí, delicados atunes, callos picados y huevos de oca; mariscos extraídos en las costas de África, y carnosas aceitunas, nacidas en las fértiles regiones de la Cerdeña y la Córcega.

Las mesas, de maderas preciosas, amplísimas y altas y cuidadosamente labradas, parecía que hubiesen echado raíces y que estuviesen abrumadas por el peso de tantas parrillas de plata, y, sobre todo, de tantos jarros corintios rebosantes de dorado vino de Siracusa y de exquisito opiniano de cien años.

Aquella riqueza parecía desbordarse; tanta magnificencia sólo era comparable a la que se ostentaba en los banquetes del Emperador y de los más fastuosos quirites. Y Eumolpo, que poseía cuatrocientos millones de sextercios, se complacía en ocasionar estos deslumbramientos, para que los poetas y escritores que comían a sus expensas, contasen en sus libros su esplendidez de Mecenas.

—Bebed —decía Eumolpo, repitiendo una frase que había oído al porta Lucano— bebed, que la vida se desliza más rápida que el Tíber, y es tan breve como el efímero soplo de un suspiro.

—Sí —dijo el filósogo Asimio— el vino, los deleites...

Pero la orquesta ahogó su voz con una invasión repentina de nuevas y embriagadoras armonías. La alegría parecía haber llegado a su colmo; los huéspedes, olvidando todo género de etiqueta, se habían entregado a la familiaridad mis expansiva, sin miramientos ni reservas; todos devoraban los suculentos platos, y todos bebían y reían, mientras se esparcían en un dilatado radio los blandos rumores de aquel foco enloquecido y bullicioso. El único que no participaba de esa ruidosa alegría era el joven Vulcacio. Poseído de una tranquilidad inalterable y mostrándose indiferente entre aquella atmósfera de entusiasmo que le rodeaba, parecía sentir cierto compasivo desdén por aquellos sabios varones, tan presuntuosos como envilecidos, que adulaban a Eumolpo para que los invitase a sus bacanales, y que no le dirigían la palabra sino era acompañada de una obsequiosa sonrisa; y reíase interiormente y sentía a la vez menosprecio, al ver cómo se iluminaban sus rostros con un infantil alborozo al beberse los vinos de Eumolpo y al caer sobre las viandas con desenfrenado apetito.

Pero sus pensamientos permanecían secretos y sus labios silenciosos; y cuando alguno de los comensales que hablaban le dirigía alguna interrogativa mirada, él permanecía indiferente y mudo, o cuando más, y haciendo poderosos esfuerzos, contestaba con una sonrisa inexpresiva y débil.

Las sobrinas de Porcia estaban ya muy ebrias, y entre bromas y risas arrojaban flores empapadas en vino sobre la calva del historiador Ventidio Basso: Lesbia, la música, se había desnudado los hombros, y mientras entonaba canciones sugestivas y báquicas, agitaba en sus gráciles manos ramos de rosas y coronas de laurel; Cayo Balbo conversaba estrepitosamente con Eumolpo; y Claudio Carvilio prorrumpía en fuertes exclamaciones al llevarse a la boca los trozos de carne blanca de una enorme polla cebada; pero en cambio, y dicho sea en su honor, el filósofo Asinio sólo hacía ruido con los dientes y al cambiar sobre la mesa los múltiples y deliciosos platos.

De repente se oyó la voz seca del filólogo Calo, que dijo:

—Mi obra *Del lenguaje y sus secretos,* que conceptúo la mejor de mis obras, y que es resumen de treinta años de investigaciones laboriosas, será dedicada al exquisito Eumolpo. En ella se discuten trascendentales cuestiones filológicas, y se trata prolijamente del mal uso que hicieron de ciertos sustantivos y verbos, y de ciertas formas sintácticas, algunos de nuestros escritores más ilustres. ¿Por qué Claudio Cuadrigario dijo en sus *Anales:* —Levantada la sesión, Metelo marchó al Capitolio seguido de considerable número de mortales (*cun multis mortálibus*)? ¿Por qué no dijo *cun multis homínibus,* siendo un término más propio? ¿Por qué dijo Juvencio en aquel verso: *Pallun face ut splendeat ne maculet*? ¿Por qué no dijo *maculetur*? ¿Por qué esa manía de poner la forma activa de los verbos en forma pasiva y viceversa? ¿Y qué decís de aquellas palabras de Cicerón en su primera Filípica: *Multa autem impendere videntur praeler naturam etiam praeterque fatum*? ¿No son dos términos sinónimos que no deben estar unidos? ¿O acaso pensó el tribuno que la muerte podría sobrevenir, ya por la naturaleza o ya por el destino? ¿Y qué opináis de aquellos versos de Virgilio en sus *Geórgicas: Et ora Tristitia tentantum torquebit amaro*? ¿No es un término más puro: *torquebit amaro*? Y...

A seguir iba el filólogo, cuando Carvilio le contradijo, diciendo: que no obstante de acatar su sabia y autorizada opinión, él creía que aquella dicción de Virgilio era correcta; que ya antes de él la había usado Lucrecio en aquellos hermosos versos: "Llega a nuestros sentidos el amargor que se escapa", (*tangit amaror*); y que si parecía inusitada la expresión, era por la audacia del vocablo y la extremada grandiosidad de la imagen.

Mientras Galo Asinio y Carvilio se acaloraban en la discusión de aquellas minucias idiomáticas, el poeta Aulo Celio, que no había estado ocioso, pues acababa de terminar una conquista, trasladóse al lecho de una de las bailarinas, y, mientras la besaba en la boca y la estrechaba entre sus brazos exigía de ella, perentoriamente, intempestivas complacencias. El joven Aulo, que sabía decir palabras dulces como las mieles del Ática, y voluptuosas como los versos de Safo, acababa de rendir, sin mucho esfuerzo, aquella hermosa napolitana que, no obstante de conocer las más lúbricas danzas, aún no conocía ciertos secretos estremecimientos de los amores carnales.

—Ven —le decía—, ven a mis brazos que en ellos encontrarás más dulzuras que en tu cielo de Nápoles.

Y besándola nuevamente y estrechándola con más violencia entre sus brazos, le recitaba con voz apasionada aquellos versos de Cátulo:

"Vivamos, amemos, hermosa mía, y burlémonos juntos de todos los reproches de los viejos severos. El sol muere para nacer de nuevo; pero nosotros, una vez apagada nuestra breve luz, dormiremos una noche sin amanecer. Dadme mil besos, después ciento, luego mil, otros ciento ahora, otros mil aún, y cien y cien más. Después, cuando nos hayamos besado millares de veces, embrollaremos la cuenta, a fin de olvidarla, y así no tendrán nuestros émulos un pretexto para envidiarnos, al saber el número de besos que nos hemos dado".

Y Aulo, no satisfecho con las familiaridades que se habían permitido con la bailarina, se atrevió a deslizar la mano por la provocadora y amplia abertura de su túnica para tocarle los sonrosados pechos. La joven se defendió con energía, mientras azotaba con un ramo de heliotropo el rostro de Celio; pero al cabo pareció como abandonada de sus fuerzas, y como entregada a los de deliciosos escalofríos que le ocasionaban aquellas caricias tan enervadoras y ardientes. Mas como notara que Porcia la observaba, para disimular, se enderezó sobre los colchones de seda, y alzando una copa más arriba de su cabeza, dijo con voz trémula y clara:

—¡Eumolpo, generoso Eumolpo! Te imploramos humildemente una gracia.

Todos dirigieron sus miradas al sitio de donde salió aquella voz temblorosa.

—Las divinidades no piden gracias, sino que las otorgan —dijo Eumolpo, haciendo una inclinación ceremoniosa.

Todos celebraron la feliz respuesta de Eumolpo, con fuertes risas y estrepitosos aplausos. Pero luego se hizo el silencio, y la bailarina prosiguió de esta manera:

—Nosotras no entendemos nada de vuestras discusiones, pues no tenemos nada de vuestra sabiduría, nuestra lengua es muy débil para poder sostener vuestras pesadas argumentaciones, y nuestra cabeza es muy pobre para poder alternar con las vuestras, tan ricas. Por tales consideraciones, imploramos que no se hable más de ciencias ni de filosofías, sino que se trate de temas más dulces y manejables: el amor, por ejemplo. Allí está el noble Vulcacio, cuya palabra elocuente puede disertar sobre cualquier tema agradable. Desde luego, me permito proponer esta pequeña cuestión a sus sabias consideraciones: ¿Cómo nace el amor?

—¡Aceptado, aceptado! —exclamaron todos—. ¡Que hable Vulcacio! Pero el joven augustano permaneció impasible y silencioso.

Entonces, Porcia, dijo riéndose:

—Vulcacio está hoy tan apagado y misántropo, porque, según murmuran las lenguas, se ha hecho últimamente cristiano.

Todos rieron de las palabras de Porcia y dirigieron sus miradas hacia el joven, que les contestó con una sonrisa resignada y desdeñosa.

—A propósito —dijo Eumolpo— hoy murieron en el anfiteatro tres jóvenes que decían pertenecer a esa extraña secta que vive en los sótanos de Roma, y a la cual se acusa de cometer los más horrorosos crímenes.

—Sí —dijo Ventidio—: es una secta funesta que tiene por lícito degollar a los ancianos y comerse a los niños. Si no fuese una simple broma lo dicho por la bella Porcia, sería inconcebible que un joven como Vulcacio, que ha seducido muchas imaginaciones con sus dulces licencias y ha dado qué hablar a Roma con sus amables escándalos, hubiese ingresado a una secta que vive en la oscuridad y el légamo, que proscribe la alegría. y que, sin motivo justificable, comete crímenes espeluznantes y misteriosos.

Vulcacio sintió que la sangre se le agolpaba con violencia en el rostro y que la cólera le hacía como un fuerte nudo en la garganta; pero dominándose y procurando mostrar tranquilidad en su semblante, se incorporó en el lecho, y dijo con voz robusta y armoniosa:

—Calumnias son, Ventidio; calumnias son las que encierran vuestras acervas palabras.

Todos quedaron estupefactos al oír las palabras del joven noble, cuyo pasado había sido tan borrascoso; que sólo juraba por Venus y por Baco, que habían robado, con escalamiento, la esposa de Julio Numídico; que había hecho pasar a cuchillo a cinco mil esclavos tracios, y que ahora se mostraba devoto de una secta afeminada y execrable que prescribía la abstinencia de los placeres carnales, la mansedumbre del esclavo y una sobriedad humillante.

Vulcacio prosiguió:

—Esa religión que calumniáis, cuya naturaleza no conocéis y cuyas inefables dulzuras no sospecháis, no aconseja el crimen, no prescribe la muerte, no enseña la maldad. Sus seductores preceptos la abonan contra vuestras acusaciones infamantes, y su origen divino la preserva contra las conjuraciones tenebrosas que contra ella fraguan vuestros corazones perversos. En ella no existen vuestras licencias, vuestras depredaciones, vuestras falsías bochornosas, vuestros corazones manchados por las llamas de la concupiscencia; vuestras innobles cobardías, vuestras infidelidades conyugales, vuestras inexpresables bajezas. Ella ha nacido para enseñarnos que todos somos hermanos, que todos viviremos, en un próximo futuro, una vida imperecedera y ultraterrestre, en una región extraña que está más allá de los astros, y cuyas intensas claridades no bajan nunca a la tierra sino es para alumbrar el corazón de los justos; ella ha nacido para redimir el humano linaje, y la redención está próxima, pues Él así lo quiere; Él, cuya voluntad no encuentra obstáculos; Él, que es más rey que vuestros reyes y más dios que vuestros dioses.

Vulcacio parecía muy fatigado, y tenía la voz demasiado trémula por el exceso de emoción, por lo que interrumpió su discurso para reponerse, apurando unos ligeros sorbos de vino. Sus maneras y su actitud eran insólitas; ya no era aquel Vulcacio libertino y pendenciero, que no tenía más dioses que el Amor y la Fuerza: ya no era aquel orgulloso romano que hacía ostentación de su grandeza y de sus cuantiosos caudales; más parecía que aquel gran señor hubiese renunciado a su dignidad para convertirse en esclavo. Pero, en realidad, era el mismo Vulcacio, ya limpio de sus viejas impurezas, con el corazón lleno de las dulces teorías cristianas, que habían transformado su espíritu y habían modificado su carácter, dándole, no una blandura mujeril y cobarde, sino la suavidad de quien trata de arrastrar antes por la persuasión que por la fuerza.

El auditorio estaba inquieto. La contrariedad de Porcia era visible; el epicúreo Balbo fingió no haber oído, y dibujaba en sus labios una desdeñosa sonrisa; el historiador Ventidio Basso hacía una significativa arruga en su frente y hacía una fea contracción que ponía adusto su ceño; y hasta el mismo Eumolpo, a pesar de su embriaguez, hacía esfuerzos por indignarse y golpeaba fuertemente la mesa con el puño. Pero quien había hecho suya la ofensa y se preparaba a contestar aquellas agrias palabras era el retórico Carvilio; ya tenía en pie unas irrefutables argumentaciones, y mientras preparaba unas crinadas metáforas, que sólo usaba en las grandes discusiones, arreglábase en el cuello la amplia servilleta que le caía como una laticlavia; y teniendo dilatada la nariz por el soplo duro de su respiración agitada, dirigía al joven orador miradas agresivas e insultantes.

A proseguir iba Vulcacio, cuando una nueva invasión de esclavos vino a detener su palabra y a distraer la atención de los comensales, ya otras veces distraída por tan interesante motivo. Eran esclavos asirios, lujosamente vestidos con túnicas de telas blancas de Tiro y de Sidón, cubiertas de pedrerías y ligeramente impregnadas de perfumes suavísimos de Capua. Llevaban jabalíes rellenos de aves raras y sabrosas, jamones exquisitos, queso blando, suave miel española y maduros higos africanos; y aquel era el principio del tercer servicio, en el cual pensaba dar Eumolpo a sus comensales una inaudita sorpresa. Era un becerro con alas a la manera del toro alado que veneraban los pueblos asirios; estaba relleno de doscientos manjares distintos, y sus alas, de pastas de colores, simulaban plumas flexibles y vistosas, así como su piel, que era de una goma resistente y dulce, fingía la piel fresca y lustrosa de una ternera cebada.

—¡Por Hércules —dijo Carvilio—, que no nos que dará lugar para los postres!

—Siempre hay lugar para todo, cuando no está la muerte en el cuerpo —dijo Eumolpo, y luego añadió—: traed vino, más vino, que a todo alimento sólido debe preceder en abundancia ese delicioso líquido.

Los esclavos desaparecieron rápidamente tras los pesados cortinajes para ejecutar la soberana voluntad de su señor. Luego reaparecieron, trayendo en unas áureas bandejas numerosas copas de oro, altas y resplandecientes, rebosantes de viejísimos vinos de Samos y de Rodas.

—Bebed en esas copas —dijo Eumolpo— que fueron labradas por los más famosos artistas de Venecia y Toscana: son joyas valiosísimas, cada una de las cuales vale poco menos que un imperio.

Y, efectivamente, eran unas copas magníficas, admirablemente talladas, y en cuya superficie exterior había primorosos arabescos e incrustaciones de blancas perlas de Comorín y de costosos diamantes de Bengala.

El entusiasmo parecía haber hecho allí su mayor explosión; todos hablaban, todos bebían y reían y se entregaban, sin escrúpulos, a los arrebatos de aquel torbellino de delicias, así como una débil hoja se abandona a los caprichosos vaivenes de una corriente impetuosa. La jovialidad se había desbordado, la expansión había llegado a lo chocarrero y grotesco. Asinio y Carvilio sostenían una discusión incoherente sobre un vocablo de Homero; Basso disertaba sobre un trozo de la Historia de Herodoto; Eumolpo relataba sus extraordinarias aventuras en un viaje que pretendía haber hecho a la fabulosa Bretaña; y Aulo Celio, mientras hacía ruido con los pies y levantaba los brazos, luchaba heroicamente por hacerse oír, para indicar a Eumolpo que estaban ya vacíos los grandes jarros en que habían sido llevados los exquisitos vinos de Samos y de Rodas.

Luego, la dulce Porcia, olvidando los deberes conjugales, se había dejado seducir por Ventidio Basso, y, cambiando besos furtivos, entre dulces bromas y amables regodeos, comían en el mismo plato y bebían en la misma copa. Entre tanto, sus sobrinas, descalzas y tambaleantes, se habían trasladado a los lechos respectivos de Asinio y Carvilio, y los abrumaban con sus locas carcajadas y los histéricos arrebatos de sus ardientes besos. Eumolpo, muy borracho, había ido a disputarle las bailarinas al joven Aulo Celio. Ellas se mostraron al principio esquivas, dulcemente reacias; pero luego acabaron por hacerle a Celio el vacío y rodear a Eumolpo, quien se tomó con ellas muchas inconvenientes libertades.

Despeinó sus cabellos, desnudó sus hombros, y acabó por zafarles sus pequeñas sandalias, después de haber soltado con penoso trabajo las innumerables correhuelas con que las tenían sujetas a sus sólidas y blancas pantorrillas.

Al ver aquellos pies desnudos, el poeta Celio exclamó lleno de un extraviado entusiasmo:

—¡Oh, blancos pies celestes, oh, rosas tibias y suaves, dignas de haber nacido sobre la marina concha de la divina Anadyómena! ¡Oh, rit…

Eumolpo lo hizo enmudecer dándole un fuerte bofetón en el rostro, y se puso luego a besar los bellos pies descalzos de las complacientes bailarinas. Pero luego, como enloquecido, se dirigió a otro extremo de la mesa, y después de haber arrojado vasos de vino sobre una lámpara de oro que pendía del techo, y de haber roto unas copas, se puso a llorar a grito herido, porque la música Lesbia se negaba redondamente a complacer sus importunas exigencias.

Todo era allí relajación y licencia; aquel suntuoso festín que había empezado con tanta seriedad y mesura, había degenerado visiblemente, como todos los banquetes de Eumolpo, en la orgía más sucia, en la bacanal más desenfrenada y vergonzosa.

El noble Vulcacio se puso a considerar aquel conjunto de seres embrutecidos por la incontinencia, y dijo para sí con dolorosa tristeza:

—Ah, esto no podrá durar mucho tiempo. Lo justo es que respetemos nuestra dignidad de hombres, y que conservemos siempre la misma distancia con que la naturaleza nos separó de las bestias. ¡Y saber que estos seres son tenidos como los más morales de Roma! ¡Pero va llegará la espantosa catástrofe, y entonces, sobre las ruinas desoladas en dulce religión que estos imbéciles abominan, hará nacer una raza nueva que viva una vida más pura y cultive costumbres más razonables!

Y después de calzarse las sandalias y de haber arreglado cuidadosamente los pliegues de su manto, salió con paso lento y se dirigió a los obscuros sótanos de un edificio en ruinas, de los arrabales de Roma, donde se congregaban los cristianos en las horas nocturnas, para oír las predicaciones de cierto anciano elocuente, varón frugal y virtuoso que había sido discípulo de Cristo.

RUBÉN DARÍO

Cuando el amable Monsieur Désiré Pector me dijo "Rubén Darío preguntóme ayer si había llegado usted a París", sentí una viva emoción, dulce y suave, como si fuese una caricia. Ya no estoy en los floridos años veinte en que una palabra benévola o una simple atención de un hombre a quien admiramos nos llena el corazón de entusiasmo y orgullo e ilumina plácidamente nuestros proyectos de conquista, nuestras esperanzas de gloria, con una matinal claridad. Sin embargo, sentí mi vanidad acariciada al saber que Rubén Darío conocía mi modesto nombre.

—Vaya usted a visitarle —agregó Monsieur Pector—. Darío es un hombre excelente. Será usted bien recibido.

Y fui a visitarle, en efecto. Cuentan que cuando Enrique Heine fué a Goethe, llevaba un bello discurso preparado, como convenía en ocasión tan solemne; pero en llegando a la presencia del divino Júpiter, se le trastruecan las ideas y no se le ocurre más que decir que eran muy dulces las ciruelas que había en la ruta que de Jeina conduce a Weimar. No debe extrañar esa turbación en presencia de un hombre eminente, cuyo nombre hemos aprendido en nuestra niñez a pronunciar con amor; que ha embellecido muchos momentos de nuestra existencia, enseñándonos a comprender la belleza de las cosas y enriqueciendo con verdades nuestro entendimiento; a quien hemos visto hacer milagrosas ascensiones en un brioso pegaso de caso de oro y alas de diamante, mientras arrobaba nuestros oídos con la sugestiva música de cantos; a quien nos suponemos con las bajas liviandades de los hombres, pues le hemos visto solamente en un serenos mundo espiritual y nuestra fantasía le ha envuelto en una viva y límpida aureola, como las diamantinas cristalizaciones del amor, de que habla Stendhal.

Yo no tejí frases, no hice ningún bello discurso, porque temor de que se me olvidase. Y, sobre todo, ¿qué sería un bello discurso mío sino un modesto regalo hecho a un gran millonario? En lugar de contar con la baja plata de mi palabra, opté por contar con el oro rutilante de mi silencio. La recepción fué cortés, afable, hasta afectuosa. Encontré en él al hombre que esperaba, sencillo y modesto, como todos los grandes de primera clase.

La tez ligeramente pálida, su mirada límpida, su rostro abacial, su actitud honesta y digna, le dan cierto aire místico que hubiera interesado vivamente al poeta Novalis. Su gallarda figura parece completarse con la belleza de sus modales... ¡y qué bellos modales!

La expresión de su rostro es tranquila y sincera; su palabra es sencilla, suave, armoniosa; sus ademanes son amplios y nobles sin afección. Todo eso me embelesó, a mí, tan acostumbrado a oír la voz acompasada y hueca y a ver el ademán dogmático que comúnmente emplean delante de los jóvenes algunas dignas y connotadas pelucas centroamericanas.

—Escribí a usted recientemente —me dijo Darío—. Debe usted haber recibido ya, seguramente, una carta mía.

La carta era relativa a mi colaboración en *Mundial Magazine*, la bella revista hispana, ya tan conocida en América. Darío considera de gran importancia esa publicación, y tiene sobrado motivo para ello. Esa revista será como el complemento de su labor de enseñanza y renovación emprendida por él en nuestro Continente, con tanta fortuna, desde sus albores literarios. Era menester la existencia de una gran Revista que encauzara y concentrará el pensamiento literario de nuestros pueblos, en este momento histórico; y era él, seguramente, a quien tocaba crearla, tanta por su capacidad mental y prestigio de su nombre, como por ser (y esto sobre todo) el director espiritual de una generación bastante numerosa de poetas y escritores que brillan actualmente en España como en la América Latina. Creo que esto puede decirse ya, sin armar escándalo; y es que esa esa la realidad: todos le sabemos de memoria, todos hemos bebido de las linfas de su frente. Después de su larga peregrinación, erizada de hoscas rivalidades y crespas batallas, logró imponer su procedimiento de composición, sus maneras estéticas. Su bandera triunfó en todas las líneas y su autoridad ya no es discutida. La indiferencia hostil y la envidia irritada, ha tiempos que rindieron sus armas ante el aplauso unánime, ante los acordes melodiosos de la lira de este suave Anfión, de este divino (pescador de luna).

El rico talento de Darío ha triunfado por su eclecticismo y por su poder de adaptación, con el que, al recorrer todas las literaturas, ha podido asimilarse lo más puro y selecto. Ha hecho exploraciones por todas las escuela, pero sin someterse a sus cánones arbitrarios y variables; y en medio de las ardientes discusiones de las sectas, ha cruzado tranquilamente en busca de la forma perfecta, de la belleza eterna. Ha hecho uso de todas las formas antiguas y ha hecho audaces innovaciones; pero siempre imponiendo a sus creaciones el sello distintivo de su numen, de su personalidad, que ha sabido cristalizar la luz de su portentosa fantasía en formas casi perfectas. Su rebeldía contra toda arbitraria sujeción, y su audacia de pensamiento, han producido la literatura que florece ahora en Hispano América. Él nos ha enseñado a amar la libertad, a pedí muchos aire, mucha luz; a romper con los convencionalismos de antaño, que encerraban en tan estrechos cauces el pensamiento, a menosprecias las libreas, aunque sean del más fino corte aristocrático; nos ha enseñado a atrevernos a explorar nuestra propia mina, dando a nuestro pensamiento la forma que más cuadre a nuestra voluntad y más convenga a nuestro temperamento. Tenemos, pues, con ese grande hombre, una deuda de reconocimiento.

Pero mi entusiasmo por la literatura no me lleva hasta el extremo de supone que sea un genio de primer orden, como lo piensa un escritor sudamericano. Estas son puras quimeras de la admiración exaltada. No, nada de eso. Darío no ha descubierto ningún contingente en el mundo del espíritu; no ha producido ninguna de esas ideas capitales que señalan un rumbo a la conciencia y tuercen el curso de los destinos humanos. Le ha faltado la paciencia del genio para desarrollar un sistema completo de ideas bajo un principio filosófico. Solo ha producido pequeñas obras, aunque de acabada hermosura. Sus libros son como ricas vitrinas donde hay toda clase de joyas raras y maravillosas; pero nada más.

Su literatura, con ser tan vasta, es fragmentaria, y en la literatura español hay, seguramente, poetas de más vigor y grandeza. Pero eso no significa que no sea un espíritu magno, un poeta genial; más aún: es único, sin rival, aun en la suntuosa literatura del Siglo de Oro, en tratándose de su singular manera de encerrar las imágenes más vivas, frescas y fragantes, en las filigranas de la más sencilla, ecuánime, tranquila y delicada dicción.

ARTURO MEJÍA NIETO:
Tiempos viejos; La muerta; Inés y El solterón[15]

Nació el 3 de junio de 1899 en La Esperanza, Intibucá y falleció el 16 de mayo en Buenos Aires, Argentina. Fue novelista, ensayista y diplomático. Escribió los libros de cuentos Relatos nativos, Zapatos viejos, El Solterón,, El Chele Amaya y otros cuentos, El pesacador; y las novelas El tunco, El prófugo de sí mismo, A la deriva y Liberación.

[15] Los dos primeros son de su libro Relatos nativos (1929); el tercero y cuarto de Zapatos viejos (1931) y el último de El Solterón (1931).

TIEMPOS VIEJOS

I

Las tías Paz vivían en una casa de la esquina. Una de ellas, Micaela, pasaba muy enferma, y cuando Carlos Nufio llegaba le contaba mentiras. Ella le decía que había salido a su padre, don Pedro, que había muerto asesinado cuando los liberales se tomaron el pueblo. Carlos llegaba porque ahí, al través de la cerca de la casa vecina, podía ver a María Fuentes.

Carlos estaba enamorado de María y el papá de ella no lo quería por el modo despilfarrado de él. En aquellos tiempos llamaban despilfarrado a la gente alegre. Es verdad, Carlos no tenía dinero, pero tenía tan noble fondo y sobre todo era tan bien parecido que todas las mujeres se enamoraban de él. De Carlos no se podría hablar sin recordar que murió un poco joven. Pobre, era bueno. Es cierto, yo lo quise mucho y podría suponerse que esto contribuya a que yo me exprese bien de él, pero cualquiera vería que es cierto lo que estoy diciendo.

Simón Reyes, un gran enemigo de Carlos, habló, pronunció un elogioso discurso en la muerte de él. Se me vienen tantos recuerdos cuando pienso en Carlos; ahora, aquí, lejos de aquellos tiempos y del pueblecito tan atrasado, pero tan querido de mi corazón. La vida de aquel tiempo realmente que era llena de risas y de lágrimas. Era vida, efectivamente porque así debe ser la vida. Aquí voy a poner, sinceramente y claramente, por qué dije que Carlos tenía buen corazón y voy a decir también los motivos ridículos con que Carlos hacía reír a todos. Una muchacha muy bonita que murió joven fue la novia que duró más con él. Se llamaba Carlota, era de una familia Pineda. El amor de ellos tenía que ser así, se conocieron en la escuela mixta y se quisieron muchísimo cuando Carlos era un muchachón.

Esta escuela mixta sólo pudo funcionar aquel año, pues la pobre maestra pronto se dio cuenta de que no podía tener muchachos y muchachas en la misma escuela. Pero lo interesante es que la maestra, que era una muchacha Fiallos, muy joven, parecía, por ciertos actos suyos, que sentía atracción por Carlos, que era el muchacho más grande de la escuela. Él no se fijaba nunca en eso, pero Carlota, la novia, con esa intuición precoz de las mujeres en asuntos de amor, lo adivinó luego y empezó a sentir odio por la maestra. Los dos, Carlos y Carlota, se sentaban juntos, estudiaban las lecciones juntos, y cuando Carlos no llevaba los ejercicios de aritmética, la señorita Fiallos le decía: "Usted, tan tamaño muchacho, con tan buena presencia, pero tan haragán, Carlos". Él sonreía con su risa simpática, poniéndose de cierto modo ruborizado. Pero Carlota lo tomaba en serio y contestaba por Carlos: "Muchos otros tampoco trajeron la lección, señorita Fiallos...".

—Cállese, Carlota —decía la maestra—, el asunto no tiene importancia.

Pero Carlota, con la frase de la maestra: "tan buena presencia", quedaba llena de celos; pero la parte seria de esto tomó lugar hasta que un día, la maestra, que sólo tenía 21 años, le dijo a Carlos que llegara a la casa de ella para explicarle un problema de aritmética que Carlos no podía entender. Carlos sólo era un muchacho tremendamente desarrollado que no ponía mucha atención a las mujeres.

Ella había visto que Carlos era un muchacho bien parecido, pero esta vez debió haber notado que antes que todo, era un niño que le gustaba la broma y nada más que eso. El pueblo era pequeñito, además, y casi no había hombres. La maestra era joven y bonita. Como se ve claramente, el alumno fue a ver a la maestra y eso, desde luego, en otra parte no hubiese llamado la atención. Pero es el caso que en ese año había entrado a la escuela un muchacho tan grande como Carlos, pero bastante vulgar y muy enamorado de las mujeres. Desde que éste llegó a la escuela, la vida de él con la de Carlos corrió a la par como dos líneas paralelas. Eran iguales en tamaño y opuestos en lo demás. Este muchacho, cuyo nombre era Agustín, tenía tendencias a enamorarse de todas las mujeres que encontraba cerca.

Él, por vengarse, supo que Carlos había ido a ver a la maestra y se lo contó a Carlota, pues él, Agustín, también estaba enamorado de Carlota y tenía celos de Carlos. Carlota, en la condición neurótica y enfermiza en que ya se encontraba por ese tiempo, se indignó muchísimo con Carlos, a quien efectivamente amaba. Llegó al grado de abandonar muy pronto la escuela y seguramente fue la última vez que lo vio, pues en ese tiempo se la trajeron a la capital para que la asistiera un médico y aquí murió. Pero Carlos no supo nunca el cuento que Agustín le había levantado con motivo de la visita a la casa de la maestra. Cuando Carlota se hubo ido, Agustín muy luego adivinó las preferencias de la maestra por Carlos, y entonces se le ocurrió -advirtiendo que la maestra era más bonita que todas las alumnas- que él debería enamorarse de ella. Nuevamente sintió celos y odio por Carlos. Ahí tuvieron principio las vidas opuestas de los dos muchachos más grandes de la escuela, a quienes los otros alumnos deseaban, con gran deseo, verlos pelearse. Carlos no daba ninguna importancia a su compañero, pero el otro lo buscaba en clase o en recreo y así el choque llegó a ser inevitable. La maestra inmediatamente adivinó las intenciones de Agustín para ella y principió a odiar al alumno. Primero se le ocurrió que él abandonara la escuela. Hizo algunos esfuerzos para que Agustín dejara la escuela, pero no lo consiguió. La única esperanza de la señorita Fiallos era Carlos, el muchacho más grande de la escuela. Ya ella le había dicho a Carlos que se pusiera en guardia cuando Agustín le faltara al respeto a ella. Carlos le había ofrecido estrellarlo sobre el piso tarde o temprano. Como se ve, pues, ambos rivales hacía mucho tiempo que esperaban un pretexto. Ella, la maestra, había andado con mucho pulso por muchísimo tiempo para no dar motivo a que los dos muchachos se pelearan. Pero, a pesar de sus buenas intenciones, ella fue la que dio el motivo. Carlos, como de costumbre, dijo alguna broma que hizo reír a toda la clase. Naturalmente todos rieron y en cuenta el mismo Agustín, a pesar de su odio para Carlos, celebró con escándalo. La maestra inmediatamente le ordenó que saliera del aula. Agustín preguntó que por qué no sacaban del aula a Carlos, el promotor del escándalo, pero no tuvo respuesta. Y entonces se dijo él, Agustín, "me haré justicia yo solo, este es el momento que yo esperaba".

Era de verdad este motivo lo que él buscaba para poder vengarse; por otra parte, él tuvo más celos de su rival, pues efectivamente no se había dado cuenta hasta esta fecha de que la maestra era efectivamente bonita. Esa mañana, al no más salir Carlos de la escuela y perderse entre los arbustos vecinos en compañía de muchos compañeros, súbitamente y sin oír palabra alguna, sintió un fuerte golpe en la cabeza que lo debilitó y lo llevó al suelo. Pero no fue sólo aquello, pues tan pronto como cayó siguió sintiendo otros y otros fuertes golpes en la cabeza. Carlos pensó en levantarse para poder defenderse, pero su enemigo, que era Agustín, no le dio ninguna oportunidad y la sangre tuvo que brotar de todas partes del cuerpo. Esa era la cólera vengativa que Agustín había contenido por mucho tiempo.

Ahora por fin era como la fiera libre. Pero cosa rara, no fue Carlos sino el mismo Agustín quien recibió la peor parte. Mientras Carlos sufría en medio de las risas de sus compañeros sin que nadie interviniera, logró por fin agarrar el pie izquierdo de su enemigo y tirar de él. Agustín, naturalmente, cayó, con tan mala suerte que un ojo suyo dio sobre una piedra. Esto lo llevó a la cama durante un mes. De allí lo llevaron los compañeros a la cama de enfermo sin conocimiento. La maestra tenía el cuidado de mandar a Carlos a ver a su enemigo en su lecho de enfermo y pedirle perdón. Para estar segura que él hacía esto, ella iba con Carlos. Todas las noches permanecían por algún tiempo los dos al lado de la cama de Agustín. Este los recibía con descortesía y no ocultaba el mal efecto que la presencia de ellos le producía. Cuando se despedían, Carlos se iba a dejar a la maestra a su casa, seguramente fue ahí donde Carlos principió a fijarse en ella. Esto pudo haber sucedido porque ella le decía que entrara a la salita y, aunque no lo hacía ella siempre, Carlos entraba y cuando no tocaban en el fonógrafo, ella le leía poemas de Rubén Darío, que con la dulzura de la voz de ella y la intensidad del poema, debieron de producir fuerte efecto en la sensibilidad de Carlos. Siendo tan joven Carlos, tan inexperto, con aquellas horas de un placer que él gozaba, pero no entendía, sintió en su corazón gratitud. En la gente joven, la gratitud se vuelve amor absoluto. Pero a pesar de todo, siguió siendo el alumno respetuoso y ella la maestra que se hace respetar.

II

Ya era Carlos muy grande para permanecer en la pequeña escuela y en ese año se retiró para siempre. Y entonces se dedicó como todo un hombre a servir como agente viajero en ciertos negocios de su padre. Durante ese largo período sucedió una cosa muy extraña, Carlos se tomó la libertad de escribirle muy repetidas veces a su maestra, pero nunca recibió contestación. Seguramente ella comprendió entonces que había llegado una oportunidad para no alimentar ninguna esperanza en él.

En sus andanzas de agente viajero, llegó Carlos a arreglar cierto negocio en el que gastaría meses en el pueblo natal de su rival Agustín Peña. Esto sucedía tres años después de su vida de estudiante. Tuvo la suerte de hospedarse en casa de una buena señora de quien se captó Carlos, muchísimo afecto en el tiempo que él permaneció allí. Aquí precisamente principia una nueva e interesante faz en la vida de Carlos Nufio. Esto culmina en los sucesos que moldean definitivamente la vida de un hombre, porque Carlos ya era un hombre por ese tiempo, y obraba y pensaba como un hombrón completo y no como el muchacho inocente de escuela que había sido.

Como dijimos en un principio, Carlos se caracterizó por el buen fondo en todos los actos de su vida. En este pueblecito humilde se captó con una facilidad admirable las simpatías de todos los habitantes. El origen de esa simpatía de la gente para él, principió de una manera interesante. Había en ese pueblo un cacique, como los hay siempre en los pueblos. Pero éste no era un cacique que se imponía con su fuerza, sino cacique que se hacía odiar con su dinero, pero que también se imponía, el dinero siempre se impone... Rico, el único rico o el más rico del pueblo. Era un viejo de apellido Rubio, con acciones de judío. La misma señora en donde Carlos permanecía, recibía las injusticias del señor Rubio. Carlos se dio cuenta de esto hasta en cierta época en que tomaba su desayuno en el comedor. Era una mañana lluviosa de invierno y Carlos notó que el agua se metía por las goteras en el interior de la casa. Precisamente en el lugar en que él comía, caía el agua sobre la mesa. Carlos se indignó mucho y llamó a la señora. Ella, avergonzada, le dijo que la casa no le pertenecía y como era tan pobre solamente podía pagar la renta mensual, así como muchas gentes hacían. Carlos preguntó que de quién era.

—Ah, de don Lupe Rubio, si es él, don Lupito, el que tiene más casas en el pueblo.

—¿Y por qué no manda a componer la casa? —le preguntó Carlos.

—No quiere, no quiere, pero eso sí, cobra el mismo día que se acaba el mes —contestó la señora.

Desde ese momento Carlos se hizo enemigo acérrimo del señor Guadalupe Rubio y por ese simple motivo se captó todo el cariño del pueblo. Ese mismo día fue a visitar al señor don Lupe Rubio, pero para mayores males tuvo una inesperada sorpresa: el Secretario o ayuda de cámara era nada menos que su antiguo rival Agustín Peña Ríos. Tuvo Carlos que abandonar la casa antes que don Lupe, que andaba en la calle, llegase. Pero el cariño de todos para Carlos llegó también a tomar raíz en un corazón femenino. La hija de la señora en donde vivía, una muchacha que se llamaba Rosa, principió a sentir una fuerte pasión por Carlos. Esto sucedía desde el día que Carlos había llegado a la casa. Carlos Nufio, como siempre, no era un don Juan que coqueteaba sino que las muchachas lo buscaban por su buena figura. Tampoco en esta ocasión se dio cuenta hasta que cierta vez, mientras que arreglaba su valija, vio que la muchacha entraba a su cuarto con los ojos humedecidos, preguntándole que si ya se iba.

Él, sorprendido, sonrió al principio y después no le habló. Le preguntó al fin que por qué le preguntaba eso, y entonces ella, muy confundida ante la sonrisa de él, bajó los ojos y no pudo hablar más. Rosa era una muchacha de esas muchas que no es fácil encontrar en estos tiempos. Se había criado en el campo y era ingenua. De Carlos Nufio estaba enamorada completamente hacía días. Carlos le preguntó:

—¿Por qué me pregunta que si me voy?

Ella le contestó:

—Pues todos lo sentirían mucho, mi mamá Pancha y todos.

Carlos le repuso:

—No me voy, no me voy. Estaba arreglando mi valija únicamente.

Y sin saber lo que hacía, con la emoción nerviosa tan propia de Carlos, la atrajo contra el pecho. Ahí tuvo principio todo. Rosa se sintió tan impresionada que se fue a su cuarto a llorar de emoción. Carlos también se impresionó y se fijó después que la muchacha tenía unos ojos hermosísimos y empezó a gustarle. Cuando llegó el plazo de regreso, Carlos se sentía tan a gusto en el pueblo infeliz, rústico, en medio de aquellas gentes humildes; tan querido por todos, andando en las calles sin cuello, sin corbata y sin saco. Era un Adán en un paraíso. Y había llegado a convencerse de que sólo en esos pueblos, donde no hay exigencias sociales ni nada, es donde uno puede encontrar la felicidad. Él era feliz viviendo ahí, ordeñando las vacas a veces. Y cuando llegaba cansado después del ejercicio, se encontraba con los ojos cariñosos de Rosa. Ella le arreglaba la ropa, le ponía botones a los sacos viejos, le zurcía los escarpines. Carlos, que era un gran muchacho, simple, sin artificios, bueno como la leche, sincero, muy sincero, llegó a tener la idea rotunda de que él debería casarse con ella, de ser feliz para el resto de su vida. Aquí precisamente principia una primordial faz en la vida de Carlos. Se enamoró de la muchacha humilde porque ella estaba enamorada de él, por las bondades de su corazón, por la vida rústica y encantadora del pueblo.

¿Era él culpable? Nadie es culpable por buscar su felicidad. Su padre, don Pedro, que aún vivía, le preguntó que por qué había decidido casarse y Carlos le contestó que él no era culpable, que se iba a casar con Rosa y que estaba dispuesto a hacerlo sin ningún remordimiento. Y poco tiempo después se casó con ella. De nada valieron consejos y reprensiones de la madre y de las hermanas. Él dijo que se casaba y que saldría con su propia voluntad. Las hermanas como el padre y la madre como los tíos, tomaron una parte activísima para evitar el matrimonio. Amanda, la menor de las hermanas y la que le seguía a Carlos, vino al pueblo en compañía de don Pedro, el papá. Pero todos ellos, toda buena observación de ellos de nada sirvió.

Carlos estaba dispuesto a verificar su matrimonio y nadie hubiese podido evitarlo. Es verdad, Carlos no pertenecía a la más alta clase social, ni a la última clase, pero como hombre, él, Carlos valía mucho. Seguramente ninguna muchacha que lo conociese a fondo lo hubiese rechazado. Sus cualidades físicas —que fue lo más conocido en él— no eran más que un reflejo de sus méritos de hombre trabajador, sincero, noble, sin vicios, servicial, etcétera.

Pero Agustín Peña, el rival de Carlos, no sólo había sido, en otro tiempo, admirador, sino que novio de Rosa. Y aquí, como se verá, la coincidencia volvió a ser inoportuna. Carlos y Agustín se encontraban otra vez, al parecer, de una manera mucho más comprometida. Además, Peña defendía los intereses del señor Rubio, que era enemigo de Carlos, y de este modo, una nueva guerra tomó lugar en el pueblo entre los dos antiguos rivales. La noche en que el matrimonio de Carlos y su novia se verificaba, súbitamente cayeron en la casa en que habitaba Carlos, como cosa de veinticinco hombres, entre sirvientes y amigos de don Lupe Rubio. Unos con armas de fuego, otros con armas blancas. Don Lupe no andaba allí, pero Agustín Peña encabezaba. Carlos salió solo y desarmado. Entonces Peña se acercó y le dijo que no abusaría de la fuerza, pero que creía que era preferible para Carlos que se rindiera y los acompañara, pues de lo contrario él no sería responsable de lo que sus compañeros hicieran.

Carlos, marcadamente enojado, quiso hablar, pero Agustín se acercó con impertinencia y le dijo:

—Mirá, Nufio, ningún hombre me ha hecho sufrir tanto en la vida como vos. Ninguno me ha escupido en la cara como vos, Carlos, y sin embargo, yo he buscado tu amistad en más de una vez. En este momento me quitás, me robás la última esperanza de mi pobre vida. Rosa no me quiere a mí, eso es cierto, pero yo la adoro y además, cuando ella y yo éramos niños, la casa de ella estaba al frente de la mía y entonces los dos nos queríamos muchísimo. Ella se olvidó de mí cuando vos veniste, pero yo no...

Pero el hombre que tiene amigos y simpatías en la gente de pueblo, jamás está solo. Mientras Agustín hablaba así, todos los que presenciaban el matrimonio se habían ido a armar y hasta muchos de los padrinos e invitados. Y ya se sabe que el pueblo todo fraternizaba con Carlos, tanto como odiaba a don Lupe Rubio, Súbitamente un disparo se oyó, y Agustín y los suyos buscaron a Carlos, pero aquél había huido. Y desde ese momento todos no hicieron más que buscar trincheras, que ellos de algún modo improvisaban y así, bajo la oscuridad de la noche esperaban el momento no menos oscuro de vencer o morir ahí. Carlos mismo peleó en ese fuego encarnizado, entre hombres, arrojando todo el odio, la pasión y profundo resentimiento contenido por muchos años, peleaban contra los otros hombres del pueblo no menos resentidos y llenos de venganza y odio. Mientras tanto, eso pasaba bajo la lluvia y la oscura noche. Los hombres peleaban contra las sombras. Aquel pueblecito jamás había visto un drama igual en su historia de resentimientos contenidos. Cuerpos llenos de sangre se veían caer. Los nombres de Carlos y don Lupe Rubio saltaban de los labios como si hubiesen sido dos generales, jefes de opuestas fuerzas. Bajo la lluvia, contra las sombras, mientras las mujeres imploraban a sus maridos la prudencia que no existía, el fuego terrible, con sangre, con lodo, con espanto, con dolor, con olor a pólvora, con chispas de las balas como relámpagos, con ese horror de la guerra, seguía...

Y las mujeres rezando en los hogares, pidiendo a Dios para que aquel fuego terminara, suplicándole a los esposos la prudencia, el buen camino. Mas nadie hubiese podido dar por terminada aquella guerra de pasiones. Había llegado lo que habían esperado por muchos años. Había llegado la oportunidad de la venganza. Era el momento de la protesta; ya no serían esclavos de don Lupe Rubio; ya no serían humillados, vejados por el dinero del cacique. "¡Que muera don Lupe Rubio!", y de pronto allá casi al amanecer, cuando el fuego estaba para concluir, dos hombres, con el horrible deseo de la venganza, aparecieron de pronto con don Lupe Rubio, amarrado de pies y manos. Y luego otros con Agustín Peña también amarrado de pies y manos.

—¡Ahórquenlos! ¡Métanlos en una hoguera! ¡Fusílenlos! ¡Ladrones! ¡Ahorquen a don Lupe Rubio en medio de la plaza!

Toda la gente, todo el pueblo iba a presenciar aquel acto inhumano cuando Carlos Nufio se presentó con un revólver en una mano y les dijo:

—La venganza es propia de los mediocres y vosotros, hijos del pueblo que, con vuestras propias manos habéis conquistado vuestros derechos, no debéis hacer eso. Basta de humillaciones para don Lupe. Él ha de jurar ante todos nosotros que de hoy en adelante ha de ser una unidad en el pueblo, que trabajará por el bien común.

Don Lupe Rubio aceptó lo que Carlos decía y después de jurar ante todos que sería bueno y que de hoy en adelante no robaría ni maltrataría a los vecinos, cobrándoles por rentas de casas y de tierras, dijo con lágrimas en los ojos de agradecimiento:

—Propongo a todos que el joven don Carlos Nufio sea nuestro próximo alcalde.

Después todos, unánimemente, aceptaron la propuesta y Carlos, que en un principio trató de negarse, acabó por fin de aceptar. Y así dio fin la guerra y la boda se realizó. Poco tiempo después fue Carlos efectivamente electo alcalde de la ciudad y desde el día que tomó posesión, y ya como vecino del pueblo, una nueva era tomó lugar, una era de progreso en el pueblo. Ninguna Municipalidad hizo lo que aquélla durante el tiempo en que Carlos fue alcalde. Carlos se ufanaba de lo que hacía y los vecinos lo consideraban como enviado de Dios.

LA MUERTA

El hombre anciano de la silla pedía al cielo que aquellas gentes estuviesen lejos de él. Había estado allí por muchas horas, meditando hasta que la cabeza le daba vueltas. Deseaba concentrar sus pensamientos, pero comprendía que le era imposible. Las cinco candelas de la cabecera de la cama le distraían, pero se alegraba más cuando la figura de alguno de los invitados interceptaba la luz. También se distraía con las sillas alrededor del cuarto, como centinelas en guardia y la pequeña mesa cerca de la ventana con el crucifijo y las botellas de aguardiente. Deseaba pensar en la muerta perdida en la inmensidad de aquella cama de roble. Él la había estado mirando con extraña sospecha y tristeza desde temprano de la mañana. Se ponía nervioso cada vez que se encontraba con el traje negro, las sienes pálidas y el estado inmóvil del cadáver. Inconscientemente se movía impelido por una profunda piedad. Al fin, alguien le tocó el brazo: ¡José Ramón! (el que le hablaba era Cancio, un vecino que había celebrado su matrimonio).

—¡José Ramón! -¿Qué es? -¡Dicen que Cabarga anda en el pueblo!...

—¿Y eso qué importa?

—¡Creí que lo mejor era decírtelo!...

Cancio esperó un momento; después salió en puntillas, como lo hacían todos, sus movimientos parecían los gestos de un juguete automático. Pasado un momento se oyeron unos pasos; luego, una risa dura y altisonante (eran unos muchachos y muchachas que venían a velar la muerta). A poco se oyó el chasquido de un beso en la oscuridad. Inconscientemente, sintió el viejo una oleada de cólera...

La muerta sólo tenía diez y nueve años cuando se casaron; él tenía cuarenta y ocho. Únicamente porque él era dueño de muchas áreas de tierra y muchas cabezas de ganado, el padre de ella había consentido en que se realizara la boda. Y Cabarga, el preferido y altanero, se había puesto a un lado para ver pasar aquella pareja absurda. Luego había realizado una escena violenta. Andaba ebrio y desde muy temprano acechaba la comitiva que salía de la iglesia.

—No te olvides de mí —le dijo el novio, un poco respetuoso para su condición anormal—. Si algo le sucede a ella yo te voy a matar con la sangre fría.

José Ramón sólo le dijo: "Andate a dormir un poco para que te compongas, hombre; y luego venís a la casa para que bailemos esta noche". Cabarga se había ido al campo; bebiendo todos los días; haciendo planes contra el rico rival hasta que un inspector lo había atrapado y puesto preso. Mas, ahora finalmente él estaba libre. Y como a la muchacha algo le había sucedido, él iría a cumplir su promesa. ¿Qué era lo que le había sucedido a ella? José Ramón no sabía; él le había dado todo lo que había podido, pero ella todo lo había recibido de las manos de él con seriedad; consecuencialmente, no había obtenido de ella más que apatía. Había llegado a su casa apáticamente, cada día se había puesto más delgada, luego había caído enferma súbitamente y por fin, esa noche se había muerto. Y Cabarga vendría donde él; de esto él estaba seguro. "Bien —había dicho— déjenlo entrar cuando llegue.

Reinaba horrible silencio entre los invitados de la cocina. Después un ruido súbito de éstos que se movían y luego un bronco ruido de las sillas arrastrándolas; la puerta del cuarto donde estaba la cama se abrió y la roja llama de las luminarias de la cocina se combinaron con la enfermiza y amarillenta luz del dormitorio. Entró el cura entonces, su melena larga, su cara y sus erectas espaldas, más le daban la apariencia de un soldado que la de un sacerdote. Este volvió los ojos hacia la cama mortuoria y luego hacia el deudo.

—Oh, no debes tomarlo de ese modo hombre —le dijo—. No debes tomarlo de ese modo; debes soportar esto con valor —le volvió a decir y salió del cuarto. Este no le puso atención, su imaginación estaba pensando en extrañas cosas que no podía arrancar de su cabeza. Infinidad de hechos pasaban bajo de su frente.

Trataba de pensar del alma de ella. Se acordó de una paloma atravesando la noche; luego de un pájaro perdido en el crepúsculo. Él pensaba de ella como de una cosa solitaria volando en un largo viaje y sin tener en donde descansar. Se la imaginaba pronunciando el vibrante y lastimoso llanto de un *peweet.*

En la cocina los invitados bebían café. El ruido de la loza se oía distintamente. Bien podía distinguirse el agudo sonido de las tazas que se colocaban en los platillos y hasta el movimiento nervioso de las personas que se atendían mutuamente. Sentía como si todos los ruidos fuesen hechos a un paso de él y a veces le parecía que estallaban dentro de su cabeza. Cancio volvió a entrar en el cuarto:

—José Ramón —le dijo— debes tomar algo, una taza de café, cualquier cosa; tómate una taza de café, yo te la voy a traer.

—¡Oh, déjame, Daniel!

Se sentía de tal modo que le daban deseos de insultarlo y pegarle por sus atenciones.

Luego Daniel, poniéndose un tanto grave, le dijo a Cancio al oído:

—José Ramón, yo creo que harías bien (o que yo haría bien) en ir a ver a Cabarga y decirle... que sería un disparate de él venir aquí y armar un pleito. Dime, ¿no crees tú que debo ir a verlo? Yo creo que él estará en su casa.

—Déjame eso a mí, Daniel. Te lo repito, es asunto mío (súbitamente se acordó de la cuestión entre él y Cabarga).

—Está bien, tú lo sabes mejor —le dijo Daniel a José Ramón, y lo dejó solo.

Cuando la puerta se abrió para dar salida a éste, se oyó de pronto una voz subyugadora cantando y muchos pies como tambores, pateando el piso, llevaban así el compás de la música; aquel canto bello concluyó por irritar a José Ramón. Se imaginó muchas cabezas; saludándole y muchos cuerpos balanceándose de uno al otro lado con el ritmo de la música. Reconoció el canto y empezó a pensar en él sin poderlo olvidar más, y entonces lo cautivó e ingenuamente pensó en el maravilloso cerebro que deben tener los músicos para componer la música. Sus pensamientos pasaron a un cuadro que él había visto de un hombre con un violín, debajo de la barba. Inconscientemente buscó una posición cómoda porque le dolía la espalda de estar encorvado. Al ver la cama mortuoria sintió el recuerdo de la primera vez que la había visto; ella andaba paseando a lo largo del camino con Cabarga; era un domingo por la tarde, los dos andaban con las manos estrechamente unidas. Cuando ellos le habían visto, habían parecido sorprendidos y súbitamente avergonzados. Habían reído con una risa emocionada para ocultar su turbación, y él recordó también que no le habían dirigido la palabra.

Luego con una disimulada sonrisa de buen humor y un maduro sentimiento en su interior había pensado que: “la gente joven siempre es así...”, y recordó otros días en que la había encontrado con Cabarga y por fin como había venido en él la convicción de que podía casarse con ella y luego cómo había empezado a seducirla, tal como si hubiese pensado en comprar una pareja de bueyes o celebrar un contrato para la corta del maíz. Hasta el día en que se hubo casado con ella, él se sintió como el comprador que tiene su compra y conoce cada recodo y curva del camino por donde marcha. Se oyó una fuga en la cocina con el ruido de unos pies que se dirigían hacia la puerta.

La aldaba se levantó con ruido sordo y pudo oír el tono bronco de unos hombres con la entonación elevada de unas mujeres; comprendió que se dirigían a andar a lo largo del camino. Para verlos irse se acercó a la ventana; la luna estaba sobre el mundo como una flor de luz. Pero abajo, en la sombra, se veía una especie de tela negra colgando de las yerbas altas y de los árboles. Las casas en el sendero estaban blancas como edificadas en una región misteriosa aquí cerca se oía el zumbido de los zancudos, allá lejos el eco de una voz que cantaba... La tertulia de invitados pasaba abajo en el patio. Se oyó una broma con burla, después una manotada y una risa bulliciosa. Cuando se detuvo en la ventana oyó que alguien abría la puerta y se paraba en el umbral.

—¿Vas a venir, Dominga? —preguntó una voz.

El anciano trató de oír la contestación; pensó que daba importancia a las cosas más pequeñas. Buscaba algo con que pasar el tiempo a la manera del viajero en la estación del ferrocarril que observa las cosas más triviales mientras espera el tren que lo ha de llevar al fin del mundo.

—¿Vas a venir, Dominga? —la voz se volvió a oír, pero no hubo contestación. “Está bien, si no quieres no vengas”, oyó decir una voz irritada y luego, el que así hablaba salió al camino andando con cólera. Entonces en él reconoció la figura de Llaguno, que siempre tenía disgustos con su mujer; luego comprendió con satisfacción que vagamente se había distraído con este pequeño incidente. Desde el camino llegaba el agudo grito de una de las muchachas que había salido, luego un coro de risas. Y pensando en Cabarga y en la muerta, se le vino el recuerdo de la relación del hombre y la mujer, No tenía palabras para ello, porque amor era término que él creía debería estar confinado a libros de historietas, era una palabra de la que debería tenerse desconfianza como de una voz afectada. Era un signo de mofa; de tal relación (de hombre y mujer) él tenía una idea vaga. Él pensaba de ello como de un entrelazado de hilos uniendo a dos personas y como una tela que fuese débil y fácil de romperse; o como un juego de cuerdas que trabajasen con nudos hasta llegar a hacer un enredo capaz de hacer perder la razón a aquellos cogidos en él. Esto le enseñaba como las cosas bellas, de infinita gracia, palabras suaves, en una noche de junio, vagos vaivenes bajo la luz de la luna, embarazosas manos unidas, pudiesen llegar a ser como en el caso de Cabarga y la muerta una cosa de malevolente fuerza, una cosa de silencio siniestro, una sombra de duda que conturbaba. Y entonces con un golpe, sintió o pensó descubrir en él mismo una especie de delito, pero se olvidó de aquello para pensar cuán pacífico será para un muerto reposar a la luz de la luna y no en un oscuro cuarto con seis candelas en la cabecera y muchas sillas alrededor.

Le pareció extraño finalmente que Cabarga, en vez de venir como amante feliz, viniese como un vengador a asesinar a su rival. Cancio entró entonces. Había un gesto de enojo en su rostro, con modo agresivo.

—Te repito, José Ramón, nosotros debemos prevenir esto. Es lo que debemos hacer.

El viejo no contestó.

—De cualquier modo, yo debo ir al pueblo por la autoridad aunque no quieras vos.

José Ramón sintió lástima por Cancio. La idea de obtener un gendarme de la policía para prevenir la tragedia que se aproximaba le pareció ridícula. Se imaginó un niño que se opusiera contra la tempestad.

—¿Cómo sabes, Daniel, que Cabarga va a venir? —le preguntó por fin.

—Llaguno, el contratista, lo vió y habló con él. Dice que anda diciendo que te va a venir a matar hoy...

—¿Saben algo de eso en la cocina?

—No, nada.

(Hubo una pausa larga).

—Está bien, óyeme un momento. Ándate y no digas nada, ni una palabra. ¿Comprendes? ¿No crees que sería disparatado hablarle a la autoridad y que él no viniera? De todos modos, si él viene, yo voy a arreglarlo todo y si no puedo te voy a llamar. ¿Crees que es lo mejor?

Cuando la puerta se hubo cerrado para dar paso a Cancio, José Ramón comprendió que había abandonado el último recurso. Tendría que luchar solo contra el destino. Estaba seguro que Cabarga cumpliría su ofrecimiento; y entonces sintió una especie de curiosidad de cómo iba a pasar aquello, ¿iría a ser con las manos o con un revólver? El esperaba que fuese con un revólver; la idea de meterse a las manos con aquel hombre joven y fuerte lo llenó de extraño terror.

El pensamiento de que dentro de diez minutos o media hora o dentro de una hora podría estar muerto, no había pasado por él todavía; era el acto físico el que lo espantaba. Se sintió como si se encontrara terriblemente solo y un aire frío empezó a soplar y a penetrar en cada uno de sus poros. Hubo una contracción en los huesos del pecho y un escalofrío en los hombros. Lo que él iba a defender era la idea de la muerte, como si de una alta torre bajara a un insondable y oscuro abismo. Se levantó y fue a la ventana, luego miró hacia el lado de la cocina. Desde una hendidura en un lado de los postigos venía un hilo de luz de candela, comprendió que allí estaban unos hombres jugando dinero para pasar el tiempo. Luego se hizo más grande su terror; el frío en la cocina había disminuido considerablemente.

La mayoría de los invitados se había retirado y aquellos que aún permanecían, parecían somnolientos y amodorrados sobre el fuego. Después sintió un deseo de abalanzarse sobre ellos y suplicarles que lo protegieran y escondieran detrás de sus espaldas y acercarlos alrededor suyo en un círculo sólido. Luego pensó que los ojos de ella estaban en su espalda mirándolo y entonces sintió miedo de volver la vista por temor de encontrarse con aquella mirada. Ella siempre lo había respetado y él no quería perder su respeto ahora y el miedo de que podría perderlo cayó sobre sus hombros como un peso e hizo rechinar el tacón de sus zapatos sobre el piso. Y entonces alumbró en él la idea de la gente que asesina, de las tropas peleando con ímpetu en las trincheras; de los hombres que salvan las puertas de una cárcel en la oscuridad y de una figura que él había visto en un libro, una siniestra figura con una hacha y una careta negra... Cuando miró abajo del patio vió una persona abrir la puerta dirigiéndose a donde él. Parecía un hombre que andaba despacio y cansado. El adivinó al momento que era Cabarga. Por fin, aquél abrió la puerta de la cocina, luego parecía que se dirigía lentamente a donde él. Después se hizo borroso en la sombra y volvió a aparecer vagamente. El viejo sintió que la pulsación de su corazón era como el tic-tac de un reloj. Se sentía en sí tan estrecho, que casi no podía respirar; anduvo inconscientemente unos pasos, la luz que venía desde el dormitorio corría en un extenso cauce. Se paró en ella como en un río.

—¿Está muerta? —oyó decir de repente. Y entonces adivinó que Cabarga estaba detrás de él. El ala del sombrero del visitante despedía la sombra adelante de sus ojos; se miraban en la sombra una manos metidas en los bolsillos del saco. Entonces el viejo dio vuelta y le dijo: "Se murió; tú lo sabías, ¿no lo sabías vos?", fue todo lo que pudo decir. "¿Quieres venir a verla?", le dijo después. Había olvidado a qué había venido Cabarga; estaba ofuscado; no sabía qué decir.

Cabarga se movió un poco, la luz de la ventana le cayó en la cara. Y José Ramón en una ojeada observó con terror que estaba horrible con los labios descarnados y los ojos luminosos. Rezó sin abrir los labios y comprendió que el miedo se le escapaba, después levantó la cabeza. Luego observó con el rabo del ojo que Cabarga auscultaba en el cuarto y tuvo temor de que pudiese encontrar la cama en que descansaba la muerta. Con esta idea sintió un gran deseo de lanzarse entre Cabarga y la muerta, como si se tratara de una criatura indefensa y un gran peligro.

Después bajó los ojos, creyó que no hacía bien en observar el rostro de Cabarga. Abajo, en la cocina se oían voces: era una disputa entre los jugadores de póquer. Había uno interrogando febrilmente y uno más arguyendo con cólera y otro procurando hacer la paz. Súbitamente el viejo oyó sollozar a Cabarga. "No llores hombre", le dijo. Luego se puso a darle palmaditas en el hombro con cariño. Sentía como si una cosa muy apretada se aflojase en sus entrañas; como si la vida le volviese otra vez. Su voz era nerviosa, mientras tanto continuaba dándole palmadas en los hombros. Ahora sentía por Cabarga la misma piedad que sentía por la muerta, que para él era un niño dormido que no debía despertarse y un gran sentimiento de paz comenzó a penetrarle. A Cabarga lo mimaba como si hubiese sido un hijo suyo que, herido y maltrecho regresase donde él para que él lo protegiera. Y él le iba a brindar todo su consuelo... Se detuvo en la puerta por un momento. "Está bien, hombre, entrá". Alzó fríamente la aldaba. Luego, cuando entraron, el anciano sintió como si unas paredes muy altas se hubiesen desmoronado y los tres abrazados, entraran en la luz de un nuevo día...

INÉS

Por el tiempo en que yo cumplía 10 años, llegó Inés a nuestra casa. Un compadre se la recomendó a mi madre para que saliera a la calle con mis hermanas. Era en aquellos tiempos cuando una niña de buena clase social no debía salir sola para que la gente no inventara cuentos...

—Le voy a traer una muchacha que le va a gustar; es humilde, pero muy honrada y trabajadora. Se llama Inés. Es una pobre muchacha que necesita vivir en un hogar de respeto, como el suyo. La madre de ella me ha suplicado que se la recomiende a usted.

—Tráigamela —le dijo mi madre— y si se porta bien, aquí va a estar más a gusto que en su casa.

Tres días después llegó Inés, que en ese tiempo contaba 19 años. La pobre muchacha llevaba un vestido bastante viejo. Mi madre le regaló un traje usado de una de mis hermanas y ella al momento se vio bien. Era de buena estatura, delgada, y tenía facciones de muchacha bonita. Era descalza como son todas las muchachas de su clase en Santa Clara. Mostraba unos pies pequeños y blancos, porque era efectivamente muy blanca. Pero lo que más apreciaba en ella —con mis 10 años— era su sonrisa. Tenía hoyuelos en las mejillas y cuando sonreía mostraba en la boca toda la ternura de su corazón.

No hablaba, era silenciosa y hasta misteriosa. Se llenaba de cierto mutismo que a mí, sin embargo, me halagaba en el corazón. No hacía ruido tampoco. Parecía una sombra cuando se deslizaba limpiando las sillas, haciendo las camas o componiendo las cintas de las cortinas. Cuando mi madre o mis hermanas la llamaban:

—¡Inés!

Ella con una voz suave, apenas perceptible, contestaba:

—Señora, ¿qué manda?

Cuando se retiraba a dormir —tarde de la noche, porque en mi casa siempre había tertulias hasta la una de la mañana, y la presencia de Inés se hacía necesaria— a menudo una señora preguntaba a mi madre.

—¿En dónde se consiguió esa muchacha? ¡Qué buena parece!

—¡Realmente! —agregaba el Dr. Acosta, el más asiduo visitante a las tertulias—: ¡Qué buena parece!

Mi madre refería la historia de cómo había llegado Inés a la casa y agregaba algo en su elogio. Mis hermanas que escuchaban la conversación decían otros elogios. Yo, que no podía mezclarme en la conversación de los grandes, sentía no poder agregar más elogios. Todos la queríamos —no por generosidad— sino porque ella se hacía querer.

En las noches de luna —de aquella luna maravillosa de mi pueblo—, ¡cómo me acuerdo de aquellas noches en que jugábamos con Inés!... Todos los niños de la vecindad venían a jugar al "llanito", cerca de nuestra casa. Todos los niños de la vecindad, varones y niñas, llenos de risas, de gritos, de carreras, de alegría y diversión, todos alrededor de ella jugábamos los juegos maravillosos que ella misma nos había enseñado.

Jugábamos "Las escondidas", "El caballito", "San Miguel", "Quien gana pierde", etcétera, etcétera.

Este "llanito", como llamábamos a aquella parcela de tierra cubierta de zacate de grama, donde enterré los ratos más alegres de mi infancia, era o había sido un "solar", ahora abandonado, cuyo tapial o cerca se había caído de puro viejo y no se había vuelto a arreglar por esa negligencia tan propia de la gente de pueblo, que casi siempre son dueños de tierra que nadie cultiva...

Pero nosotros sí, supimos aprovechar esa tierra abandonada. Privarnos del "Llanito" hubiera sido como privarnos de la salud, de la alegría, de las carreras, del ejercicio que nos hacía reír, comer con hambre y dormir con sueño... El mismo terrateniente, quien quiera que hubiese sido, no hubiera tenido la ingratitud de privarnos de aquellas horas tan dulcemente inolvidables.

Ella —como he dicho—, a pesar de su edad tomaba parte en nuestros juegos porque realmente tenía en su inocencia mucho de niño. Así fue cómo aprendí a querer y admirar el corazón sutilmente generoso de Inés. A veces me decía a mí mismo: "Si Inés no fuera sirvienta y si yo fuera hombre grande, me casaría con ella...".

Recuerdo que entre los juegos que jugábamos, el preferido era "Las escondidas". Me gustaba esconderme y me gustaba que Inés me encontrara porque con su fuerza natural y su espíritu de muchacha alegre, me tomaba en peso, muerta de risa. A veces sentía sus frescas mejillas cerca de mis labios y aquello me producía un natural e inocente encanto.

—¡Ajá, te encontré!

Otra curiosa experiencia que a mí me pasaba con ella, era ésta: Mi madre, guiada por el cariño que le profesaba, le gustaba bromear con ella:

—Te vamos a casar muy bien. ¿Con qué clase de hombre te quieres casar, Inés?

—Con ningún hombre. Yo no me voy a casar nunca —contestaba.

Y yo, sin disimular un reproche, le contestaba a mi madre:

—¡Pero, si la casas te va a hacer mucha falta, mamá!

Entonces todos reían, maliciosamente, mirándome. Yo me avergonzaba, pero me daba cuenta de que Inés agradecía mis palabras con una muy amable sonrisa.

Poco tiempo después me convencí de que mi madre no se hubiera separado nunca de ella. Esto se puso a prueba así: Inés era muy religiosa. Un domingo pidió permiso para ir a la iglesia, muy temprano. Repitió esto durante varios domingos y por fin mi madre se preocupó y me recomendó a mí para que la acompañara. A ella no le gustó la actitud de mi madre, pero se quedó callada. Fuimos a la iglesia juntos y cuando salíamos vi yo que un señor de aspecto distinguido, pero que se ocultaba nerviosamente detrás de la puerta, se acercó y le ofreció una rosa muy hermosa que ella no quiso aceptar. Luego desapareció él y pude ver que era el Dr. Acosta...

Cuando llegamos a casa, con mi inocencia de niño referí el incidente a mi madre. Ella se enojó mucho y reprochó a Inés con seriedad. Definitivamente nos prohibió volver más a la iglesia.

Dos años después tuvo Inés un divertido novio. Era un viejo señor hacendado, de unos 60 años, muy rico y sin herederos, pero ni siquiera su riqueza pudo atraer a Inés. En un principio, supusimos que llegaba como amigo que había sido de la casa, pero sus visitas aumentaron y entonces hicimos conjeturas sobre los propósitos de don Anselmo. Lo peor de todo era que en sus largas visitas, el material de conversación se agotaba. Don Anselmo no entendía nada que no fuese mulas, potreros, cueros y maíz. Mi madre, dueña de hacienda, entendía algo, pero mis hermanas y yo nos poníamos a bostezar. Don Anselmo debió haber pensado que su sistema no era práctico, pues nunca conseguía hablar a solas con Inés. Y entonces el viejo compró un ramo de flores y llegó de visita como de costumbre. Mis hermanas al ver el hermoso ramo de flores, le agradecieron con los ojos, pero él se apresuró a rectificar:

—Son unas florcitas para Julita, la muchacha —dijo.

—¿A qué muchacha se refiere? —le preguntó mi madre.

—A la muchacha que tiene usted aquí —le contestó don Anselmo.

—Usted se refiere a Inés —le rectificó una de mis hermanas.

—Sí, a Inés... a Inés, se me olvida el nombre...

Fuimos a llamarla y como Inés entendía de bromas y jamás daba a entender cuando alguna cosa no le gustaba, recibió las flores y le prometió usarlas en su nombre...

Mi madre y mis hermanas le hicieron campo, como se dice, y quedó don Anselmo solo en la sala con Inés. Pero el viejo abusó de la generosidad, pues se estuvo cuatro horas sin moverse de la silla. Mucho tiempo después contaba ella que en aquella misma tarde le había hecho la propuesta de matrimonio. Ella se divertía mucho con él, pero le había dado a entender que no aceptaba obsequios.

Él se conformaba entonces con visitarla...

Cuando él se volvió al campo en donde vivía, desde allá le continuaba escribiendo con una mala letra. Le mandaba frutas, quesos frescos y flores del campo...

Cuando Inés —mucho tiempo después— abandonó para siempre nuestra casa, él todavía le enviaba cartas. Mi madre tuvo que escribirle diciéndole que Inés ya no vivía en nuestra casa y que nadie sabía para donde se había ido.

Ni nosotros sabemos para dónde se fue —le decía en la carta.

Inés desapareció misteriosamente, pero no fue una cosa extraña porque su carácter y su conducta habían cambiado completamente. Aquella Inés tan apegada a nuestra casa, dejó de ser así para volverse una indiferente. Durante mucho tiempo había ido a visitar a su familia, en las mañanas y sin que nosotros supiéramos. Y alguna vez mi madre la reprendió duramente por su afán de pasarse todas las tardes sentada en las ventanas mirando para la calle...

Por fin ella hizo el papel de que se resentía mucho con las continuas reprensiones de mi madre, y en la noche de un sábado, sin decir adiós, se fue.

Qué cosa tan curiosa era no saber a dónde se había ido: en un pueblo tan pequeño. Nunca volvimos a saber nada hasta que mucho tiempo después, allí, en la bella propiedad del Dr. Acosta, el asiduo visitante a las tertulias de la casa, mi madre se encontró con dos muchachitos: hijos los dos de Inés, el uno de cuatro años y el otro de dos, los dos muy bonitos, pero pobremente vestidos...

—¿No sabe usted quién es la madre?

—No, no sé —contestó mi madre.

—Pues la madre es Inés, la muchacha que usted tenía. ¿Recuerda?

¿Inés?...

—Sí. Y el padre es el Dr. Acosta...

EL SOLTERÓN

Hilario Mendoza, fue desde niño un hijo y un hermano cariñoso. Era blanco, alto, flaco, muy ordenado y meticuloso, de expresión noble y de maneras tan sencillas, que infundía confianza desde el primer momento. Al cumplir 28 años, dejaba detrás una estela de perseverancia, de ahorros y de duro trabajo como secretario de la Gobernación Política. Era el brazo derecho de su madre, una viuda siempre quejosa, siempre lamentándose de la pobreza y de la vida. Muchas veces se podía observar que Lalo —así lo llamaba su padre— presentaba una arruga, una marcada arruga en el entrecejo. Esta arruga resultaba demasiado prematura a los 28 años. Los desvelos y las preocupaciones económicas estaban envejeciéndolo y para colmo de su desgracia, doña Teresa, la madre, murió en esta época, dejándolo esclavizado con una de esas promesas que piden algunos padres a sus hijos antes de morir y que éstos, naturalmente, no pueden rehusar. La única herencia que la madre le dejó fueron dos hermanas solteras e inútiles, la pequeña casita de adobe en que vivían y la promesa que él tenía que cumplir:

—La... lo... —le dijo con voz casi apagándose— cuídame a las muchachas...

—Claro, madre, no tenga cuidado.

—La... lo... (la voz se iba apagando), prométeme que no te casarás... hasta que se casen las muchachas.

(Lalo se confundió, le parecía difícil contestar inmediatamente).

—La...lo, es el último deseo de tu madre...

—Bueno, mamá, bueno. Te lo prometo...

Hilario era un hombre tranquilo y reposado. Se acostaba temprano, nunca salía con los amigos por la noche, y por eso éstos no lo tomaban en consideración. Sin embargo, él tenía buena cabeza para darse cuenta de su porvenir y tratar siempre de mejorar su situación económica. Por las noches, después que la criada le servía la cena —las hermanas no sabían cocinar— gustaba de pasear solo, por las orillas del pueblo. Mientras caminaba solo iba urdiendo monólogo tras monólogo. Toda la vida de Lalo era un continuo monólogo. Se preguntaba él si su vida estaba bien vivida, si acaso sería mejor hacer como hacían los otros hombres de su edad: ir a los bailes —Lalo no sabía bailar— beber licor, llevar serenatas a las dos de la mañana, aun en las mañanas frías, a la novia. Hacer ostentación de una corbata nueva, de un terno nuevo. Reír, preocuparse menos de la vida, ver lo bueno y lo malo con una simple sonrisa despreciativa. O si no, seguir siendo lo que hasta ahora había sido: un hombre callado, sobrio, reservado, amigo de economizar lo poco que podía del sueldo mensual.

Lalo concluía por confundirse y no atinaba cuál era la vida mejor. Luego pensaba en que acaso el matrimonio podría hacerle más interesante la vida. Pensaba entonces en la clase de mujer que le convendría. Luego se preguntaba si las demás mujeres eran como sus hermanas, que no sabían más que empolvarse, hablar de vestidos, pensar en algún hombre y soñar, soñar...

—No, no —se decía—, es mejor vivir soltero. La vida de soltero es muy tranquila, la vida de soltero no tiene esas interrupciones que traen las esposas cuando amanecen de mal humor...

—Además —se decía—, aunque quiera casarme, debo cumplir la promesa que hice a mi madre. Pero puede ser que cuando llegue a los cincuenta años, me aburra mucho.

—No —se decía— lo que debo hacer es ir buscando novios para Enriqueta y Dolores, debo ver si por fin da casan. Después, si logran casarse, yo quedaré más libre. Si entonces lo deseo, podré vivir como hasta ahora, pues nadie me obligará a buscar mujer, pero mientras tanto, es conveniente que trate de casar a mis hermanas. Ellas siempre están enojadas conmigo. La causa es que yo no voy a los bailes y las pobres no quieren ir solas. Debo principiar a acompañarlas. Voy a hacer mal papel, lo comprendo, yo no nací para ir a los bailes. Además, soy muy sensitivo y me hieren las bromas irónicas de los amigos. Tan pronto como me vean sentado, mientras todo el mundo baila, van a llegar con una compañera y me van a decir:

—Lalo, aquí te traemos una compañera para que bailes, hombre Estás muy triste…

—Naturalmente, lo que me van a traer va a ser una vicia una solterona, porque lo que quieren es tomarme el pelo… No sólo eso, después que me vean con la mujer del brazo, van a preguntarme que por qué no bailo; si les contesto que no sé bailar, van a insistir en que mi compañera es buena bailadora y que pruebe, que pruebe... ¡Ah, no hay cosa peor que caer en ridículo! Además, ya sé que andan diciendo por allí, que una fulana está enamorada de mí. Lo peor de todo es que hasta mis hermanas, mis propias hermanas, me hacen burla. ¡Malditas! No sé qué hacer, esta vida que llevo tampoco me satisface. Lo que yo debo hacer es, tan pronto como mis hermanas se casen, irme a vivir a un pueblo donde nadie me conozca. Voy a cultivar la agricultura, voy a criar pollos y chanchos, voy a andar sin cuello ni corbata, y me voy a hacer amigo de todos los vecinos del pueblo. Yo no he nacido para la vida de sociedad, me repugna toda esa mentira. Quisiera ver casadas a mis hermanas para irme a vivir a un pueblo. Tengo pocos amigos, lo comprendo, y la causa es que no hay mucha gente de mi carácter que me entienda. Si yo encontrara una mujer como yo, después que mis hermanas se casen, entonces tal vez me animaría, pero de lo contrario, no. ¿Casarme con una muchacha de estos tiempos?... Nunca; ya estoy cansado de que me manden. Pero volviendo al asunto, yo creo que debo plantear bien mi vida. Por ahora, lo que debo tratar de hacer es cumplir la promesa que hice a mi madre. Pero, mientras tanto, traer hombres a mi casa, debo traerlos con cualquier pretexto para que vayan conociendo a mis hermanas. Las pobres casi me lo dicen con indirectas. Muchas veces me dicen que sería lo mismo para ellas no tener hermano, que yo para nada sirvo. Comprendo lo que ellas quieren decir. Yo estoy seguro que Enriqueta conseguirá un novio, no tanto porque es bonita, no, Dolores es la única bonita de la familia. Pero Enriqueta es una muchacha que infunde amistad al momento; es fea, yo comprendo, pero es simpática, y creo que pronto se hará de amigos. Por lo menos, conseguirá interesar a los amigos para que sigan visitando la casa, y mientras tanto se fijen en Dolores. Indudablemente, Dolores es una muchacha bonita. Lástima que sea tan tímida, tan reservada, tan fácil que se pone coloradita cuando un hombre le dirige la palabra. Lástima que Dolores sea así, pero indudablemente, es una muchacha bonita; no parece de nuestra familia. No sé a quién salió, nosotros no nos parecemos a ella. Voy a conseguir que el doctor Ortega, que también se está quedando como yo, venga a mi casa. No quiero que sepa para qué lo traigo, voy a invitarlo para que me haga un escrito, después le presento a mis hermanas, lo invitamos a almorzar y finalmente le digo que ya es tarde y que otro día haremos el escrito. Voy a traer a Meme Bulnes, le tengo miedo porque es muy chistoso, este tipo me va a adivinar mi propósito, todo lo agarra al aire y después me va a tomar el pelo. Pienso en lo que dirían todos ellos si supieran que mi madre, al morir, me dejó amarrado, completamente amarrado. La verdad, hay veces que amanezco un poco romántico, cuando veo una muchacha bonita hasta me dan ganas de hacerle un verso, pero la vida ha sido tan dura conmigo... Las obligaciones de familia. Además, mi deseo siempre de economizar, economizar nada porque con un sueldo infeliz ¿qué se va a economizar? Pienso en lo que yo sería si mi padre viviera. Probablemente él habría cargado con las responsabilidades de la casa, y yo me hubiese divertido más. Claro, yo nunca hubiese sido un "calavera", porque para eso no nací, pero probablemente habría tenido tiempo para pensar en las mujeres y quizás ya estaría casado... Lo que a mí me arruina es mi carácter, soy un hombre tímido; y a las mujeres no les gustan los hombres tímidos; además, no tengo gracia para vestir, y las mujeres no perdonan eso nunca. Más valdría que yo fuera un fanfarrón, un embustero, pero con buenas maneras y con elegancia. Las mujeres prefieren a un hombre de esta clase. Bueno, realmente la vida es una cosa que nadie puede entender. Yo no estoy satisfecho conmigo mismo, pero creo que si yo fuera un hombre de bailes, de serenatas, de bebederas, etcétera.... tampoco sería feliz. Uno no puede ser feliz enfermándose del estómago con licor, levantándose con un dolor de cabeza después de una noche de parranda. Además, así no se puede economizar. Uno vive únicamente el presente, pero el futuro es como el humo del cigarro, no se ve, se va desvaneciendo, y un día uno se siente viejo... Sin embargo, quizás los hombres más felices son los que tienen algo qué contar de las mujeres. Yo no tengo nada qué decir, pero quizás soy más feliz que todos. Lo único que me da temor es que hagan ridículo de mí. Es lo único que me saca de mi modo de ser. Si viviera en un pueblo, sería feliz porque todos me respetarían. Yo me sentiría libre, libre para vivir mi vida a mi antojo...

Esa misma noche, cuando Lalo volvió a su casa, Dolores le

detuvo y le dijo a una señorita que estaba con ella:

—Adelaida, ¿no te conoces con mi hermano? ¿No se conocen?

—Oh, sí, nos conocemos, pero...

Lalo le dio la mano. Adelaida era una mujercita frágil y conversadora. Daba la impresión de que si se agarraba con la mano, se podía deshacer como una mariposa. Sin embargo, cuando Lalo se la dio, notó con sorpresa que se trataba de una mujer enérgica. Los dos se miraron las caras y no pudieron contener una sonrisa nerviosa.

—Usted es maestra. ¿Verdad, Adelaida?

—Sí, Hilario, ahora tengo un grado a mi cargo.

Después, en la cena, Hilario sintió un gran deseo de alcanzarle la carne, el café, los frijoles y las tortillas. Las hermanas de Hilario notaron el deseo que éste tenía en servir a Adelaida y lo dejaron, haciéndose ellas las desentendidas. Hilario no se dio cuenta de la risa burlona que jugueteaba en los labios de Dolores y Enriqueta —Dolores tenía 22 años y Enriqueta 19—.

Cuando Adelaida, que tenía 24 años, se despidió, Hilario estuvo presto a acompañarla en unión de Dolores. Desde aquel día, con sorpresa de las dos hermanas y de él mismo, Hilario llevó a sus hermanas a todos los bailes. A menudo les decía, con cierta ingenuidad, que ellas comprendían en su significado: "¿Por qué no traen amigas aquí a la casa? Cuando no van a los bailes, deberían invitar a unas amigas. ¿Por qué no invitan a aquella pispireta, tan inteligente. ¿Adelaida se llama, no?".

Después, cuando paseaba solo en las noches, sintió algo extraño en su interior. Se sentía más desgraciado que nunca y, sin embargo, más feliz que nunca... Inconscientemente pensó en que debería hacer algo para Adelaida, un regalo, una muestra de aprecio y simpatía, una gentileza que no pasara inadvertida. Creyó que Adelaida era una mujer admirable, pobre como él, inteligente y muy dueña de sí misma. Tenía unas ideas propias de gente seria que piensa en cosas trascendentales.

—Quizás esta mujer me comprendiera si le contara cómo soy yo por dentro, se dijo él mismo y acabó riéndose.

Desde aquel día, Lalo caminó siempre pensando en Adelaida. Cada vez que Adelaida llegaba a la casa, y él tenía oportunidad de conversar con ella, quedaba más enamorado. El eco de su voz le era familiar a todas horas: los modales de ella le parecían muy bien definidos. Era una mujer que no se confundía con ninguna. El hecho de ser pobre y de soportar a su madre de la manera que él soportaba a la suya, era una cualidad. Cada día descubría él nuevos encantos en ella. Por fin, no pudo más y le habló de su amor y de su admiración:

—Adelaida —le dijo—, yo te amo mucho, mucho y si tú me esperas... Prometí a mi madre no casarme hasta que las muchachas se casen, y tú sabes cómo son esas promesas... ¡Hay que cumplirlas!...

—Bueno... te puedo esperar —le contestó ella sonriente.

Desde aquel día, Adelaida empezó a buscar novios para Dolores y Enriqueta. Buscaba con tanto afán como el mismo Lalo. Los dos invitaban amigos para que vinieran a la casa. Instalaron una tertulia nocturna. Compraron un juego de lotería, cartones y fichas para que vinieran a jugar una infinidad de hombres. Mientras todos jugaban, Lalo y Adelaida, sentados en una esquina de la sala, con frases provocativas, echaban madera para que quemara el horno...

Mientras tanto, tres años pasaron sin tener éxito. Adelaida, que era práctica y conocía la psicología humana, se enojaba con Dolores y Enriqueta:

—Son unas mujeres inútiles —les decía—. No sirven para nada. Yo no sé qué les platican a los hombres, que nunca vuelven después que hablan dos palabras con ustedes. A los hombres nunca hay que decirles la verdad. Hay que engañarlos siempre. Deben hacerse indiferentes con ellos, deben hacerles creer que hay otro interesado. Deben tratar de ponerlos celosos... A los hombres nunca hay que decirles la verdad. Nunca deben demostrarles que ustedes se entusiasman por ellos; deben verlos con indiferencia. Probablemente ellos han comprendido que ustedes les quieren echar mano, y por eso se han ido... Son unas estúpidas, no conocen nada de la vida, yo voy a enseñarles, Lalo, le decía algunas veces a Adelaida: -

—Óyeme, Adelaida, ya me canso de esperar y las muchachas no encuentran novio. Lo que debemos hacer es casarnos... En mi casa hay sitio para dos familias. Yo no te voy a ofrecer todo lo que quisiera, porque voy a tener que soportar dos familias, pero lo principal es el amor... ¡El amor lo vence todo!

—No —le decía Adelaida— si fueras buen hijo, respetarías la promesa que le hiciste a tu madre. Además, cuando la pobreza entra por la puerta, el amor huye por la ventana... Perdona si te digo la verdad: si yo me caso contigo tendría en primer lugar que servir no sólo a ti, sino que también a tus hermanas. Tendría que vestirlas, ellas no saben ni eso, tendría que cocinar. Ellas, sí no fuera por la criada que tienen, se morirían de hambre. Tendría, en fin, que hacerles todo. Además, como tú sabes, tengo a mi madre viva... De manera que yo te digo lo de siempre: te amo, te amo con todo mi corazón, pero no puedo casarme contigo hasta que Dolores y Enriqueta se casen... Prefiero mi vida de maestra de escuela, es una vida tranquila y sin mayores preocupaciones. He conversado esto con mi madre y ella piensa lo mismo.

Los dos estaban agarrados, con las manos unidas; los dos miraban las estrellas rutilando en el sereno firmamento; los dos acabaron por cerrar los ojos para no ver la realidad. Era el final... Los dos comprendieron así. Adelaida era no sólo una mujercita emprendedora y activa, sino que orgullosa como ninguna. Podría hacer cualquier cosa por Lalo después de casados, pero no iría a cocinar para darles de comer a Dolores y Enriqueta. ¡Qué esperanza! ¡Qué se murieran de hambre, haraganas!

Un largo año pasó. Dolores y Enriqueta seguían solteras. Adelaida, por el contrario, no era la mujer que se sienta a esperar el "príncipe azul". Desde aquel día, indignada contra Dolores y Enriqueta y hasta contra Lalo, se propuso casarse primero que ellos y darles una lección. La indolencia de ellos era algo que la sacaba de sus nervios. Había que moverse. Lalo también era un inútil. Bastaba oírlo enamorar con aquella manera tan poco romántica. ¡Era un inútil! Tres meses después, Adelaida se casó. Se casó con un muchacho muy joven, pero hijo único de un rico señor salvadoreño que compraba miles de novillos para enviarlos a la vecina y próspera República de El Salvador. Pablo Luque, que así se llamaba el joven, era el que manejaba los haberes de su padre y Adelaida logró casarse con él.

Cosa rara: meses después se casó Dolores. Ellas que tanto habían buscado en vano, recibieron un día la visita del nuevo administrador de rentas y a los dos meses de conocer a Dolores, se casó con ella. Ahora sólo faltaba Enriqueta. Enriqueta se sentía indignada. Dolores, la indolente Dolores, que nunca decía nada atractivo, nada que interesara a los hombres, y ella, Enriqueta, la graciosa Enriqueta, seguía esperando...

Desde aquel día, Enriqueta hizo un desesperado esfuerzo para atrapar un novio. Había que moverse. Pero la pobre luchaba sin que su propio hermano le prestara ayuda. Lalo, desde el matrimonio de Adelaida, se sentía tan desgraciado que ya ni salía a la calle. Creía que por culpa de sus hermanas lo había perdido todo, que ya el mundo no le ofrecía nada, nada. Fue tal su indignación contra sus hermanas ¡que cuando Dolores se casó, no le hizo el más pequeño obsequio! Estaba completamente indignado... Lo había perdido todo. Al casarse Adelaida se había acabado la vida para él. Adelaida era la única mujer en el mundo que lo podía haber hecho feliz y él la había perdido por culpa de sus hermanas. ¡Malditas!

Sobre la casa cayó una sombra de dolor. Ya no habían tertulias, no había nada. Lalo se iba con un cigarro en la boca a vagar por las orillas del pueblo. La pobre Enriqueta se quedaba sola, a menudo se ponía a llorar, se estaba volviendo neurasténica. Cuando la tristeza era demasiada, se iba a casa de doña Fidelia, una tía de ella que vivía en la esquina. Doña Fidelia sólo le hablaba de cosas tristes, recuerdos de la vida en el pueblo cuando ella era joven, las costumbres de aquellos tiempos, las casas que se habían construido desde que ella era muchacha de bailes, etcétera. Enriqueta no podía soportar aquella conversación. ¡Qué horrible, Dios mío! ¡Parece que todos se proponen llenarme de tristeza! —se decía Enriqueta.

Entonces, en vez de ir a visitar a doña Fidelia se iba a casa de Prudencia, una compañera de escuela. Allí, en la casa de Prudencia, hizo amistad con un primo de ésta. Se llamaba Leopoldo, él las entretenía a las dos con mentiras graciosas; Enriqueta se sentía tan alegre oyendo a Leopoldo contar aquellas cosas, que así lograba olvidar la melancolía que la agobiaba. Un día, Leopoldo, a escondidas de Prudencia, principió a hacerle el amor a Enriqueta:

—Desde la primera vez que vino me gustó usted —le dijo.

—Yo no le creo a los hombres —le contestó Enriqueta.

—No todos los hombres somos iguales —le volvió a decir

Leopoldo.

—Sí —dice la verdad—, hay algunos buenos, pero son tan pocos —le dijo Enriqueta.

—¿En qué grupo me incluye a mí? —le preguntó Leopoldo.

—No sé —le contestó Enriqueta—, hay que conocerlo primero.

—Bien le volvió a decir Leopoldo, desde hoy en adelante me principiará a conocer.

Efectivamente, Leopoldo continuó haciéndole el amor a Enriqueta. A Enriqueta le cayó muy en gracia la manera de ser de Leopoldo, que por cierto no era tan graciosa. Leopoldo era un muchacho fanfarrón y vanidoso. Contaba que había peleado con muchos hombres y que los había vencido; que en el colegio, cuando estudiaba, había llegado a ser el mejor estudiante. Que tenía grandes ideales y que esperaba llegar a ser un hombre muy rico, porque poseía mucho talento para los negocios. Prudencia, al notar que Leopoldo le hacía el amor a Enriqueta, le dijo a ésta:

—No le hagas caso a Leopoldo. Mi tío vive enojadísimo con él, es muy haragán, no quiere estudiar ni quiere hacer nada...

Sin embargo, ya Enriqueta estaba enamorada de Leopoldo. Las locuras y el modo nervioso y fanfarrón le caían en gracia. Sobre todo, sentía gratitud para él porque le hacía la vida más agradable. Cada vez que Enriqueta volvía a casa después de despedirse de Prudencia, Leopoldo la acompañaba. Un día notó Lalo que Enriqueta venía por la calle con un hombre. Cuando Enriqueta entró, Lalo le dijo muy enojado:

—¡La gente va empezar a hablar!

—No me importa —le contestó ella—. La vida con un hombre como tú es insufrible. Cada vez que vuelvo a casa me parece que estoy en un cementerio y que en él se oyen los pasos de un muerto. Ese muerto eres tú.

—Mañana no irás a visitar a Prudencia. Parece mentira que no quieras ver a tu hermana Dolores sólo porque se casó primero que tú. ¡Qué egoísmo!

Mañana iré a la casa de Prudencia. Soy libre —le contestó Enriqueta.

A la noche siguiente fue, pero ya no volvió. Lalo se durmió tranquilo, pensando que se habría quedado a dormir en casa de

Prudencia. Tarde del día siguiente se informó en casa de Prudencia que probablemente Enriqueta se había fugado con Leopoldo, pues los dos se habían despedido de regreso a casa de Enriqueta. Entonces Lalo, sumamente preocupado, principió a recorrer el pueblo, pero no encontró a ninguno de los dos. El padre de Leopoldo se puso muy indignado, puso telegramas a los pueblos vecinos, ordenando que los detuvieran, porque creía que iban de camino para otra parte. Pasaron tres semanas, y no se volvió a tener noticias de Enriqueta y Leopoldo. Lalo y el padre de Leopoldo siguieron pidiendo informes, pero no se supo más de los fugitivos. Lalo sufrió mucho, llegó a sentirse más desgraciado que nunca. Le parecía que la mano acusadora de su madre lo señalaba con el dedo… Como de costumbre, después de la cena se iba a vagar por la orilla del pueblo. Ahora se sentía más solo y más abandonado que nunca. Cuando regresaba, después de los paseos nocturnos y entraba en su casa, no podía evitar una profunda tristeza.

La casa, en donde había corrido su niñez y su juventud, estaba ahora desierta. En la cabecera de su cama había colocado un viejo retrato de Adelaida que ésta le había regalado a Enriqueta. Antes de cerrar los ojos se ponía a ver aquella sonrisa tan característica de Adelaida. Después, se ponía a pensar en ella. No había, era imposible, otra mujer que lo impresionara como Adelaida lo había impresionado. Aquella suave sonrisa suya que apenas entreabría los labios. Luego, pensaba en lo que habría sido su vida al lado de Adelaida. Por fin, sentía unos celos terribles al recordar a Pablo Luque, el esposo de Adelaida.

—Dios mío, Dios mío, Dios mío —decía—, ¿por qué no abandoné a mis hermanas, así como ellas me abandonaron, y me casé con Adelaida?

Se sentía culpable él mismo de haber tenido la felicidad en las manos y no haberla conservado. Pensaba después en la vida del matrimonio y recordaba con pena que ya empezaba a envejecer.

—Es difícil que me quieran, decía; además, me estoy poniendo muy calvo, el cabello se me está cayendo, tengo una figura ridícula, estoy muy flaco y no tengo siquiera el atractivo de una fortuna. Tengo, además, un mal carácter, los que vamos para viejos nos ponemos de mal carácter. Creo que si me casara viviría en continuo pleito con mi mujer. Y si ella me echara en cara que soy viejo, que soy calvo, que no tengo dinero, entonces probablemente me volvería loco. ¡Ah, sólo Adelaida, sólo a ella le perdonaría todo, todo, todo!...

Por razones de economía había suprimido hasta la criada y se hacía él solo la comida.

—Soy un solterón, se decía—, me río de mí mismo, soy una figura ridícula, esta vida mía no es natural, es contra la naturaleza, necesito alguien, quiero alguien que me haga pequeños reproches, pero que tenga dos brazos que me abracen en el cuello, dos labios que me besen en la boca y que me digan: "¡Lalo!"... La vida con tanta soledad no es posible". Camino y camino en esas calles de Dios con el único fin de cansar mis piernas para después venir a tirarme en mi cama y esperar el nuevo día lo mismo que el de ayer. Y luego seguir cada día exactamente a los que será otros hasta que por fin me vaya a la tumba. Dios mío, necesito alguien con quien pueda gozar, con quien pueda sufrir, mi vida de soltero es una vida egoístamente absurda. Necesito tener alguna relación con el mundo. ¡Qué equivocación es querer vivir solo! Qué equivocados estamos aquellos que no hemos sido padres de familia. Aquellos que no hemos visto, por egoísmo o por cobardía, renacer nuestras propias vidas en retoños nuevos. Aquellos que no hemos sentido la suave mano del hijito juguetear por nuestra frente. ¡Ah, ya estoy viejo y no soy más que un ridículo solterón! Debí haberme casado; ahora tendría quien me acompañara en esta casa desierta. Pasar con mi esposa las largas veladas en casa, sin tener que echarme a vagar como un insano por esas calles de Dios. No hay, Dios mío, peor soledad que la soledad entre muchos. Si alguna vez he sido egoísta de mi soledad, Dios castiga a los cobardes que no supieron echarse a cuestas la vida de una noble compañera que nos alegrara el viaje. Pero ahora ya es tarde; he cumplido muchos años, y desde niño sufro el temor de ver el ridículo, como una espada de Damocles, sobre mi cabeza. Soy muy sensitivo, tengo una sensibilidad enfermiza. No quiero que la gente se ría de mí y temo mucho más que mi propia esposa se ría. Estoy en la tarde de mi vida, y no tengo más remedio que soportar la soledad que yo mismo me labré. Soy una víctima de mis hábitos y costumbres de solterón que ya nadie puede cambiarme, debo seguir como hasta ahora he seguido. Pero en mi corazón se queja la voz del vacío; en mi corazón se queja la voz de una soledad que cruje como las ramas de los árboles cuando se quiebran, como la dolorosa voz del viento cuando se oye en las frías heladas de noviembre. Solo, completamente solo, mi corazón sufre las consecuencias de mi idiosincrasia, de mi timidez, de mi excéntrica naturaleza que tuvo miedo de las mujeres alegres, de las risas alegres, de la sociedad de los hombres, de la sal de la vida. Estoy solo, y en mi orfandad se oye la voz de mi corazón que se lamenta como las aves que se mueren de frío. Estoy solo y no tengo más que mi monólogo por las noches y mi cigarro viejo metido en mis labios, y este mueble donde paso las noches en vela...

Una vez llegó una carta para Enriqueta. Lalo reconoció que era letra de Adelaida. Venía de la vecina república en donde Adelaida vivía con su marido. Al mes de tener la carta guardada, como no se recibían más noticias de Enriqueta, Lalo decidió abrirla. La carta era, efectivamente, de Adelaida, escrita con letra fina y pequeñita, muy propia de ella. Lalo leyó la carta. Decía, entre otras cosas: "Vivo muy feliz con Pablo, él me quiere mucho y yo vivo muy enamorada de él. Te cuento que ya tenemos dos niños; el mayor lo tenemos estudiando en la capital y de él recibimos magníficos informes. El otro vive con nosotros y va al colegio. Me gustaría mucho que ustedes vinieran a visitarnos a nuestra casa... mi marido también quiere que vengan. Si ustedes no pueden venir, que Lalo nos haga una visita. Supongo que sigue soltero. Vieras cuánto me preocupo por tu hermano; me gustaría verlo casado y feliz. Es tan bueno, digno de mejor vida... Me parece que el pobre vive muy tristón... Aquí tengo una amiga, le he hablado mucho de él y creo que le gustaría. Ella también es una solterona, pero guapa, etcétera".

Cuando Lalo acabó de leer la carta, se quedó mucho tiempo en silencio. Luego se le ocurrió imitar la letra de Enriqueta y contestar la carta. Agarró la pluma e imitó la letra de Enriqueta tan admirablemente que él mismo se sorprendió. Entre otras cosas le decía: "A propósito de Lalo, te cuento que por fin se casó, ya tiene dos hijos como los tuyos, lindos. Van a la escuela y son el vivo retrato de Lalo. Él los adora. La esposa de Lalo se llama Alicia, es una mujer muy hermosa, muy trabajadora y Lalo la adora. Me ha recomendado que te salude mucho y que se alegra de saber que también tú eres feliz en tu matrimonio".

Después que Lalo terminó de escribir, se quedó en silencio largo rato. Cuando levantó la cabeza, notó, muy sorprendido, que tenía lágrimas en los ojos. Entonces sintió vergüenza de las lágrimas y se puso a reír extrañamente. Luego agarró el retrato de Adelaida y lo rompió en mil pedazos, con cólera...

FEDERICO PECK FERNÁNDEZ: *Vaqueando y La historia de un dolor*

Tenía apenas veinticuatro años cuando murió, víctima de un asesinato. Nació en Juticalpa el 8 de abril de 1904 y falleció en Tegucigalpa el 4 de enero de 1929. Narrador y periodista. Director del periódico El bien público en 1928. Sus cuentos y artículos fueron recopilados en 1982 por Manuel Salinas Pagoada en el libro Renovación. Miembro destacado del grupo intelectual Renovación que inició en 1926.

VAQUEANDO

En la primera planada que forma en su cresta el Cerro Brujo, el grupo de vaqueros había desmontado para descansar un rato y componer las albardas y demás accesorios de campo. Los caballos mostrábanse algo rendidos; estaban bañados en sudor, enlodados hasta los ijares, ligero y ruidoso el acezar; pues las vueltas y revueltas por los distintos sitios, sabaneando el último novillo que faltaba para la entrega del ganado, había sido todo el día. Los perros jadeaban echados a la sombra de un chaparro. Eran como las cinco de la tarde.

Yo, de regreso a la tierra maternal, pasaba los días de vacaciones en la hacienda y acompañaba ahora a los mozos en la vaquería de novillos.

Y mientras ellos aflojaban las cinchas y enrollaban las sogas de cuero para amarrar de nuevo a la cola, yo me hice a un lado y me puse a contemplar aquella tierra de mis primeros recuerdos. Hacía tanto tiempo que no la veía que sentirme otra vez bajo la influencia de sus campos era un verdadero placer. Los pinos levantaban sus cuerpos y extendían sus brazos y entre sus hojas cordales el viento enhebraba una vaga canción. En la montaña cercana, al pie del cerro, una quebrada corría en fresco y alegre parloteo. De vez en cuando resonaba el rápido picotear de un pájaro carpintero sobre la vieja corteza de un roble,

Y desde aquella altura elocuente yo miré hacia el valle que se extendía a mis pies: el ganado salpicaba los llanos; el Jalán y el Guayape semejaban dos largas y plateadas serpientes arrastrándose por entre los verdes y frondosos platanares, en lento zig zag; y allá, a lo lejos, las casitas de tierra blanquecina de la aldea de San Nicolás, aparecían como redil de ovejas que pastara en el verdor de una sabana.

Aquella tarde era solemne. El cielo, de plomo, con unos cuantos celajes purpúreos. El sol, una hostia roja con que estaban comulgando las montañas. Y por inmenso espacio de aquel cielo callado, una pareja de guaras volaba hacia el sur. De repente los bramidos de un viejo toro hicieron temblar los cerros. Todos los vaqueros volvieron la vista hacia la cuchilla, como reconociendo los imperiosos bramidos.

—Es el padrón borroso que brama en el Portillo del Espino — exclamó mi compadre Leandro, antiguo conocedor de nuestro ganado en toda la comarca y fiel mayordomo de la hacienda.

—Si aseguró otro de los mozos y puede ser que el novillo barcino se nos haya quedado metido en el guamil donde hizo milpa Tata Jorge, cerca del Portillo.

—Y tal vez ya salió —habló otra vez el compadre Leandro —. La cosa es que ya es un poco tarde y vamos a llegar allá a la oración; y además quién sabe si mi compadrito esté ya cansado.

—Por mi parte no hay inconveniente —manifesté yo—. Podemos ir. No sería ésta la primera vez para mí. Yo estoy acostumbrado a estas cosas. Debe usted recordar, compadre, que antes de irme para California a estudiar yo vivía aquí de cerro en cerro y de llano en llano lazando vacas; y corriendo yeguas en aquellos carbonales del Pichi- che y La Coyotera, ¿se acuerda?

—¡Tiempos futuros aquellos compadrito! Era usté muchacho rascado que no temía ensartarle el mecate a cualquier animal cimarrón. ¿Se acuerda aquella vez en Sabana Perdida cómo lazó entre dos ocotes el toro josco verijas blancas, hijo de la vaca mora cachitos cumbos? ¡Tirito aquél más macanudo! Y es que en aquel caballo tordillo que usté tenía no se le iba animal. ¡Tiempos futuros aquellos, compadrito!

—No tanto, compadre, yo era como todos los muchachos olanchanos que se crían aquí en estos lugares — respondí a los elogios del viejo camarada, en tono familiar y con cierta modestia ante los demás mozos que eran nuevos sirvientes de la casa.

Debo decir, sin embargo, que los conceptos de mi compadre Leandro en cuanto a mi persona, tenían algo de cierto (algo) y que casualmente por aquel mi modo de ser cuando adolescente, di a mi madre grandes dolores de cabeza siempre que salía al campo con los mozos en tiempo de vaquería. Pero es el caso que en aquellos momentos yo no quería reconocer mis méritos de antaño, porque si me jactaba de buen campista me podían poner a prueba excitándome a que lazara el novillo aquel que buscábamos; novillo que, por las pláticas que les oí a todos ellos cuando hacían rueda por las tardes bajo la sombra del añoso higuero del corral de la hacienda, era animal bragado y bastante belicoso al sentir el peso de la soga sobre la testuz; pues en una ocasión había desfondado un caballo y escapado de matar al jinete. Así que yo tuviera que hablar con tanta modestia.

—¡Uh! Déjese de cosas, compadrito. Vea que sólo el Indio (señalando a uno de los mozos que tendría unos diez y siete años) se puede comparar con lo que era usté. Este ha hecho tiros con el mecate que nayde los hubiera creydo. Dos o tres veces se lo ha escapado de llevar el Diablo.

—Ah, éste es bárbaro — dijeron dos de los campistas casi al mismo tiempo.

El Indio se sonrió ingenuamente y con cierta vanidad se compuso el barboquejo del sombrero, escupió por un lado, se acercó al caballo en que montaba, y se puso a hacer trencitas en la crin del animal.

Aquella sonrisa ingenua y vanidosa del muchacho produjo en mí un sentimiento de simpatía y a la vez de compasión, de compasión, porque generalmente en Olancho, los campistas desalmados tienen un fin trágico en las correrías de ganado.

—Vamos pues, que se hace tarde —dijo uno que hasta entonces había permanecido callado, poniendo el pie en el estribo y haciendo sonar las espuelas.

Cabalgábamos despacio, uno tras el otro por el estrecho camino. Yo era el único en seguir la montada. El Indio en medio. El compadre Leandro a la cabeza. Cabalgábamos callados. También la tarde se deslizaba callada. En los pinos el viento seguía enhebrando la vaga canción. En la ramazón de un corpulento guapinol, una picapiedra entonaba una triste e incesante canturria y al pasar cerca del árbol, vi al Indio que se alzó en los estribos, miró de lado hacia arriba como escrutando en las ramas el tradicional pajarillo, anunciante de funestos sucesos, dio un pujido, y exclamó en tono de superstición aldeana:

—¡Andarés buscando muertos, maldecida!

No sé, pero quizá por una herencia lejana, de legendarias creencias, sentí al momento un hormigueante escalofrío correrme la espalda, y no pude ausentar de la mente el recuerdo infantil de igual parajillo que, durante tres días antes de la muerte de mi hermano, había estado cantando constante y fastidiosamente en las ramas de un matorral en el solar de mi casa en Juticalpa.

Habíamos llegado. El viejo Leandro detuvo el caballo en la entrada del portillo y dijo enseguida en voz baja:

—Allá asoma los cachos el novillo. El tiro no está fácil. Si no logramos alcanzarlo en sólo el arranque ya no hicimos nada. Alistáte, Indio, tu caballo es el más fresco de todos.

—Conmigo se traba, yo sí lo ensarto cacho y barba —respondió el muchacho a semejante insinuación, abriendo gasa y componiéndose en la albarda.

Los caballos encabritados, tascaban los frenos y se movían inquietos como alistándose para la difícil carrera.

—Ve, Indio mej.... —quise decir.

—¡Allá va! ¡Ligero! ¡Suelten los perros! —dijeron sin ponerme atención.

La fiera despuntó alzando la cabeza armada de largos y puntiagudos cuernos y corriendo con rapidez asombrosa. La tierra tembló bajo los macizos cascos de los ágiles rocines. Pero inútil resultaron los esfuerzos de los demás. Sólo el Indio le dio alcance al salvaje animal, pero en los momentos en que soltaba la soga se estrelló contra un ocote recibiendo el golpe mortal que lo sacó de la bestia arrojándolo al suelo.

Ya nadie vio al novillo. Todos acudimos a donde estaba el Indio tendido. Aquel cuadro era espantoso. El pobre muchacho tenía la cabeza deshecha y los ojos brotados. Por la boca chorreaba la sangre tiñendo la grama. Nunca en mi vida había sentido impresión tan honda. Nunca en mi vida se habían humedecido los ojos tan repentinamente. Todos quedamos impávidos y en un profundo silencio. Después, el viejo Leandro, dirigiéndose a mí, interrogó dolorido:

—¿No oyó usté compadrito, aquella picapiedra que cantaba en el guapinol, a la orilla del camino?

—Sí, compadre, y no sé por qué yo presentía esta terrible desgracia —le respondí consternado.

Las primeras sombras de la noche empezaron a caer y en los inmediatos pantanos las *cocolecas* cantaban recordando al aldeano la hora de la santa oración.

LA HISTORIA DE UN DOLOR

I

María del Carmen estiróse pesadamente sobre el lecho y entreabrió los ojos.

—Arriba, ya es de día —murmuró perezosamente.

Al llamado Toribio bostezó y saltó de la cama. En efecto: la claridad entraba ya por las hendiduras de la puerta y por las lumbreras del tejado. El canto de los gallos afuera oíase más repetido. Un ternero, atado a un horcón del corredor, lanzaba balidos desesperados. En la huerta una tempestad de gritos de pájaros silbaba y trinaba. De la tierra brotaba ya la agitación de la mañana. Allí al pie del cerro y frente al valle, Toribio había alzado su casita de bahareque que ofreció a María del Carmen el día que salieron de la iglesia en el pueblo.

La mañana estaba fresca, hermosa y brillante. El sol, todo esplendoroso, venía saliendo de entre las serranías. La planada extendíase a lo largo; los cañaverales y los platanares de Toribio contemplábanse alli bañados por las aguas del río que bajaba de la montaña.

Toribio hachaba en el patio. A cada golpe saltaban las astillas de ocote. En la falda del cerro repercutía el eco. María del Carmen, desde el corredor, con un barco de maíz en los brazos, regábales la comida a las gallinas. Érase una pareja humilde de los campos, recientemente unida. Él, mozo de acerado músculo y labrador incansable. Ella era una de esas flores que fecunda el sol en el vientre de la tierra aldeana. Era alta, de talle ondulante; cuando venía al ojo de agua, con la tinaja en la cabeza, todas sus formas temblaban. Sus dos trenzas, largas y gruesas, eran negras cual las mismas noches de invierno. Morena la tez. Los ojos castaños cual los mismos robles de la hondonada. Los labios rojos cual las mismas guayabas de la sabana. Así eran ellos.

Bajo un techo humilde, pero propio, vivían felices. Se henchían de regocijo cuando a las primeras aguas del invierno germinaban los granos de maíz y de arroz. Nunca habían pensado en abandonar su choza. La tierra les daría todo. Mas, aquel día bajaron la cuesta tres hombres que venían de la costa. Siendo la casa de Toribio la única a la orilla del camino real, llegaron a ella los pasajeros buscando comida. Toribio no tardó en pasarlos adelante y dentro de poco todos encontrábanse tomando el desayuno alrededor de una artesa en la cocina.

—¿Y qué tal está la costa? —prorrumpió Toribio.

—Buena —contestó uno de los hombres—. A nosotros nos fue bien, aunque ya las compañías no pagan como antes. Al hijo del país lo tratan muy mal y hasta están trayendo negros de otras partes para que vengan a quitarle a uno el trabajo. Pero, en fin, cuando el hombre es hombre, se halla quehacer. A nosotros nos fue bien.

Y en realidad parecía que les había ido bien, pues traían sus buenas mudadas de kaki, sus especiales y unos acordeones.

Después de la comida salieron todos al corredor y siguieron la conversación. Los viajeros empezaron a contar de las cosas buenas de la Costa: el mar, los vapores, las casas. A los ojos de María del Carmen todo esto brotó como algo extraño y fascinador. En su mirada notóse el deseo vehemente de conocer todas aquellas cosas tan raras. Pero cortóse luego la plática y los pasajeros se despidieron.

II

Son las cuatro de la tarde y hay un grupo de hombres y mujeres a un lado de la línea. Toribio y María del Carmen están entre la gente que espera la llegada del tren. Al fin, ella lo había convencido: debían venir a la costa. No había que preocuparse por la casa y los trabajos: el tío Juan los cuidaría como propios. Toribio, a pesar de que sentía curiosidad por las cosas nuevas, estaba triste y pensativo. Presentía que su vida independiente de pequeño productor en el interior de su patria se tornaría ahora en máquina de producción. Ya no trabajaría para él sino para otros. Todos sus esfuerzos serían inútiles. Él era un simple obrero. Su preparación escasa: gracias leer y escribir. ¿Lo harían feliz todas aquellas cosas nuevas, andar en tren y ver vapores?

En aquellos momentos oyéronse los silbidos de la locomotora. Todos los semblantes volviéronse alegres; el tren se había tardado y la gente empezaba a fastidiarse. María del Carmen tembló de alegría: su sueño al fin se convertía en realidad. A medida que el pasajero se aproximaba las vibraciones en los rieles se hacían más notables. Oíase el traqueteo de los carros. El aire se teñía con volutas de humo. Montaron todos los pasajeros y pitaba ya el tren en su regreso de Punta Rieles. Toribio y María del Carmen habían tomado el carro de segunda clase que a veces también servía para el transporte de ganado. Ella miraba con deleite los montes y bananales que pasaban raudos frente a sus ojos. En él la impresión no había sido grande: el recuerdo del valle y sus trabajos lo hacían casi insensible a las nuevas cosas que lo rodeaban. El conductor, un hombre alto y robusto, de ojos azules y cabello rubio, venía ya cobrando los pasajes.

—¡Las tiquetas! —mascullaba con un acento inglés.

El día se iba muriendo. El sol parecía una hostia roja con que estaban comulgando las montañas. El tren seguía arrastrándose por las paralelas.

III

El día siguiente ha sorprendido a Toribio y María del Carmen en la propia Costa. Son las seis de la mañana y el pito ha dado la señal de empezar los trabajos. Ella se ha quedado en casa de unos amigos mientras él ha vagado por el puerto viendo las cosas. Ha pasado a la estación y desde allí contempla las aguas de la bahía. Está frente al mar; frente al mar de la mañana, liso y terso, extendido cual una sábana azul. Las olas, suaves y continuas, se deshacen con leves chasquidos sobre la playa cobriza. En los restos salientes y tostados de un vapor hundido en las aguas meditan cuatro pelicanos con las cabezas al pecho. En el muelle una multitud de hombres sucios, harapientos y descalzos, embarca la fruta del banano.

Trabajan despaciosos, callados, y en sus semblantes dibújase la tristeza infinita del dolor galeote. A Toribio aquel cuadro le trajo la visión de una cadena futura. ¿Trabajaría él así, por unos cuantos centavos la hora? Alejóse de allí, y tomó un camino recto y ancho que conducía a la sección donde estaban las oficinas principales, el comisariato y las viviendas de los empleados norteamericanos. Ya todo estaba en movimiento. En los talleres, el ruido ensordecedor, por los repetidos martillazos sobre el yunque. Corrían las locomotoras arrastrando toda clase de carros; unos con bananos, otros con piedra y tierra para construcciones.

Toribio siguió la calle hasta que llegó al último barrio del puerto. Los brillantes colores de las habitaciones, las flores del parquecito con una fuente en el centro trajeron admiración a los ojos de Toribio y un algo de alegría.

—¡Qué cosas tan bonitas! —pensó.

De pronto, sin embargo, sintió una honda reacción: todo aquello era ajeno, no era de su patria. Era ajena hasta la tierra sobre la cual sentábanse las casas por más que la geografía que él aprendió en tercer grado dijese lo contrario. El sol aproximábase al cenit. Ya del suelo brotaba el calor sofocante de la costa. El mar agitábase meciendo los barcos de vela anclados en la bahía y estallando furioso sus olas en la playa. Toribio volvióse atrás, después de haber visto casi todo lo del puerto y fue a juntarse con su mujer en el barrio obrero.

IV

La noche es pesada y tibia. La atmósfera está saturada del vaho que exhalan la brea de durmientes amontonados y el aceite de máquina. Descansa todo el puerto. En la bahía una multitud de lucecitas de barcos anclados. En el cielo una que otra estrella parpadea. La luna escóndese tras de una nube negra como apartándose de toda contemplación dolorosa en los escenarios de la tierra. En los corredores del Comisariato hay dos hombres que agitan pañuelos en torno suyo: espantan zancudos. Son los *watchmen* de la compañía. Son los hombres que velan desde las seis de la tarde hasta las seis de la mañana para que los amos del Norte duerman tranquilos.

—Hombre, yo estoy arrepentido de haberme venido del interior, —exclama Toribio, que hasta entonces el único trabajo que había conseguido era el nocturno —. Esta compañía le saca a uno el jugo y después lo tira como cáscara molida, seguía hablándole a su compañero.

—En realidad —dijo el otro —, yo hace tres años que trabajo con estos gringos y cada día me va más mal. Vine con mi mujer, y en esta costa maldita, en el hospital de la compañía murió.

Aquí se detuvo el que hablaba y vióse en él un gesto de profundo dolor. Ambos se habían quedado en silencio. Indudablemente ellos eran esclavos de los trusts que explotaban las tierras tropicales. En aquellos momentos oyóse en la bahía una descarga de rifles. Eran los marinos norteamericanos en sus maniobras militares que demostraban su poderío a pueblos indefensos. El crucero había venido para proteger, en caso de revolución, los intereses yanquis. Hacía algún tiempo que estaba allí, y todos los días por la mañana los marinos desembarcaban, y en un campo especial hacían sus ejercicios militares; después cruzaban por las calles del puerto arrastrando cañones y tendiendo al aire su pendón de barras y estrellas. Por las noches tiraban, guiados por una corneta que lanzaba sus señales a los vientos tropicales. Toribio y su compañero cada noche que los oían, sentían ese dolor colérico que sólo se siente cuando la cadena de la esclavitud empieza a llagar las carnes de los hombres. En su propia tierra y ser siervos de extranjeros parecía increíble. Sin embargo, esto era la verdad.

Las horas pasaron. El aire, antes tibio, tornóse ahora en fresco y agradable. Vino el crepúsculo y brotó luego el disco rojo del sol. Sonó el pito anunciando el comienzo de un nuevo día de trabajo. Terminó la tarea nocturna y los watchmen soñolientos y pálidos por la sangre que les chupaban los zancudos en los ratos de descuido, se dirigieron al caserio obrero.

V

Al llegar Toribio aquella mañana al cuartucho viejo de madera por el cual pagaba un alquiler fabuloso a la compañía, lo primero que hizo fue levantar a su pequeño del suelo, cundirlo de besos y sentarse con él en un cajón. Estaba el nene, como de costumbre, desnudo. Sobre sus tiernas carnes habían posado libremente los zancudos, dejándole un sinnúmero de ronchas. María del Carmen arreglaba el desayuno en la cocina. Puso después la servilleta de cuadros rojos y blancos en la mesa, y sentáronse a comer los frijoles enteros y los guineos sancochados.

Terminada la comida él se echó sobre el catre a dormir. Ella sentóse enfrente con el niño en el regazo. Así viven ahora. Hacía dos años que estaban en la Costa y nada habían podido hacer. Todo había sido un espejismo; todo una ilusión. Su situación, en vez de mejorar, se empeoraba. El clima aniquilador de las energías humanas estaba destrozándolos. La compañía no pagaba buenos salarios para poder llevar una vida decente. Las casas que daban a sus operarios eran estrechas y sucias. Las doce horas de trabajo nocturno todos los días estaban matando a Toribio. Ya no era el hombre de acerado músculo como cuando respiraba el aire de los pinares y los robledales. En María del Carmen los zancudos habían traído la palidez mortal, y sentían ya los síntomas del paludismo.

VI

Y hubo un día en que el dolor entró más de lleno en aquellas dos almas víctimas de un orden social abominable. Una mañana, al regresar Toribio de su trabajo, encontró a María del Carmen tirada sobre el catre dando gritos desesperados y con la criatura muerta en los brazos: el veneno de los zancudos había hecho su efecto. Tembló ante aquel cuadro que le desgarraba las entrañas. ¡Su hijo! ¡Su única esperanza! Dos gotas gruesas rodaron por sus mejillas, María del Carmen lanzóse en sus brazos, dejando el cuerpecillo inerte en el catre.

—¿Por qué me lo habrá quitado Dios? —repetía en sollozos.

—No es Dios quien te lo ha quitado, exclamó Toribio—. Son estos bandidos que acumulan capitales a costa de sangre humana. Si nos pagaran lo suficiente, tendríamos para comprar mosquiteros y taparnos de los zancudos; tendríamos para comer algo más que guineos sancochados. Los hijos de los jefes americanos no se mueren porque están bien comidos y cuidados.

Y cayó de rodillas frente al cuerpecillo de su hijo.

VII

Han pasado seis meses. La situación sigue peor. Siguen el camino de espinas. Es ahora en una sala de enfermos del hospital de la compañía. María del Carmen yace postrada en una de las camas. Su cabellera alborotada tiñe la almohada de negro. Los ojos húndense profundos en sus órbitas: de castaño claros se han tornado en amarillentos tristes. En los labios apenas percíbese el color de rosa desteñido. En todo su rostro se dibuja la muerte venidera. Ya sus carnes no llevan más que la dureza de los huesos. Toribio está a su lado. Mírala con impaciencia. Presiente que la mitad de su vida se le va para ya no volver. ¡Lo dejará solo en el mundo! Los médicos de la compañía no se preocupan por salvarla: la vida de un nativo no vale ni una dosis de quinina.

Ella, con los ojos húmedos por las aguas que brotan de las fuentes eternas del dolor, lo mira y balbucea así:-

—Toribio —y aquí hizo un esfuerzo notable en los labios al echar las palabras—, vos debés irte de aquí de la Costa cuando yo muera. Debés irte para la casa a trabajar en la tierra.

—Pero si no te vas a morir.

Quiso consolarla y tomóle las manos entre las de él. Debía alentarla por más que su cerebro fuera teatro de terribles pensamientos. Pronto entró una enfermera a la sala avisando a los visitantes que ya era hora de salir. Toribio fue el último en abandonar su enferma.

—Bueno, mañana vengo a ver qué tal seguís —le dijo haciéndose el fuerte y tratando de desvanecer su pesimismo. Ella siguióle con la mirada de muerte como dándole el adiós para siempre. Él salió taciturno con los ojos en el suelo y tras él la enfermera, que había esperado pacientemente.

VIII

En pos del hijo tomó la madre el camino de la muerte. Y Toribio ha vuelto a su trabajo de watchman. Tres días de sufrimientos indescriptibles. Tres días de amarguras incomparables. Tres días sin un solo segundo de sueño. Está casi aniquilado. Acércase a la pared del edificio y cede a la tentación de la carne: duerme.

Pero alguien lo vio, y al siguiente día quedó destituido de su empleo. Hubo súplicas, pero no valieron: el señor superintendente manifestó que la compañía no tenía empleados para que fueran a dormir a sus puestos.

IX

Toribio bajaba la cuesta. Al pie del cerro y frente al valle destacóse el rojizo tejado de la casa. Pero la casa estaba sola, como cadáver sin alma. A lo largo, la planada, pero faltó el verde claro de los cañaverales y el verde oscuro de los platanares. Todo estaba desolado y triste. El tío Juan, muerto hacía un año. Las paredes de la casa veníanse abajo. De la huerta sólo quedaron unos cuantos naranjos y un ciprés que se levantaba como testigo silencioso de épocas felices.

¿Para que trabajar ahora? ¿Para quién, cuando María del Carmen yacía en el polvo? Alejóse un poco de la casa y subió por entre los pinos al peñasco encima del abismo.

Todo estaba callado, Tras la serranía escondíase el sol. Sólo susurros de árboles. Sólo el canto monótono de una *picapiedra* en el matorral vecino presagiaba el siniestro suceso.

Cayó la noche y con ella Toribio en el abismo. Todo tembló. Estremeciéronse los pinos y se inclinaron venerables. Y en las faldas de los cerros, aullaron tenebrosos los coyotes...

ARGENTINA DÍAZ LOZANO:
Leonora

Cuentista, novelista, biógrafa y ensayista, dejó un rico legado a la bibliografía hondureña. Perlas de mi rosario, Topacios, Luz en la senda, Peregrinaje, Mayapán, Y tenemos que vivir, 19 días en la vida de una mujer, Mansión en la bruma, Fuego en la ciudad, Aquel año rojo, Eran las doce… y de noche, Ciudad errante y Caoba y orquídeas son sus obras más conocidas. Nació en Santa Rosa de Copán el 5 de diciembre de 1912 y murió en Tegucigalpa el 13 de agosto 1999.

LEONORA

Los tranquilos habitantes de San Francisco, pequeño pueblecito de origen colonial, con su indispensable plaza y añosa ceiba; con su iglesia blanca cuyas pequeñas torres se alzaban airosas sobre los techados de las casitas humildes y limpias como sus sencillos moradores; se habían congregado aquella luminosa tarde de mayo para admirar la gracia sandunguera de los bailes de Leonora y extasiarse con las melancólicas canciones que con clara y dulce voz cantaba, acompañándose ella misma con su guitarra.

Leonora, la loca, la llamaban los chicuelos. ¿Quién era...? ¿De dónde había venido...? Nadie podía contestar estas preguntas. Todo lo que de ella se sabía era que había venido al pueblo algunos meses antes, cuando se celebraban las fiestas del patrón de San Francisco. Cada vez que alguien le hacía alguna pregunta sobre su pasado, la loca reía a carcajadas, que casi eran sollozos, pues las lágrimas acudían a aquellos ojos negros, maravillosos, de gitana. Bellísima era la loca Leonora. Cuerpo de graciosas curvas, piel morena y aterciopelada, boca de labios rojos y dientes blancos, frente espaciosa y tersa, y aquel par de ojos magníficos que brillaban como dos carbunclos. Su locura era tranquila: inofensiva. Adoraba las flores, siempre se la veía con jazmines o rosas en el pecho y en los negros cabellos. Cantaba, cantaba siempre. Con el producto de sus bailes y canciones, compraba lindos vestidos de seda de colores brillantes, collares vistosos y pequeñas zapatillas para calzar sus menudos pies. Ponía especial esmero en arreglar su pintoresca e interesante persona. Tomaba el almuerzo en una casa, cenaba en otra y así pasaba su vida errante. Para Leonora había siempre un plato de cocido, una fruta, un dulce y un rincón abrigado donde pasar la noche. Los mozos del pueblo la rodeaban siempre con sus halagos, pero "la loca", cuando alguno impulsado por sus amorosos arrebatos quería pasar a algo más que palabras, era indudable que recibiría un par de bofetones, bien propinados por las pequeñas manos de Leonora.

Feliz… los parecía. Porque sus pies solo sabían bailar sus manos tocar la guitarra y su garganta cantar; pero en sus ojos inmensos y negros había siempre una expresión melancólica y resignada tristeza.

Una mañanita plena de sol, cundió la alarma en los pobladores de San Francisco. El Alax, río de abundantes y tumultuosas aguas, había inundado las vegas de tabaco y fincas de café; resultado de la fuerte tempestad que se había desatado la noche anterior. Sin embargo, la esperanza renacía en los ánimos al notar que la creciente disminuía, y que las aguas se alejaban de las siembras sin haber causado mayores daños.

En la playa, frente a la imponente catarata, se reunían varias personas a contemplar la caída de las aguas, que más tumultuosas que nunca se precipitaban con estrépito y seguían su corriente, dando tremendos saltos sobre las peñas.

Con una sonrisa cariñosa recibieron a Leonora que se acercaba al grupo. Una guirnalda de rosas claveles rodeaba su frente espaciosa, caprichoso adorno tejido por sus manos, pero que aumentaba su belleza.

—¡Cuidado Leonora! ¡Retírate de allí! ¡Es peligroso! —le gritaron algunas personas al verla parada sobre un alto peñasco, rodeado por las rugientes y amenazadoras aguas.

—¡Bájate, bájate! —continuaban exclamando, los que emocionados la contemplaban en actitud desafiante; y después...

Fue algo tan rápido que nadie lo pudo evitar. "La loca" había extendido los brazos y, como si hubiera querido emprender un vuelo, se había precipitado sobre las espumosas aguas, que ávidas recogieron su presa. Algunos intentaron salvarla, pero la corriente vertiginosa la había arrastrado y la llevaría quién sabe adónde...

VICENTE MEJÍA COLINDRES:
La limosna y El avaro

Nació en la ciudad de La Esperanza, departamento de Intibucá en 1878 y falleció el 24 de agosto de 1966. Fue presidente de Honduras. Médico cirujano, narrador de radio y cuentista. Escirbió: Recuerdos del Camino, (Cuento, 1933); Carta abierta al gobierno de los Estados Unidos de América (Ensayo, 1913) y Algunos comentarios sobre el funcionamiento de la II república en el Decurso de tres años de ejercicio (Ensayo, 1961)

LA LIMOSNA

No recuerdo dónde ni cuándo sucedió: me lo refirió un buen viejo de mi pueblo, cuando yo era un niño.

Un honrado zapatero, que no tenía trabajo desde algún tiempo atrás, salió una mañana a comprar el pan que, llorando, le pedían sus hijos: en aquel hogar se comía muy mal y solamente dos veces al día ¡Hacía dos largos meses que eso venía ocurriendo!

Su esposa le entregó una moneda de diez centavos, agregándole: "Es la última que nos queda... Después... ¡no tendremos nada!".

—Tendremos a Dios, mujer. Él no nos abandonará —le contestó el marido.

Y salió rápidamente, llevando bien apretada en su mano derecha la moneda y llevando insondable angustia en el alma.

Frente a la panadería vio, sentado en una acera, a un anciano muy pálido, blancos y luengos la barba y los cabellos.

El mendigo extendió su mano enflaquecida y temblorosa al zapatero... Y éste le entregó los diez centavos, lo único que le quedaba para aliviar los sufrimientos de su esposa, de sus pequeños y sus propios sufrimientos.

Fue después a la panadería y suplicó varias veces que le dieran al crédito un pedazo de pan.

—Aquí solo vendemos al contado —le respondieron de modo frío y tajante. ¡Retirese!

Regresó a su casa, inclinada la frente y los brazos caídos.

Su mujer lo recibió sonriendo y sus hijos cantando. Él les dijo tartamudeando:

—¡Perdónenme! ¡Di los centavos a un mendigo!

—Mira —le respondió su esposa, mostrándole una moneda de oro en la palma de una mano.

—¿De dónde tomaste eso? —le preguntó estupefacto.

—Me la trajo un anciano...

No la dejó terminar:

—¿Era un hombre pálido, de barba y cabellos blancos?

—¡Ese era! —le contestó asombrada su esposa, interrumpiéndole a su vez—. ¿Le conoces? También nos trajo una bolsa con panes calientes. Y despidiéndose, me agregó: "En el taller vecino, en ese que está frente a esta casa, esperan a tu esposo para darle trabajo". ¿Sabes cómo se llama ese señor?

—Se llama Dios, mujer. Te lo dije: cuando creemos que estamos solos y perdidos, Él está con nosotros.

—Y nos devuelve, multiplicada, la limosna que damos al mendigo —agregó la esposa.

(1933).

EL AVARO

En una aldea ubicada a seis leguas de La Esperanza, mi nativo pueblo, vivía don Ambrosio Martínez.

Era un hombre, para aquellos lejanos tiempos, muy rico y, sobre todo, muy avaro.

Le conocí cuando yo era un muchacho y él cumplía los cuarenta. Llegó a nuestra casa montado en un jamelgo. Observé en él una peculiaridad: usaba los pantalones arremangados hasta las rodillas.

—Don Ambrosio —le dije—, ¿no cree que las zarzas del estrecho camino que conduce a su hacienda le arrancarán pedazos de la piel?

—Así es, amiguito —me contestó tranquilamente—, pero la piel se repara por sí misma, y las desgarraduras de mis pantalones se repararían gastando agujas e hilo.

—Don Ambrosio —le observó un chusco que estaba por allí—, todo el mundo sabe que usted es hombre de muchos dineros. De aquí a su casa hay tiempo para que lo asalten los ladrones....

No lo dejó concluir; rojo de ira le contestó.

—Yo soy pobre... Solamente esos mendigos, haraganes, desvergonzados dicen que soy rico, porque no les suelto ni un centavo... Son las malas lenguas, como la suya, las que propalan mi riqueza.

Y sin decir adiós montó en su caballejo y se fue.

El sacerdote de nuestra parroquia solía hablar con Martínez de esta suerte: "´Amaos los unos a los otros´, nos dijo nuestro Señor. Tú puedes fácilmente convertir en hermosa realidad aquel bendito mandamiento".

—¿Cómo? —le preguntaba, con alarma, el avaro.

—Dando algo de lo mucho que te sobra a los necesitados; es decir, escribiendo con hechos lo que te está gritando el corazón.

—Ni el corazón me grita eso que usted dice, ni voy a dar lo que me cuesta el trabajo de toda mi vida a esos holgazanes... ¡Ni pensarlo, padrecito!

—No son holgazanes, Ambrosio; son los vencidos por la adversidad, los infortunados de la vida.

Pasaron doce años.

Referiré otra de las muchas salidas semejantes de Martínez. Trajo a La Esperanza a uno de sus hijos, gravemente enfermo. Llegó a mi casa y me pidió que fuera a verlo. Me advirtió de paso: que debía recetarle una sola vez, y medicamentos baratos.

Era un día de invierno, cargado de tormenta, sobre todo eléctrica. Mientras yo examinaba al paciente estalló un rayo cerca al patio de la casa.

Don Ambrosio corrió velozmente a averiguar qué había ocurrido.

Cuando regresaba, satisfecho, su esposa salía, demudada el rostro por la angustia, diciéndole:

—Ambrosio, aquí dejé a Juancito... ¿Qué le ha ocurrido a mi hijo, Dios? por

—Se me olvidaba —contestó Martínez—. Fui a ver si le había ocurrido algo a mi caballo.

—No se preocupe, señora —le dije—: cuando venía de mi casa vi a su hijito jugando con otros muchachos, muy lejos de aquí.

Poco después me despedí. La señora me preguntó, casi temblando:

—¿Cuánto le debemos por su visita, doctor?

Martínez la interrumpió, diciéndole:

—¡Cómo te atreves a preguntarle al doctorcito si le debemos! Yo lo vi pequeño y hasta creo que alguna vez lo llevé en brazos! Qué ocurrencia la tuya, pensando que nos va a cobrar!

—No me deben nada, señora —le contesté a aquella pobre mujer, roja de vergüenza.

Don Ambrosio me acompañó algún trecho, rumbo a la botica.

—Mire doctor— me observó—, mi mujer es una campesina muy sencilla... Por eso he nombrado como tutor de ella y de mis hijos pequeños, pues soy también viudo, a mi compadre Fulgencio Torres. Mis primeros hijos ya recibieron su herencia.

Estuve a punto de gritarle:

—¡Su compadre es un pillo por los cuatro costados!

Oportunamente me contuve, pues habría conquistado, inútilmente, dos enemigos: el propio Martínez y su compadre.

Por ese tiempo me trasladé a Tegucigalpa.

Hace tal vez un año pregunté a un paisano mío, a propósito de que alguien se refería a un tacaño de estos predios, por el célebre don Ambrosio.

—Murió en 1931, si no recuerdo mal —me contestó—. Y vea lo que es la vida ¡cómo castiga a los avaros! Martínez murió porque solamente cuando ya no tenía remedio permitió que llamaran al médico. A su entierro fueron su viuda, sus hijos y dos o tres vecinos, yo entre ellos.

No había una lágrima en los ojos de sus deudos; pero brillaba la alegría, mal disimulada, en la cara del compadre y tutor, Fulgencio Torres.

Los hijos del primer matrimonio, aconsejados por un leguleyo, exigieron a la viuda que les entregara buena porción de la herencia de ella y sus hijos. Eso, a instigación del perverso tutor.

Litigaron tres o cuatro años, y dejaron de hacerlo cuando concluyeron con su herencia. La hacienda de don Ambrosio pasó a poder de Torres, quien la reclamó por los gastos que, dijo, le había ocasionado el pleito....

Ahora los hijos mayores del avaro son peones en la hacienda que perteneció a su padre y que ha enriquecido al tutor.

La viuda y los pequeños están en la miseria.

(1933).

ÁLVARO J. CERRATO:
El asesino de profesión, Celos y Mío o de nadie

Narrador nacido en Nacaome el 20 de febrero de 1905. Estudió periodismo en Alemania. Escribió Páginas rojas (1933) y Flor de violación (1948). En el prólogo de Páginas rojas, Marco Carías Reyes dice: "He aquí estas primicias; en ellas desfilan esas escenas de dolor y de miseria, que no por comunes pierden su brutal significado", Cerrato fallecería en Tegucigalpa el 6 de mayo de 1972 a los 67 años.

EL ASESINO DE PROFESIÓN[16]

—Buenas tardes "l'Dios, compadre Tachco.

—Buenas tardes, compadrito Tiburcio.

—Qué tal le aido... Que días que no se asomaba, como si le hubiéramos echado los perros, ¿y la familia qué tal queda?

—Así mejorcita, compadre; y no vaya a creer que si no hey venido a sido por falta de voluntá, no, es que como ya ve usté, a los pobres nunca nos falta piedra en que tropezar.

—Pero pase adelante, compadre, venga siéntese, cuénteme lo que le pasa, no ve que ya viene ese chaparrón y si se va, lo va a hacer sopa.

—Es que voy preciso, compadre.

—Ah!, mi compadre, siempre anda preciso. Ay deje que se arrope sola mi comadre esta noche y quédese con nosotros, muy de madrugadita se va.

—Bueno, compadre, ya que usté así lo quiere me voy a quedar; pero, si se enoja la vieja, a usté le voa echar la culpa.

Esta conversación tenía lugar en la finca de café de don Antanasio del Valle, situada a inmediaciones de un pueblo (cuyo nombre callo), en el departamento de El Paraíso, a eso de las seis de la tarde de un día de invierno.

Era don Antanasio un anciano de setenta y dos años, campesino sencillo, que desde los cuarenta había quedado con ambas piernas paralizadas, a consecuencia de una grave enfermedad que lo tuvo al borde de la tumba y de la que se salvó —como él decía— por puro milagro.

Su juventud la pasó dedicado al trabajo honrado, y, por su espíritu de economía y perseverancia, logró acumular un regular capital, que le estaba sirviendo para vivir holgadamente los últimos días de su vida, en aquel estado de inacción en que se encontraba.

Con todo individuo que a su casa se acercaba, era obsequioso. Y los retenía largo rato, para distraerse conversando: único placer que

---

[16] Este relato, al igual que los demás que aquí publicamos, son del libro Páginas rojas de 1933. Esta Antología ha respetado el estilo (incluyendo la acentuación de algunas épocas), de cada uno de los escritores.

sentía. De esta manera pasaba al tanto de todo lo que en el lugar sucedía. Después de haber cenado en compañía de su compadre Tiburcio, pasaron a la sala en donde, acostados en amplias hamacas, continuaron su conversación de esta manera:

—Bueno, compadre, y a todo esto no me ha dicho de onde está viniendo.

—Estoy viniendo del pueblo, compadre. Andaba en una deligencia.

—¿Y qué era esa deligencia? Le estoy viendo en los ojos, que usté algo me esconde, compadre. Dígame lo que le pasa.

—Es que viera, compadre, me da pena; pero con usté no debo andar con reservas.

—Desembuche todo, compadre, talvez le puedo dar algún consejo.

—Pues mire: es que Felipito, el mayor, me ha salido el puro demonio, no me deja tener vida; no hay día de Dios que los vecinos no se quejen; en cuanto no es una cosa es otra, y hoy vengo de pagar una multa de cinco pesos por él. Imagínese usté, compadre, que como ya le "pica", pues tiene 18 años, se le ha metido de jalón a la Cleotilde, la hija de ña Tomasa. ¡Y es que viera qué muchachona más aseada, parece una empanadita; tiene unas ancas brutales! Y es un diablo en la piedra; un medio de maiz en dos "monazos" se lo muele. No hay una que le aguante en el valle.

—Como que ya se le olvidó que está hablando con el compadre; cuidado con que lo vaya embijar a usté también esa moza, compadre; lo veo muy entusiasmado.

—Qué va, compadre. Con que estoy "caliente" porque por ella me sacaron esas cinco barras.

—Pero bueno, ¿y eso cómo fue compadre?

—Pues veya, la muchacha esta ha estado jalando duro con mi Felipe; quién sabe hasta hayan llegado las cosas con él, porque, hay que decir la verdad, es osado el muchacho. Quién sabe qué cosas le ha visto con Juan Antonio, el ñeto de don Jacinto, que se ha metido a celoso; y el otro día que los encontró muy cerquita, en la quebrada, cuando Toña la quiso besar, corrió él y le dio un gran sopapo. La Cloetilde, salió juyendo y, entonces, se agarraron ellos, como perros, con rabia. Toño se lo estaba comiendo, pero vino Filipito, y con una navajita que andaba le pegó un puyonazo en el brazo y zafó de estampida para la casa. El muchacho se quejó, y dichosamente pude arreglar con el Juez de Paz, con una pequeña "untadita de mano", para que el asunto no pasara de una multa. Pero veya, compadre, yo ya no sé qué hacer con Felipito; si así sigue va a ser completo bandido, es insufrible, un zamarro. Yo quisiera meterlo en la Artillería de Tegucigalpa, pues me han dicho que allí los doman.

"Está bueno, compadre, porque de lo contrario va a terminar como uno que sé yo. Le voy a contar. Tal vez usted no sabe que mi papá fue mandador durante mucho tiempo de la hacienda ´El Papalón´, del difunto don Macario Sifuentes, la más grande, quizás, en todo el departamento. Esa hacienda era tan grande, que tenía cuatro queseras y en cada una se ordeñaban —sin mentirle— de quinientas a seiscientas vacas. Daba gusto, compadre, ver aquella ordeñada. Yo estaba chigüín, pero me acuerdo bien. Pues bien; esa hacienda tenía una barbaridad de terrenos, y como don Macario y mi papá tenían buen corazón, hicieron construir varias casas, en las que dieron cabida a algunas familias pobres.

Allí se les proporcionaba todo, a cambio de algunos trabajitos que había que hacer de vez en cuando; tenían a sus órdenes: leche para cipotes, cuajadas, bestias para sus mandados y hasta su pedacito de terreno para que sembraran su milpita. Todos ellos eran humildes y sumisos y vivían en buena armonía; pero, como nunca falta un pelo en la comida, uno de ellos, llamado Eusebio, que se la llevaba de muy vivo les fue metiendo en la mema que ellos ya podían reclamar de don Macario el derecho de propiedad de sus casas y terrenos, porque tenían muchos años de estarle sirviendo de ´balde´. Los muy tontos se dejaron ´engaratusar´, se fueron volviendo huraños y malcreados con mi papa y últimamente ya no se podían soportar. Entonces se ´calentó´ don Macario y, en menos de ocho días, los echó fuera de sus propiedades. Todos se fueron lejos, solamente ese Eusebio se quedó en una hacienda cercana, cuyo dueño —sin duda por envidia— habíase declarado enemigo acérrimo de don Macario.

Allí cayó Eusebio ´como anillo en cola de chucho´, y como aquél era de los que ´tiran la piedra y esconden la mano´, él se encargó de hacerle la guerra a don Macario. Él picaba los alambres de los cercados para que los animales se salieran de los potreros; horraba las vacas, matando los terneros y echándolos al río, donde se los hartaban los lagartos; macheteaba los animales que encontraba a su paso; en fin, aquel bruto causaba daño de todas maneras. Como nunca se le pudo agarrar en el hecho, fue imposible probarle nada; de modo que la justicia, en este caso, de nada servía.

Un día de tantos, cuando menos se esperaba, llegó a pedir posada a la hacienda, por tres días, un hombrecito de regular apariencia y que, según decía, venía de muy largo y quería darle descanso a su mula, que por cierto era muy hermosa.

Al siguiente día de su llegada, por el aviso de un mozo, de que un torete había sido encontrado muerto de un machetazo en la cabeza, se enteró de lo que con Eusebio estaba pasando.

Después del almuerzo, aquel hombre llamó a solas a mi papa, yéndose a una de las esquinas traceras del corral, bajo un palo.

Largo rato estuvieron conversando. Al momento nosotros no supimos qué, pero, como debo advertirle, compadre, que lo que le cuento me lo contó mi papa, aquella conversación se redujo a lo siguiente: después que le contó su historia, manifestándole que él, desde temprana edad, como movido por fuerza extraña, había sentido deseos de matar; que para ello buscaba pleito con los de su camada, provocándolos de distintas maneras; que a los 20 años se había volado tres, y que no le habían hecho nada porque nunca le probaron; y por último —decía con toda sangre fría— que comprendiendo su vocación, había pensado sacar provecho de sus aptitudes, dedicándose a quitar estorbos a todo aquél que los tenía.

Le mentó una serie de asesinatos que él cometió por cuenta de otros, ganando buenas sumas de pisto. Según me contaba mi papa, se le ´espeluznaba´ el pelo oyendo los relatos de aquel hombre, de cómo, cruel y brutalmente, había consumado sus crímenes; y se daba tono de gran señor, al decir que él se consideraba ´un asesino profesional´.

Le hizo ver que con los daños causados por Eusebio, más perdía don Macario, que dándole a él DOSCIENTOS PESOS por quitarlo del paso.

Este y mi papa, más por curiosidad que por otra cosa, convinieron en el trato; pero que no le darían el dinero hasta que supieran el resultado, y advirtiéronle que tendría que vérselas con un hombre peligroso.

Pronto conoció a Eusebio, a quien le ´cazó´ todos los metederos; y, cuando dijo que ya iba a poner manos a la obra, le pusieron a uno de los muchachos de la hacienda a la cola para que le ´vigilara" las vueltas´.

Una tarde aquel muchacho llegó a la hacienda corriendo como loco. Venía casi con la lengua de fuera, del cansancio. Cuando se repuso, contó lo que había visto:

—En uno de los caminos más apartados, en las propiedades de don Macario, y en una parte donde el monte era muy espeso, al pié de un árbol grueso, se sentó el hombre. Sacó un puro del bolsillo y, poniéndose a fumar, sacó de una pequeña maleta un rifle 22, que cargó debidamente. No fué mucho lo que tuvo que esperar; Eusebio asomó por el camino, machete en mano. Al verlo el hombre, tomó el rifle apuntándole a la cabeza, y cuando estuvo como a diez varas de donde él estaba, le disparó. Eusebio cayó al suelo; entonces aquel hombre, con una sonrisa de satisfacción en los labios, corrió sobre él con pistola en mano, para darle el tiro de ´gracia´, como él acostumbraba. Pero se equivocó, porque Eusebio, tan listo como era, y que no había sido tocado por la bala homicida, se hizo el muerto y, al acercarse el hombre, de un fuerte machetazo, le cortó la mano en que traía el revolver. Pero éste, que tampoco era ´dejado´, sacó también su machete, y, entonces, aquellos hombres dejaron de ser humanos, para convertirse en dos fieras armadas.

La lucha fué espantosa; la sangre brotaba a torrentes de aquellos cuerpos en riña; la mano izquierda de Eusebio saltó por el aire; el relampagueo de los machetes parecía como rayos que caían ya en la cara, ya en los brazos de aquellos individuos. A veces los filos se encontraban con tan gran fuerza, que les costaba destrabarlos. Por el derrame de sangre, fueron perdiendo las fuerzas; tambaleándose y no pudiendo ya blandir los machetes, como movidos por un mismo instinto, los abandonaron y sacaron sus puñales.

Una enorme herida en el abdomen, hizo que Eusebio cayera, casi sin vida, boca arriba y con los intestinos de fuera. Entonces el hombre, ciego de ira y por la sangre que corría a torrentes por su cara, se le arrojó encima; pero Eusebio, sacando las últimas fuerzas de su agonía, le clavó la hoja de acero en el propio corazón.

Los dos, unidos en un fúnebre abrazo, y con una satánica sonrisa todavía en los labios, espiraron a un tiempo".

CELOS

I

Ella donde las olas rumorosas del Pacífico escúchanse como tropel de potros en llanura abierta; allá donde el viento sopla mansamente, acariciando con rara sutileza las cabelleras verdecinas de las palmeras y manglares milenarios; allá donde "El Tigre" enhiesto y majestuoso pareciera desafiar con su mole imponente y gigantesca la voracidad de los siglos, destácase sonriente, como una guapa moza que asomada a la ventana esperézase y suspira placentera en mañana estival, el bello puerto de Amapala, con sus casas colocadas en forma de nacimiento y sus mujeres de rostro pálido, pero con fuego en la mirada.

Amapala, tierra idealizada para vivir feliz, fué teatro, ha muchos años, de una lamentable y dolorosa tragedia. En aquel entonces vivía allí, acompañada de su única hija, Iliria, doña Lastenia v. de Estrada, señora de 58 años, de carácter apacible, educada y hasta cierto punto instruida, que enviudó joven, y cuyo marido le dejó, al morir, una regular fortuna que le producía una renta suficiente para vivir tranquila y con algún lujo.

Iliria, bella hembra de alegre índole; de una rara belleza que poseía un "no sé qué" que atraía misteriosamente, quizá por su perfil cortado como por mano de artista; por su enigmática sonrisa provocadora, o su cuerpo escultural que hubiese envidiado la misma Venus de Milo, era la niña mimada de la sociedad amapalina, aunque el sexo femenino admirábala, pero con cierta envidia.

Despreocupada del "qué dirán", (mordaza social que a veces corrige y las más daña dignidades entrañablemente) dejaba deslizar su vida, en medio de alegrías y placeres, teniendo para todos sus admiradores siempre dispuesta una mirada coquetona y una sonrisa subyugadora. Después de la muerte de Alejandro S..., galán joven a quien ella amó entrañablemente desde su temprana edad, habíase prometido flirtear con todo aquel que de amor le hablara; pero no entregar su corazón sino al que le ofreciera cariño positivo, es decir, al que tuviera intenciones de unirse a ella en matrimonio.

Tal fué el motivo para que Iliria viera pasar los años unos tras otros en carrera vertiginosa, sin que sus aspiraciones se cumplieran. Varias jóvenes vió desposarse, y ella seguía siendo siempre la reina de todos los festivales. Pero la maledicencia heríala distintamente, tildándola de coqueta; y hasta hubo muchos y muchas que hablaran de haber ocurrido quien sabe que cosas entre ella y su difunto novio. Como para acallar la boca de los difamadores, la suerte de Iliria cambió repentinamente. Un apuesto joven originario de La Ceiba, de 23 años, quien, por sus modales de todo un perfecto caballero, de seriedad innata, honradez acrisolada y sin vicios, asimismo por su envidiable posición política, había venido a desempeñar el puesto de Administrador de Aduana.

Este joven, llamado Rigoberto Sandiego, tan pronto conoció a Iliria se enamoró locamente de ella; y tanto, que a los cuatro meses se anunció la boda, a pesar de los pésimos rumores que le llovieron y los consejos de los amigos, que le hacían ver la diferencia de edad entre él y ella, que ya frizaba en los treinta veranos.

Doña Isolina, madre de Rigoberto, trasladóse a vivir al lado de su hijo, después del enlace de éste. Era ésta una señora de cuarenta agostos, hermosa, bien conservada, y que tenía un extraordinario parecido a Iliria en todo, y de tal manera, que cuando se las miraba juntas, podría decirse que eran hermanas y no suegra y nuera. Esto fué quizás lo que influyó más en el ánimo de Rigoberto para hacerla su esposa. Jamás hubo suegra y nuera que se llevaran tan bien como doña Isolina e Iliria; ambas de carácter alegre, casi idénticas en todo, congeniaron luego, admirablemente.

II

Una tarde del mes de diciembre, arribaba al puerto, en "gasolina" expresa, con procedencia de la Capital, el joven Arnoldo Rivas, estudiante de Derecho e íntimo amigo de Rigoberto, quien venía, invitado por éste, a pasar las vacaciones de Navidad, al lado de la familia Sandiego. Madre y esposa acompañaron a Rigoberto hasta el muelle, para encontrar al amigo que venía. Era Arnoldo un joven de distinguida familia de la Capital, que se había conocido con Rigoberto hacía muchos años, y desde entonces conservaban estrecha amistad.

Fueron compañeros de estudio, mientras Rigoberto cursaba el

bachillerato; estudios a que tuvo que desistir, por motivos ajenos a su voluntad. Durante ese tiempo, siempre se les vió juntos, eran buenos amigos, inseparables, y se querían como hermanos. Cuando Rigoberto se vió en dificultades para los estudios por su pobreza, fué siempre Arnoldo quien le ayudó a subsanarlas.

—No podías haber hecho cosa mejor Rigo, que invitarme a pasar contigo esta temporada. Hacía algún tiempo que deseaba conocer Amapala; me lo habían exagerado.

—¿Y qué impresión te ha causado, Arnoldo?

—Pues hombre, buena. Cae deveras simpático el puertecito éste, a primera vista. Tú como que te sientes bien aquí, ¿verdad?

—Y tan bien que, ya ves, me casé.

—Y por lo que se ve, bien casado, chico.

—Así lo he creído, a pesar de que mi esposa, antes de nuestro matrimonio, había sido vilmente calumniada.

—Eso pasa siempre en los pueblos pequeños como éste, que por falta de patrimonio, hay mucha gente desocupada.

—Es verdad, chico; no les queda otro “oficio” que hablar del prójimo.

—A propósito, Rigo; qué se parece tu madre con tu esposa. Qué cosa tan rara!

—Sí hombre; cualquiera que no las conoce diría que son hermanas. ¡Así es la naturaleza!

—Bueno, Rigo; ¿qué tienes preparado para Noche Buena?

—Muchas cosas, ya verás dentro de poco. Por ahora vamos a dar un paseo, para que empieces a conocer.

III

Alegres y felices pasaban los días, para los dichosos miembros de la familia Sandiego y Arnoldo. La celebración de las fiestas pascuales se estaba llevando a cabo a las mil maravillas: bailes, paseos a los distintos balnearios, excursiones a pié y por agua, etcétera. En todos estos festivales, pudo verse la estrecha confianza en que tan pronto habían entrado Iliria y Arnoldo, como también doña Isolina. Pero se notaba en Iliria cierta predilección para el amigo de casa. En los bailes, era únicamente con él con quien bailaba, y en los baños, como los niños, corrían por la playa cogidos de las manos, y se internaban bastante en el mar, nadando...

Para Rigoberto nada de particular tenía la conducta de su esposa; pero para la gente, que ya empezaba a murmurar, dejaba mucho que desear. Pasó la fiesta para todos menos para los tres, Iliria, doña Isolina y Arnoldo, que seguían celebrándola ya de una u otra manera. Las murmuraciones se fueron haciendo cada día más acres en desfavor del honor del hogar de Rigoberto, y al oído de éste llegaron de un modo exageradas. A pesar de la confianza que tenía en su esposa; a pesar de saber que Iliria no daba un tan solo paso sin la compañía de doña Isolina; y a pesar de que no consideraba a su amigo capaz de jugarle una traición, de Rigoberto fué apoderándose cierto recelo, que él no podía comprender. Hízole observaciones a su esposa sobre la manera de conducirse con su amigo; pero ésta tildólo de ridículo y exageradamente celoso.

Desde un día en que él consintió que fueran los tres a pasear a "La Unión" (El Salvador) con la precisa condición de regresar el mismo día y no vinieron sino hasta el siguiente, se fué sintiendo contrariado y los celos empezaron a aguijonearlo. En una ocasión, cuando se dirigía a la oficina, vió cómo Arnoldo, sin que éste lo notara, estrechaba entre sus manos, con efusión, otras de mujer, que él no pudo averiguar a quien pertenecían, pero que le parecieron las de su esposa. Nada dijo al respecto; pero desde ese momento no tuvo tranquilidad; no creyó más en la fidelidad de su esposa y de su amigo.

En la oficina no tenía ningún sosiego; por su mente se cruzaban infinidad de pensamientos que le torturaban cruelmente. Se imaginaba a su adorada esposa en tiernos y amorosos idilios con Arnoldo. Claramente los miraba en el jardín, él en la hamaca y ella recostada sobre su pecho, sobándole suavemente con sus delicadas manos de princesa, los cabellos, y besándolo dulcemente, como solía hacerlo con él mismo. Abstraído pasaba en estos y otros pensamientos, que más aumentaban sus celos; y cuando alguien le hablaba para algún asunto relacionado con su puesto, contestaba, divagado, cosas muy distintas, como quien despierta de una enorme pesadilla. Por las noches casi no dormía; le parecía a veces, cuando las maderas de la casa crujían, que eran puertas que se abrían, y luego, sentía como pasos que se acercaban a la pieza donde dormía

Arnoldo, que quedaba contigua a la suya.

Una vez se levantó para observar, pero nada vió; en aquella casa reinaba completa tranquilidad. Una noche despertóse sobresaltado; encendió una vela, tomó su revólver y dirigióse al dormitorio de su esposa y su madre; abrió sigilosamente la puerta y acercóse al lecho de aquella: dormía Iliria profundamente, bella como nunca, con su sedosa cabellera extendida y oprimiendo entre las manos, sus blancos y redondos senos semidesnudos.

Una ligera sonrisa dibujose en los labios de Rigoberto, inclinose para darle un beso en la mejilla y retiróse a su estancia. Había soñado que su esposa, abandonando su dormitorio, en bata de dormir únicamente, se había introducido en la pieza de su amigo, para obsequiar a éste con las caricias que sólo a él le pertenecían. Una tarde, cuando los celos de Rigoberto llegaban a lo más alto de su efervescencia, rompiendo su costumbre (que siempre lo hacía hasta que salía del trabajo), dirigióse a su casa, después de permanecer únicamente hora y media en la oficina.

Cuando llegó, entró por la sala de recibo. Buscó a su mujer por todos lados: en el comedor, en la cocina, en el jardín, etcétera; mas no pudiendo encontrarla, dirigióse al dormitorio, abrió suavemente la puerta: parado cerca de la ventana, Arnoldo estrechaba en sus brazos, besándola con efusión, a la que le pareció que era su amada esposa. Los ojos se le nublaron; pero luego, sacando su pistola, disparó contra ellos. Los cuerpos cayeron como fulminados por un rayo muriendo instantáneamente.

Rigoberto, tambaleándose como un ebrio, acercose a los cadáveres, para darle vuelta a ella, que cayó boca abajo; pero... ¡Cuál no sería su asombro al ver que a quién había matado no era su esposa sino su madre! En aquel momento entraba Iliria, que venía del baño, asustada por el disparo; pero ya no pudo ver más que los dos cadáveres y a su marido que quitábase la vida disparándose un segundo tiro en la sién derecha. Cuando el vecindario acudió, pudo contemplar aquel cuadro conmovedor: dos cadáveres que yacían en un lago de sangre y en medio Iliria, llorando amargamente, sobre el cuerpo de Rigoberto que agonizaba lentamente...

MÍO O DE NADIE

I

Majestuosa y sonriente ascendía la luna tras la mole gigante del Cosigüina, rompiendo con la suave cuchilla de sus rayos de plata, el oscuro velo de la noche veraniega; y dibujando en la tranquilidad del Golfo que dormía, una estela sutil de resplandores, cual una avenida empedrada de diamantes.

Débiles siluetas de parejas remadoras la cruzaban lentamente, y al compás de las guitarras de cuerdas vibradoras, gráciles voces de gargantas femeninas dejábanse oír en cánticos sublimes, como suaves notas de armoniosas serenatas. Y allá en el fondo del paisaje, dos corazones que se aman, lejos del conjunto bullanguero, únense en ardiente y largo beso. Era ésta la segunda vez que Alicia y Rodolfo se encontraban en el pintoresco balneario de "Cedeño". cercano a Choluteca, en la costa del Golfo de Fonseca. Ella, preciosa mengalita quinceañera, bella y fresca como una flor de primavera; de ojos tenuemente azules, y de boca sublimizada por la gracia de una mágica sonrisa; y él, guapo joven de veintiséis otoños; elegante en extremo, cortés en cierto modo, y orgulloso por el dinero de su padre, hacía un año que se habían conocido. Alicia, flor en botón, de humilde cuna, inexperta y sincera en su temprana edad, como fascinada por las sentimentales cartas que Rodolfo desde la Capital le escribía, le amaba ciegamente en su primer amor. Rodolfo, si le dispensaba algún cariño, era de un modo superficial, pues se creía tan superior a ella, que jamás podría —como manifestaba a sus amigos de casino—hacerla su eterna compañera. Sin embargo, en sus coloquios, con frase galante y convincente, pintábale preciosos castillos de felicidad futura, y jurábale un amor que no sentía.

En cambio Alicia le quería con un amor rayano en lo increíble; vivía como presa en las redes de una obsesión fanática. En los ratos de descanso, hábil como era, bordaba artísticos pañuelitos de seda, que le enviaba en las cartas. En una de ellas, en la que le decía "que no le amaba sino que le adoraba como a un Dios", con la ingenuidad de todo ser enamorado, envióle uno con un corazón atravesado por una flecha, bordado en una esquina.

Tanto sus cartas como aquellos sencillos pero significativos regalitos, los recibía Rodolfo con una sonrisa de burla y al mismo tiempo de satisfacción en los labios: de burla, porque le causaba hilaridad la sencillez en las demostraciones de aquella "muchachita enamorada", y de satisfacción, porque en todo aquello veía la posibilidad de llevar a la práctica sus insanas pretensiones.

II

Esta vez, pasada la temporada de baño, Rodolfo prometió a Alicia permanecer algunas semanas en Choluteca, "únicamente —le decía—para pasar a tu lado".

Esta permanencia —pensó Rodolfo— sería la oportunidad que él aprovecharía para satisfacer sus deseos.

Con el pretexto de que había sido informado que sus padres eran muy delicados, rehusó la invitación que Alicia le hiciera para visitarla en su casa; y, cuando ésta salía, la conducía siempre a los lugares más apartados. Pero ella, a pesar de su edad y el inmenso cariño que le tenía, aspirando, como toda mujer, a una felicidad más efectiva y duradera, con el mismo pretexto de él, cortos eran los momentos que permanecía a su lado.

Inesperadamente, una amiga, a quien ella había participado la noticia de sus amores, escribióle diciéndole que Rodolfo, según informes de fuente cierta, estaba comprometido con una señorita hija de un prominente diplomático. Para Alicia, aquella noticia era increíble, tanto le amaba. Pero su amiga era sincera. y no podía mentirle. Además, no podría ser interés que tuviera en él, porque era casada. Desde ese momento no tuvo Alicia ninguna tranquilidad; lloró amargamente, porque sentíase víctima de un engaño. A la siguiente cita llegó ella como de costumbre, con puntualidad. Esta vez fué más decidora; sus besos más apasionados, y aun cuando hacía ya largo rato que se habían juntado, no daba muestras de quererse retirar.

Rodolfo creyó el momento llegado de hablar claro; y, en medio de ardientes besos, hízole la insinuación de fugarse con él, prometiéndole que la haría su esposa, aun sin el consentimiento de su padre (de él). Dejándose convencer Alicia, convinieron en que el próximo domingo que sus padres fueran al cine, so pretexto de enfermedad, permanecería en casa y, entonces, podría llegar él para efectuar la salida.

III

Noche silenciosa. La luna, aun interceptada por la luz eléctrica, cortaba con sus rayos luminosos la oscuridad de la alcoba de Alicia, por la ancha ventana de vieja construcción, en donde ella esperaba con ansia al dueño de su corazón. Luego vió deslizarse por la acera de enfrente, la figura de un hombre elegante, vestido de negro.

"Él es", exclamó inconscientemente Alicia, completamente emocionada, e hízole una seña convenida, para indicarle que estaba sola. Acercóse sigilosamente Rodolfo; y, al llegar al pie de la baja ventana, tomóle una mano que besó efusivamente. Estaba fría; pero, sin darle importancia a este detalle, díjole, con voz casi imperceptible:

—¿Estás lista, Alicia? Todo está preparado; cerca de aquí un carro nos espera, anda pronto que pueden vernos.

—No temas, Rodolfo, estoy completamente sola; sube, esperaremos que sea más tarde.

Ayudado por ella, él subió, y cuando estuvo arriba, cubriéndolo de besos, hízole sentarse en una silla y luego ella en sus muslos.

—¡Ah, Rodolfo, que feliz soy! Tú no has comprendido todavía que te amo intensamente, no sabes que es sinceridad, hoy te lo voy a enseñar.

—Pero... qué hablas, qué dices, no te comprendo....

—¿No comprendes? Pues, sencillamente; mientras yo te amo con toda la fuerza de mi ser, tú tratas de engañarme.

—¿Engañarte! No hables tonterías, Alicia, te amo más de lo que te imaginas; te adoro —decíale estrechandola contra su pecho—: soy tuyo y sólo tuyo.

—¡Cómo mientes! ¿Crees acaso que no sé que estás comprometido?

—¿Comprometido yo? ¿Quién te ha dicho eso?

—Una amiga, que desgraciadamente me lo ha dicho ya tarde, y que no miente. No trates de demostrarme lo contrario; convencida estoy que es cierto, y lo siento en estos momentos en el palpitar de tu corazón....

—Pero… Alicia.

—No mientas Rodolfo, que con cada mentira que dices me partes el alma. No tienes necesidad de hacerlo; aun así seré tuya, porque te amo deveras. Pero no saldremos de aquí; no temas, que aunque mis padres vengan, no penetrarán en esta pieza hasta mañana.

Así habló Alicia de manera tan firme y decidida, como impulsada por fuerza extraña, a pesar de su corta edad. Del mismo modo ejecutó sus actos, entregándose a aquel hombre en cuerpo y alma. Pero cuando Rodolfo dormía profundamente, como si hubiera sido narcotizado, levantóse sin hacer el menor ruido, encendió una pequeña vela que estaba en la mesa de noche, tomó un puñal de dos filos que había preparado de ante mano y abrió suavemente la camisa que cubría el pecho de su amado y clavóle la hoja blanca en pleno corazón. Un profundo quejido lanzó él… y nada más... Cuando sacó el puñal, un manantial de sangre bañóle sus desnudos senos.

Alicia lo sintió como el riego tonificante de un néctar embriagador. Aun goteando la sangre de la punta del puñal, cortóse, con mano firme y resuelta, las venas del puño, apagó la luz y, estrechando a Rodolfo en dulce abrazo, quedóse dormida para no despertar jamás...

IV

A la siguiente mañana, dos cadáveres fueron encontrados en el lecho de Alicia; y, rodando por el suelo, un papel escrito que decía:

“LA diferencia de posición social no; no quería que fuera mío a pesar de amarlo tanto, pero, ¡oh, felicidad!, henos aquí unidos para siempre. Mío o de nadie. Alicia”.

www.ingramcontent.com/pod-product-compliance
Lightning Source LLC
Chambersburg PA
CBHW020841150726
48196CB00002B/165

* 9 7 9 8 8 9 2 6 7 0 3 1 9 *